〈新訂版〉子どもに伝えたい
年中行事・記念日

萌文書林編集部◎編

HOUBUNSHORIN
萌文書林

発刊にあたって

　近年，日本社会にはさまざまな問題が生起し，社会状況も大きく変化してきました。とくに「国際化」は急激に進展しています。21世紀の今日，その交流の輪が広がり，異文化をもった人たちとの相互理解と共存は，社会生活を送るうえでの必須の条件となっております。このような流れのなかで一つ気になることは，外国の人たちが自らの文化や生活のあり様(よう)を大切にするほどには，私たち日本人にはそうした意識が少ないのではないかということです。これは，私たちが今まで自国内でほとんどの時間を日本人同士で生活してきたために，そういうことを強く意識する必要がなかったということもあるのでしょう。

　が，実は私たち自身が意外に自国の生活文化の成立ちやその内容について，正確な知識や理解をもっていないということもあるのではないでしょうか。

　子どもたちから，「なぜ，お正月ってあるの？」「うし年とかとら年って，なぜいうの？」などと聞かれて，正確に答えようとすると，とまどってしまうことがよくあります。あとで本などで調べてみてはじめてその由来や意味を知り，その深さや面白さに感嘆させられます。遠い昔から脈々と伝えられてきた行事や約束事などのなかには，私たちの祖先が大切にしてきた素晴らしい知恵や物語が散りばめられています。しかし，昨今の核家族化や地域社会の崩壊は，そうした事柄が後の世代に伝えられにくい状況をつくりだしています。

　本書は，そのような現状を憂慮した保育・教育現場の先生方や保護者の方からのご要望をもとに企画・編集させていただいたものです。日本の生活文化の「正確な知識や情報」を，できるかぎり「読みやすく」「簡潔」にそして「楽しく」編集いたしました。お手もとに置いていただき，子どもたちとの会話の折々にご活用いただけましたら幸いです。そして日本の生活文化のもつ意味の楽しさを，ぜひ，子どもたちに伝えていっていただきたいと思います。

　なお本書は，平成10年の初版発行以来，何度か版を重ねて加筆訂正を行ってまいりましたが，この度，平成が「令和」と改元されたのを機に，全体にわたって内容や表現を細かく見直し，＜新訂版＞として発刊いたしました。

　企画にご協力いただきました諸先生方には，心よりお礼を申し上げます。

　　令和 元年5月1日

　　　　　　　　　　　　　　　　　　　　　　　　　　　編集部一同

○ もくじ ○

●お花見	3
TOPIC "染井吉野"ってなあに？	4
○エープリル・フール	5
TOPIC エープリル・フールの歴史上の最大の被害者は？	5
○春の交通安全運動	6
○世界保健デー	7
＜コラム＞WHOの標語	7
●花まつり（灌仏会）	8
＜コラム＞釈迦の誕生	9
卯月八日	10
TOPIC お釈迦さまはなぜハスの花の上に座ってるの？	10
○女性の日	11
TOPIC 4月10日が祝日になっていた？	11
○世界宇宙飛行の日	12
＜コラム＞日本人宇宙飛行士	13
○パンの日	14
○郵政記念日（逓信記念日）	15
TOPIC 切手代はいくら？	15
○アースデー（地球の日）	16
○サン・ジョルディの日	16
○昭和の日	17
○図書館記念日	18
TOPIC "としょかん"は"ずしょかん"？	18

○メーデー	21
○憲法記念日	22
＜コラム＞大日本帝国憲法	22
●八十八夜	23
●端午の節句	24
○こどもの日	26
＜コラム＞鍾馗と金太郎	26

○アイスクリームの日	27
○母の日	28
<コラム>母の日を象徴する花"カーネーション"	28
○看護の日・ナイチンゲールデー	29
<コラム>日本の看護師	30
<コラム>世界赤十字デー	30

●衣替え	33
○気象記念日	34
<コラム>天気記号	34
○虫歯予防デー	35
TOPIC 上の歯は下へ？ 下の歯は上へ？	35
○時の記念日	36
●梅雨	37
●田植え	39
<コラム>お米のできるまで	40
○父の日	41
●夏越し	42
TOPIC "祓"と"禊"ってなあに？	43
●虫送り	44

○山開き・海開き・プール開き	47
<コラム>富士山と浅間神社	47
TOPIC お清め──なぜ塩や酒を供えるの？	48
○童謡の日	49
●七夕	50
<コラム>七夕の伝説－彦星と織り姫－	51
●お中元	52
○海の日	53
<コラム>国民の祝日	53
●土用	54

8月

- ○広島平和祈念日・長崎原爆忌 …… 57
- ○山の日 …… 58
- ○終戦記念日 …… 58
  - <コラム>1人の暗殺者が引き起こした第一次世界大戦 …… 59
- ●お盆（ぼん） …… 60
  - <コラム>盂蘭盆会（うらぼんえ） …… 61
  - TOPIC "地蔵盆"ってな～に？ …… 62

9月

- ●二百十日（にひゃくとうか）（風祭り） …… 65
  - TOPIC 災いを踊って送る"八尾風の盆（やつおかぜぼん）" …… 65
- 防災の日 …… 66
- ●重陽の節句（ちょうようのせっく） …… 67
- ○敬老の日 …… 68
- ●十五夜（じゅうごや）（お月見） …… 69
  - <コラム>お月さま …… 70
  - <コラム>月の形と月の呼び名 …… 71
- ●秋祭り …… 72
- ●秋分の日 …… 73
- ○動物愛護週間 …… 74
  - TOPIC 動物園はいつからあったの？ …… 74

10月

- ○共同募金（赤い羽根） …… 77
  - TOPIC どうして"赤い"羽根なの？ …… 77
- ○スポーツの日（体育の日） …… 78
  - TOPIC オリンピックはいつから始まったの？ …… 79
- ●亥の子（いのこ）（十日夜（とおかんや）） …… 80
  - <コラム>十日夜の案山子（かかし） …… 81
- ○鉄道記念日・鉄道の日 …… 82
  - TOPIC "汽笛一声新橋を……" …… 83
- ○新聞週間 …… 84
  - <コラム>日本最古の新聞といわれる"大阪夏の陣"の瓦版 …… 84
- ●えびす講（こう） …… 85
- ○国連の日 …… 86

○ハロウィーン ……………………………………… 88

○計量記念日 ………………………………………… 91
　　　＜コラム＞"１メートル"は子午線の4000万分の１ ……… 92
○文化の日 …………………………………………… 93
　　　＜コラム＞読書週間 ……………………………………… 93
○ユネスコ憲章記念日 ……………………………… 94
　　　＜コラム＞かけがえのない地球の文化と自然－世界遺産－ … 95
　　　TOPIC　ユニセフとユネスコ、どう違うの？ ………… 95
○太陽暦採用記念日 ………………………………… 96
　　　＜コラム＞政府の財政難が改暦の原因 ………………… 96
●お酉（とり）さま …………………………………………… 97
●七五三 ……………………………………………… 98
　　　＜コラム＞千歳飴（ちとせあめ） ………………………………… 99
○勤労感謝の日 ……………………………………… 100

○歳末助け合い運動 ………………………………… 103
●成道会（じょうどうえ） ……………………………………………… 104
　　　＜コラム＞釈迦の悟り …………………………………… 104
○障害者の日 ………………………………………… 105
　　　TOPIC　過去最大規模だった長野パラリンピック!! …… 105
○世界人権デー ……………………………………… 106
　　　＜コラム＞子どもの権利条約 …………………………… 106
●お歳暮（せいぼ） ……………………………………………… 107
　　　＜コラム＞親方（おやかた）・子方（こかた） ………………………… 107
●冬至（とうじ） ………………………………………………… 108
　　　＜コラム＞柚子（ゆず）と南瓜（かぼちゃ） ……………………………… 109
　　　TOPIC　「ン」の付く食品を食べると幸運に？ ……… 109
○平成天皇誕生日 …………………………………… 110
　　　TOPIC　皇太子御成婚とテレビの大普及!! ………… 110
●クリスマス ………………………………………… 111
　　　イエスの降誕 ……………………………………………… 112
　　　サンタクロース …………………………………………… 113

クリスマスツリー ………………………………… 114
　　　　　<コラム>アドベント ……………………………… 114
　　　　　TOPIC ロウソクは何を意味するの？ ……………… 114
●年末行事 ………………………………………………… 115
　　煤払い（すすはらい）……………………………………… 116
　　　　　<コラム>ハレとケ ……………………………… 116
　　松迎え ……………………………………………… 117
　　年の市 ……………………………………………… 118
　　もちつき …………………………………………… 118
　　大晦日（おおみそか）……………………………………… 119
　　年越しそば ………………………………………… 120
　　除夜の鐘（じょや）………………………………………… 120

1月

●お正月 …………………………………………………… 123
　　　　<コラム>年神と祖霊信仰 ……………………… 124
　　元日（がんじつ）　元旦（がんたん）…………………………… 125
　　お屠蘇（とそ）……………………………………………… 125
　　お雑煮（ぞうに）…………………………………………… 126
　　　　<コラム>門松を立てる意味 ……………………… 126
　　お節料理（せち）…………………………………………… 127
　　年賀　年賀状 ……………………………………… 129
　　お年玉 ……………………………………………… 130
　　　　<コラム>注連縄（しめなわ）と注連飾り（しめかざり）……… 130
　　初詣（はつもうで）………………………………………… 131
　　初夢 ………………………………………………… 132
　　宝船と七福神 ……………………………………… 132
●お正月の遊び …………………………………………… 134
　　凧あげ ……………………………………………… 134
　　こま回し …………………………………………… 135
　　羽根つき …………………………………………… 136
　　てまり ……………………………………………… 137
　　カルタ（歌留多）…………………………………………… 138

　　　　福笑い ……………………………………………… *139*
　　　　双六（すごろく） ……………………………………………… *139*
●仕事始め ……………………………………………… *140*
　　　　初荷（はつに） ……………………………………………… *140*
　　　　書き初め（かきぞめ） ……………………………………………… *140*
　　　　寒稽古（かんげいこ） ……………………………………………… *140*
　　　　田遊び ……………………………………………… *141*
　　　　消防出初式（しょうぼうでぞめしき） ……………………………………………… *141*
●七草粥（ななくさがゆ）（七日正月） ……………………………………………… *142*
●鏡開き ……………………………………………… *143*
●小正月 ……………………………………………… *144*
　　　　〈コラム〉サルカニ合戦と"成木責め（なりきぜめ）" ……………………………………………… *144*
　　　　どんど焼き ……………………………………………… *145*
　　　　二十日正月 ……………………………………………… *146*
●成人式 ……………………………………………… *147*
○全国学校給食週間 ……………………………………………… *148*
　　　　TOPIC 全国一斉にカレーライスを食べた日 ……………………………………………… *148*

○テレビ放送記念日 ……………………………………………… *151*
●節分（せつぶん） ……………………………………………… *152*
　　　　〈コラム〉節分と鬼 ……………………………………………… *153*
●雪と氷の祭り ……………………………………………… *154*
●初午（はつうま） ……………………………………………… *155*
●事始め（ことはじめ） ……………………………………………… *156*
　　　　針供養（はりくよう） ……………………………………………… *157*
　　　　TOPIC 妖怪（ようかい）って幽霊とは違うの？ ……………………………………………… *157*
○建国記念の日 ……………………………………………… *158*
○聖バレンタインデー ……………………………………………… *159*
　　　　〈コラム〉聖ヴァレンティヌスの愛の言葉 ……………………………………………… *159*
●涅槃会（ねはんえ） ……………………………………………… *160*
　　　　〈コラム〉釈迦の死と涅槃図 ……………………………………………… *161*
○天皇誕生日 ……………………………………………… *162*

- ●ひな祭り ……………………………………………… *165*
  - <コラム>おひなさまの飾り方 ……………… *167*
  - 山遊び，磯遊び ……………………………… *168*
- ○耳の日 ………………………………………………… *169*
- ●二月堂お水取り ……………………………………… *170*
- ●お彼岸（春分の日） ………………………………… *171*
- ●イースター（復活祭） ……………………………… *172*
  - <コラム>イースターバニーとイースターエッグ ………… *173*

- ■巻末資料
  - ◇節句 ……………………………………………………… *176*
  - ◇四季と二十四節気 ……………………………………… *177*
  - ◇六曜 ……………………………………………………… *180*
  - ◇十二支 …………………………………………………… *182*
    - 十二支と時刻 ………………………………………… *183*
    - 十二支と方位 ………………………………………… *184*
    - 十干十二支（干支） ………………………………… *184*
  - ◇暦の歴史 ………………………………………………… *187*
    - 太陰暦 ………………………………………………… *187*
    - 太陰太陽暦 …………………………………………… *188*
    - 太陽暦 ………………………………………………… *188*
    - 改暦の歴史 …………………………………………… *189*
  - ◇通過儀礼 ………………………………………………… *192*
    - 成長の儀礼 …………………………………………… *192*
    - 婚姻の儀礼 …………………………………………… *196*
    - 年祝い（長寿の祝い） ……………………………… *202*
    - 死の儀礼 ……………………………………………… *205*

- ■今日は何の日？（年中行事・記念日一覧表） ………… *209*
- ■さくいん ……………………………………………………… *227*
- ■引用・参考文献 …………………………………………… *241*

（●は行事　○は記念日）

卯月（うづき）

旧暦の4月はいまの5月ころにあたり，"卯の花（はな）"が咲く時期で"卯の花月"の略である。卯の花とは空木（うつぎ）（ユキノシタ科の落葉低木）の花で，初夏に白色の小さな花をつける。観賞用や生け垣などに用いられる。

これには異説があり，"卯の花"が咲くから"卯月（うづき）"ではなく，"卯月"に咲くから"卯の花"であるともいわれる。

〈異称〉
余月（よげつ）　乾月（かんづき）
鳥待月（とりまちづき）　卯花月（うのはなづき）
花名残月（はななごりづき）　など

〈英名〉
エープリル（April）

女神ビーナスをギリシア神話ではアフロディーテ（Aphrodite）といい，そこからきたとする。"花が開く"という意味のラテン語アペリレ（Aperire）からとの説もある。

お花見

　「**お花見**」と聞いて心ウキウキしない人はいないでしょう。お弁当とお酒や飲み物を持って満開の桜の下で宴(うたげ)を催す光景は全国どこにでも見られます。ことに季節の移り変わりを直接自然から感じとることの少ない都会では,「三日見ぬ間の桜かな」といわれるようにパッと一斉に咲き,**花吹雪**(はなふぶき)となって潔(いさぎよ)く散る桜に,ほかには見られない劇的な季節の変化を感じて印象深いのではないでしょうか。また,この季節には,卒業式,入・進学式,入社式などが行われます。人生の門出を祝うにふさわしい華(はな)やかな花だといえましょう。

　南北に長いわが国では,桜の開花は3月中旬から5月中旬と長く,全国各地の桜の名所で,南から順番に**桜祭り**などが開かれていきます。**桜前線**(さくらぜんせん)という言葉もあり,テレビの天気予報では桜の**開花日**(かいかび)や**見頃**(みごろ)を予報したりします。

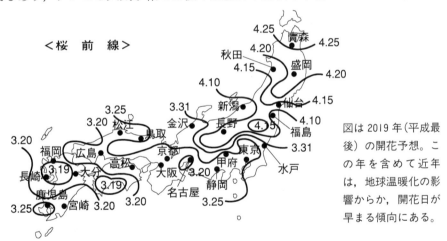

図は2019年(平成最後)の開花予想。この年を含めて近年は,地球温暖化の影響からか,開花日が早まる傾向にある。

　では,いつごろから人はお花見をするようになったのでしょうか。もともと庶民のあいだでは山遊び・磯遊び(168頁参照)として決まった日に行われていたようですが,「百敷(ももしき)の大宮人(おおみやびと)は暇(いとま)あれや,桜かざして今日も謡(うた)ひつ」とあるように,奈良・平安時代から宮中では花見の宴が持たれ,杯を酌み交わし,詩歌を詠んでいたのでしょう。平安後期の歌人でもある西行法師(さいぎょう)(1118-1190)は,「願はくは　桜の下(はな)にて　はる死なむ　そのきさらぎの望月(もちづき)のころ」とうたい,その通り満開の桜の下で一生を終えたといいます。

4　4月

　豊臣秀吉が山城醍醐寺の三宝院で行ったいわゆる"醍醐の花見"は大々的で華麗なものであったことが知られています。
　江戸時代になると，落語の「長屋の花見」に見られるように，花見もだんだん庶民的なものになり，元禄時代（1690年ころ）にはさかんに行われるようになりました。芭蕉の「花の雲　鐘は上野か　浅草か」にみられるように江戸は"花のお江戸"となり，それが現在まで受け継がれてきたのです．

　※「長屋の花見」　貧乏長屋の住人たちが「俺たちも世間並みに花見くらい行かなきゃ格好がつかない」とみんなで相談し，タクワンを卵焼きに，大根を蒲鉾に見立て，酒も買えないのでトックリにお茶を入れて花見に行くというお話。

TOPIC　"染井吉野"ってなあに？

　現在，全国で見られる桜のほとんどは染井吉野という品種です。これは，江戸時代末期に植木職人が集まっていた染井村（今の東京・豊島区駒込あたり）で，何種類かの桜をかけ合わせて（江戸彼岸と大島桜という説が有力です）作られたものです。それまで全国的に有名だった奈良原産の吉野桜（山桜）にちなんで名づけられたのでしょう。
　染井吉野は接ぎ木によって増えるため，すべての木は同じ遺伝子をもち，同じ所に植えた木は一斉に咲いて一斉に散ります。また，山桜とは違って葉が育たないうちに開花するので，花はきれいに見えるが散りやすい．しかし，その散り際の見事さが人々に受けたのです。しかも栽培がしやすく，どこにでも根づき，成長も早いということで，たちまち全国に広がっていったのです。

エープリル・フール〈4月1日〉

エープリル・フールは**オール・フールズ・デー**（万愚節(ばんぐせつ)）ともよばれ，ヨーロッパでは18世紀ごろから行われている風習です。

日本では"**四月馬鹿**"と訳されています。江戸時代に伝えられ，庶民に広まったのは1916(大正5)年ころで，**不義理(ふぎり)の日**とよばれていました。

現在では，これといった大きなイベントが行われるというわけではありませんが，一般的に広く知られているようです。

どのような日であるかというと，ヨーロッパでの風習と同じように，その日の午前中は，社会の秩序を乱さない罪のない程度に，嘘をついたり，人をからかったりしても，かまわないという日とされています。

エープリル・フールの由来についてはいくつかの説がありますが，はっきりとした始まりは知られていません。一番有名な話は，暦に関するものです。その昔，ヨーロッパでは3月25日（春分のころ）を新年として，4月1日までの間を"春の祭"としていました。しかし，1564年にフランスのシャルル9世が1月1日を新年とする新しい暦の採用に踏み切ることを決めたため，春の祭を楽しみにしていた人々がこれに強く反発しました。そして，4月1日を"**ウソの新年**"として，以前と同じように騒いでからかったことが，各地に広まっていったということです。

またほかにも，インドの仏教徒は，3月の末の1週間修行をすることになっているのですが，修行の期間が終わってしまえば，すぐ俗世に戻ってしまうことをからかった，**揶揄節(やゆせつ)**から始まっているという，インドを起源とする説もあります。

TOPIC エープリル・フールの歴史上の最大の被害者は？

1815年6月18日，ナポレオンがワーテルローの戦いで敗北したのは，前線からの手紙を，エープリル・フールの悪ふざけだと思い，くずかごに放りこんでおいたため，援軍が間に合わなかったのだという話があります。

春の交通安全運動 〈4月6日〜15日〉

　毎年，春と秋の学期の始まりに合わせて2回，**交通安全運動**が行われます。この交通安全運動の期間中，警視庁では連日大勢の警官と，白バイ，パトカーを動員して，"交通事故ゼロ"を目指して取り締まりにあたります。

　各地域の町内会でも，街角にテントを張り，交通安全をよびかける運動が行われ，保育所・幼稚園でも，婦人警官などが来て，交通安全指導を行うこともあります。

　近年，オートバイやミニバイク（原付）での死亡事故が急増しており，二輪車が関係する交通事故死は，死亡事故全体の約3分の1にのぼります。ヘルメットの着用の義務づけなど，道路交通法をしっかりと守ることが，事故を少しでも減らす，第一歩になるでしょう。交通事故は多くの場合，一人で起こすものではありませんから，一人一人はもちろんのこと，社会全体で"**安全**"に向けての意識を高めていく必要があります。

世界保健デー〈4月7日〉

　1946（昭和21）年，国際連合経済社会理事会が招集した国際保健会議で，世界の人々を病気から守り，健康を高めていくための規約をまとめた，世界保健機関憲章が調印され，1948（昭和23）年4月7日に発効されました。同日，世界保健機関が発足し，それを記念して世界保健デーが制定されました。

　世界保健機関とは，**WHO** (World Health Organization) の略称で知られており，国際連合のなかの保健衛生分野の専門機関です。本部は，スイスのジュネーブにあり，加盟国は190か国以上になっています。日本は，1951（昭和26）年5月にWHOの一員となりました。

　WHO憲章では，この機関の目的を，「すべての人民が可能な最高の健康水準に到達すること」と定めており，WHOは，いまも世界中にたくさんいる，障害や難病を抱える人々，伝染病の恐怖にさらされている人々のために，研究や活動をしています。

　WHOの成功物語は，マラリアや天然痘等の撲滅で知られており，また最近では，熱帯病・風土病など伝染病の予防と治療，エイズの感染防止，小児マヒ，ハンセン病や麻薬の撲滅などに重点を置いて活動しています。

＜コラム＞　WHOの標語

　WHOでは，毎年標語を定めており，日本WHO協会では，この標語にちなんだテーマで中学生などから作文を募集し，人々の健康への関心を高める活動を行っています。
　たとえば，「きれいな水は健康につながる」とか「喫煙か健康か選ぶのはあなた」など標語が定められました。

花まつり（灌仏会）

　4月8日，多くの寺院や幼稚園・保育所などで，花を飾ったお堂のなかにお釈迦さまの像を祀り，甘茶をかける祭りが行われます。これは**花祭**（灌仏会）といい，釈迦の誕生を祝う行事です。仏生会，浴仏会，龍華会などともよばれ，本来は旧暦の4月8日に行われますので，地方によっては月遅れの5月8日に行うところもあります。

　もともとはインドや中国で行われており，いつごろわが国に伝わったかはっきりしませんが，天平時代に灌仏像の記録があり，平安時代から宮中で毎年行われるようになり，現在のような形になったのは江戸時代からといわれます。

　"花祭"という呼び名は，もとは浄土宗で用いたもので，それがこの祭りにふさわしいものとして一般に広まったようです。

　花で飾ったお堂を**花御堂**といい，**あかざ堂**ともよばれます。これは釈迦が生まれたランビニ園の離宮の花園をあらわしています。釈迦の像は，**浴仏盆**とよばれるハスの花を形どった水盤の上に安置され，右手は上を，左手は下を指していますが，これは釈迦が誕生したときの姿です。（コラム参照）

　また，甘茶を注ぐのは，誕生のとき，天から9匹の竜が清浄な水を吐き注ぎ，釈迦に産湯をつかわせたという伝説にもとづくものです。

　甘茶は，正式には**五香水**あるいは**五色水**とよばれる5種類の香水を用いますが，普通には，甘茶の木（ユキノシタ科・アジサイの変種）か甘茶蔓（ウリ科の蔓性多年草）の葉を蒸して乾燥したもの，あるいは甘草（マメ科の多年草）の根を煎じたものを使います。これを竹筒などに入れて持ち帰って墨をすり，「昔より卯月八日は吉日よ神さけ虫を成敗ぞする」などと書いて戸口に逆さにはると虫除けになるという言い伝えもあります。

<コラム> 釈迦の誕生

　釈迦とはもともと古代インドの一部族名で、お釈迦さまは正式には**釈迦牟尼**（釈迦族出身の聖者）とよばれ、**釈尊**または**釈迦仏**、**仏陀**ともよばれます。本名をゴータマ・シッタールタといい、父はインド北部（現在のネパール）のカピラバッツ国王シュツドーダナ（浄飯王）、母はマーヤー（摩耶）。生没年は、前566〜486、前463〜383など諸説があります。

　ある日、マーヤーは自分の体内に白い象が入った夢をみて懐妊し、カピラ城の離宮ランビニ（藍毘尼）園の庭園できれいな赤い花をとろうとして、その木の下で釈迦を生んだといわれます。このとき、非常に安産であったことから、この木を**無憂樹**、花を**無憂華**というようになったそうです。

　釈迦が生まれたとき、地上に7茎のハスが花開き、彼はすぐに7歩前へ歩み、右手で天、左手で地を指し、「**天上天下唯我独尊**」（宇宙の中で我より尊いものはない）と言ったといいます。これは、彼が生まれたときから他とは違うすぐれた存在であるということをあらわしたものでしょう。このときの姿が灌仏会の釈迦像となっています。

（釈迦の生涯については「成道会104頁」「涅槃会160頁」参照）

卯月八日(うづきようか)

　4月8日に、灌仏会とは別に"卯月八日"とよばれる行事が全国各地で行われます。この行事は地方によっていろいろと異なります。たとえば、高い竿(さお)の先に花を結びつけて屋外に立てることが、とくに近畿以西で多く見られます。これは**天道花**(てんとうばな)(天頭花(てんとうばな)、高花(たかばな)、立花(たてばな)、八日花(ようかばな)などとも)いわれ、お釈迦さまにあげるというところもありますが、お天道(てんとう)さまにあげる、あるいは山の神、田の神を迎えるなどというところが多く、また、鹿児島県では山に登って飲食して一日を楽しく過ごしたり、岩手県では**花見八日**(はなみようか)といい、徳島県剣山山麓の村では**山慰み**(やまいさみ)といって野遊びに出て高い山から海のほうを見る、などという風習があります。このように、気候のよい旧暦の4月(現在の5月ころ)、本格的な農作業に入る前に、一日を野山で遊んだり、田や山の神を祭ったりしたのでしょう。

　ところで、卯月は4月の月名で、卯月八日とは、ようするに"4月8日"という意味ですが、卯月八日のほかにも、8日という日を祭る月には2月と12月とがあります。釈迦の誕生日を4月8日でなく2月8日とする説もあり、12月8日は釈迦が悟(さと)りを開いた日(成道会(じょうどうえ)104頁参照)で、それぞれ仏教との関わりを持っています。卯月八日も灌仏会と関連した行事として行われることが多いのですが、その季節に行われた、上に述べたようないろいろな農耕行事と仏教信仰とが結びついて、"卯月八日"となったのではないかといわれています。

> **TOPIC　お釈迦さまはなぜハスの花の上に座ってるの？**
>
> 　蓮(はす)はスイレン科ハス属の多年草で、インド原産。日本には古代に大陸から渡来したといわれ、根茎(こんけい)(蓮根(れんこん))は食用とされます。ハスはハチス(蜂巣)の略で、花の咲く柄の先端が蜂の巣の形に似ていることから、この名前があります。英名はロータス(lotus)といい、ギリシア神話では、その実を食べると現実の世界を忘れて幸福な夢のような気持ちになるとされています。
>
> 　蓮の花を"蓮華(れんげ)"といい、泥のなかから生えて、その汚れに染まらない美しい花を咲かせることから、インドにおいて古来より珍重され、"清浄(せいじょう)"の意味に喩(たと)えられて、仏(ほとけ)や菩薩(ぼさつ)の台座(だいざ)、持ち物などの意匠(デザイン)に用いられるようになりました。仏花のなかでもっとも重要な花となり、寺院の池には、かならず蓮が植えられるようになったのです。仏の台座を"蓮華台(れんげだい)"といったり、"法蓮華経(ほうれんげきょう)"などとお経の名前にも使われたりします。
>
> 　蓮華は睡蓮(すいれん)の花を指すこともありますが、睡蓮はスイレン科スイレン属の淡水産水草で、蓮に似た花をつけ、朝は閉じていて、昼ごろに咲くので、睡る蓮という名がつけられました。

女性の日 〈4月10日〉

1946(昭和21)年のこの日に，日本で初めて女性の参政権が獲得されました。

女性の日(1997年までは"婦人の日"。1998(平成10)年，名称変更)はこの婦人参政権が獲得されたことを記念してつくられた日です。

この年，戦後初の総選挙が行われ，男女同権にもとづいて，女性の立候補者は83名，婦人の議員が38名も選ばれました。女性の投票率は67パーセントで，とても関心の高い選挙であったといえるでしょう。

日本の女性たちがこの参政権を得るまでには，多くの困難がありました。女性が参政権を得るということは，その当時欧米ではごく当たり前の願いでした。日本でもその願望は高まっていきましたが，1929(昭和4)年に出された婦人公民権案も議会で否決され，2年後に提出した制限つきの公民権法案も貴族院で否決されてしまい，全国の婦人運動は簡単には波に乗ることができず，結局，婦人参政権の獲得は，日本の敗戦を待たなければならなかったわけです。

婦人の日は1949(昭和24)年より，労働省の婦人少年局が中心になって，**婦人の日大会**を開催したことから始まっています。そして，この日から1週間を**婦人週間**(1998年より**女性週間**)としたのです。現在でも，女性をとりまく社会の環境について，労働環境について，教育について，などのさまざまなテーマでその活動は行われています。

> **TOPIC　4月10日が祝日になっていた？**
>
> 「婦人の日」が決められる前，実はこの4月10日を休日にしようという案が議会に持ち上がっていました。
> 　婦人団体の間で，参政権を行使したこの日を記念して何か行事をやるようにしたいという意見が出たことをきっかけに，当時の民主婦人連盟が発起し，婦人有権者同盟，社会党婦人部らの同意を得て，新しい祝日のなかに「婦人の日」を入れることを議会に請願しました。しかし，男子の日がなくて，婦人の日だけがあるのはおかしいということや，4月には(当時の)天皇誕生日があり，祝日が2日もあるのは多すぎるなどの理由で，2年にわたり請願したのですが，否決されてしまいました。
> 　もしここで，この案が通っていたら，4月の祝日がもう1日増えていたかもしれませんね。

世界宇宙飛行の日 〈4月12日〉

　1961(昭和36)年,モスクワ時間午前9時7分,当時のソビエト連邦の宇宙衛星**ボストーク1号**(重量47トン)が打ち上げに成功しました。人類を乗せての宇宙船としては世界初の試みでした。アラル海東方バイコヌールから打ち上げられたボストークは,およそ1時間48分で地球を一周したのち,着陸予定地のボルガ河のほとりに無事帰着しました。搭乗者であった当時27歳の**ユーリ・ガガーリン少佐**の宇宙から地球を見たときの「**地球は青かった**」という言葉は世界中の人々の記憶にいまもなお残り続けています。世界初の宇宙飛行成功と同時に,ガガーリン少佐は世界初の宇宙飛行士となったのです。このことを記念して,この日を**世界宇宙飛行の日**とするようになったのです。
　その後も宇宙開発はどんどん進歩し,1960年代には,アメリカは,人類を月面に着陸させる**アポロ計画**を発表しました。

その発表どおり，1969年7月20日には，アポロ11号がアームストロング船長とオルドリン飛行士を乗せ，月面への着陸に成功したのです。人類初の足跡を月面に残してから今日まで，もうすでに6回の月着陸が行われ，12人もの人たちが月面に降り立っています。1996年8月にはアメリカの惑星探査機ガリレオが撮影した木星の衛星エウロパの写真に注目が集められました。表面に氷の割れ目と思われる筋が無数にあることから，木星に生命の存在があったかもしれないという話です。この説には賛否両論がありますが，おどろくべき発見であったことはいうまでもありませんね。

また，おもしろい話としては，1981年アメリカの有人宇宙連絡船コロンビアが，世界初の軌道飛行に成功した日も4月12日でした。この日は，宇宙と関連のあることが多い日なのかもしれません。

日本でも2003(平成15)年打ち上げの小惑星探査機はやぶさが，小惑星イトカワに着陸後，通信途絶や姿勢制御不能など種々のトラブルを乗り越えて，2010年，サンプルを持って奇跡的に帰還したのが話題になりました。

―――＜コラム＞ 日本人宇宙飛行士―――

　日本初の宇宙飛行士はTBSの秋山豊寛記者で，1990(平成2)年12月2日ソユーズ号に搭乗しました。その後1992年9月12月に"ふわっと'92"のスペースシャトルに搭乗したのが元北大工学部助教授の毛利衛さんでした。
　94年7月には向井千秋さんが女性の宇宙滞在記録を更新し，96年に若田光一さんがミッションスペシャリスト（搭乗運用科学技術者）となり，その後も土井隆雄，山崎直子など数多くの日本人宇宙飛行士が誕生しています。
　また，NASAは，民間企業との共同で，宇宙旅行を商業化しようという企画もあるようで，宇宙はどんどん私たちにとって身近なものになっています。

パンの日 〈毎月 12 日〉

　日本で初めて，江川太郎左右衛門によって，本格的な食パンが焼かれたのが，1842(天保13)年の4月12日です。その後，1983(昭和58)年には「パン食普及協会」が，この日を記念して，毎月12日を**パンの日**と定めました。

　そもそもパンの始まりは，遠い昔にさかのぼります。初めて麦を粉にして焼いた，パンの原型となる粗末な食事が作られたのは，約7万5千年も昔のことでした。さらに，麦を細かく挽(ひ)くための道具が使用されるようになったのは，1万2千年くらい前になります。

　現在のようなパンが作られ，食していた記録がうかがえるものに，古代エジプトの壁画があります。そこには，宮廷のパン職人の姿が描かれており，ピラミッドには王の死後も，王に仕えるパン職人の像があるそうです。エジプトでは，5千年も昔にすでに発酵したパンが作られており，製法は現在のパンとほとんど変わりはありません。しかしこの当時，このようなパンを食べることができたのは王だけで，庶民は麦のお粥やパンとはいえないような麦の食事をしていたそうです。

郵政記念日（逓信記念日）〈4月20日〉

　1871（明治4）年の3月1日，前島密（1835-1919）の立案によって，国営の**郵便制度**が行われるようになりました。この制度が行われたのは東京，京都，大阪間で，これと同時に切手も発行されました。その後1934（昭和9）年に新暦になおして4月20日を**逓信記念日**（2001（平成13）年より**郵政記念日**）としました。1日郵便局長などの催しが，この日に行われます。また，この日からの1週間を**郵便週間**と**切手趣味週間**とし，各種の催しも行われています。

　郵便制度の開始と同時に作られた切手も前島が生みの親です。そして翌年にはこれも前島の発案で，**郵便切手**という名称も使用されるようになりました。現在の1円切手には前島密の肖像が使われています。

　実は，切手が使用されるまでには，一つの不安がありました。一度使用した切手を何度もはがして使われないかということです。郵便についての知識に乏しかった当時は，このことに非常に頭をかかえました。前島は考えに考えたあげく，薄くて弱い玉川唐紙という紙に印刷をしたならば，再使用はできないだろうと思い，印刷を頼んだところ，薄い紙への印刷はむずかしいとのことでした。とにかく何とかやってみるということで印刷を頼み，前島は視察のためにアメリカへ出発しました（アメリカではすでに郵便制度が行われていました）。その向かう途中に乗船していた船のアメリカ人船長から，**消印**という方法があることを聞いたそうです。

　また，郵便切手が初めて発行されたのは1840年のイギリスにおいてでした。世界初の切手は，黒色でビクトリア女王の肖像をあしらったもので，1ペニーと2ペニーの2種類でした。当時は切手シートには目打ち（四方にあけてある穴）がまだなく，一つ一つをはさみで切って使用していたそうです。

> **TOPIC　切手代はいくら？**
> 　制度開始の時点での東京，大阪間の配達にかかる時間は78時間で，切手代は48文，100文，200文，500文の4種類がありました。当時は米10キロ（現在では約4000円）が40文ほどで買えましたので，かなり高価なものでしたね。

アースデー（地球の日）〈4月22日〉

　1970(昭和45)年，アメリカの市民運動指導者で大学生だったデニス・ヘイズが，「地球全体の環境を守るために，一人一人が行動しよう」と提唱したことに始まります。その後，10年ごとに統一の行動がとられてきましたが，1990年からは毎年開催されるようになり，日本もこの年，初めて参加しました。主催は**アースデー世界協会**等が行っています。
　このアースデーが始まったころは，日本でも公害問題がさかんに取りざたされ，深刻化した時期にあてはまり，企業の責任が多く問われました。
　アースデーは日本ではまだ，あまり知られていないようですが，イデオロギーや宗教を問わずに，個人の生活から，学術・技術とどのような形からでも参加できるイベントです。環境問題で重要な立場にある日本人はもっと関心をもち，さかんなイベントにしていきたいものです。

サン・ジョルディの日〈4月23日〉

　スペインのカタロニア地方には，騎士サン・ジョルディが竜を退治し，王女を救って愛を告白したということから，4月23日を"**守護聖人サン・ジョルディの日**"として祀り，女性は男性に本を，男性は女性に聖人の象徴の赤いバラを贈るというお祭りがあります。この贈り物の風習は，男女が逆でも，同性同士であってもかまいません。
　また『ドン・キホーテ』で知られる地元の作家**セルバンテス**の命日と重なっているために，スペインでは"**本の日**"とされ，青空市などが立ち並びます。本に対する関心を高めるために，日本でもこの風習がさかんになるようにと，1986(昭和61)年，日本書店組合連合会等がこの日を"サン・ジョルディの日"として制定しました。

昭和の日 〈4月29日〉

　昭和の日は，国民の祝日のひとつで，2007（平成19）年より施行された新しい祝日です。その趣旨は，「激動の日々を経て，復興を遂げた昭和の時代を顧み，国の将来に思いをいたす」とされています。

　4月29日は，もともとは昭和天皇の「**天皇誕生日**」で，1945（昭和20）年の第二次大戦終戦までは，**天長節**といいました。"天長節"とは天皇の誕生日を祝う祝日で，唐の玄宗皇帝（712〜756）が創定したものを，光仁天皇の775年にそれを模して始めたものであるといわれています。「天長」という言葉は，老子の「天長地久」に始まるものです。ちなみに皇后の誕生日は"地久節"といわれていました。

　しかし，その後，天長節は明治時代に復活するまで，長いあいだ中断されていました。1868（明治元）年に行政官布告によって，天長節の儀が再び催されることになりました。これは，1945年の敗戦まで続きます。これが終戦後，国民の祝日に関する法律により，「天長節」は「天皇誕生日」と改められ，祭典の名称も「天長祭」となりました。

　昭和天皇が亡くなられ，元号が平成と変わった1989年，4月29日が60余年にわたり祝日として定着していたことから，生前，植物に造詣の深かった昭和天皇を記念して，「**みどりの日**」（自然に親しむとともにその恩恵に感謝し，豊かな心をはぐくむ）として新たに国民の祝日となりました。この時期は新緑の季節として自然に親しむうえでもふさわしいことから，4月23日から29日までを「**みどりの週間**」としています。

　その後，日本の歴史上，最も長い元号であり，第二次世界大戦とその敗戦という，未曾有の変動を経験した「昭和」という時代を記念して2005（平成17）年，「**昭和の日**」が制定されたのです。

　また，これに伴い，「**みどりの日**」は，5月4日に変更となりました。

図書館記念日 〈4月30日〉

　1950（昭和25）年のこの日に「**図書館法**」が制定されたことを記念して，日本図書館協会が1971（昭和46）年に**図書館記念日**を決定し，翌年より実施しています。

　1872（明治5）年4月2日，文部省によって東京の湯島聖堂に「**東京書籍館**」を設立し，公開したのが現在の図書館の始まりです。その後1880（明治13）年，東京書籍館は「東京図書館」と改称し，ここから"**図書館**"という名称が使われるようになりました。1897（明治30）年には「帝国図書館」とさらに改称し，1906（明治39）年に現在の**上野図書館**になりました。

　世界の図書館の歴史は古く，もっとも古いものでは紀元前4000年くらい前にさかのぼります。しかし，現在の図書館という形ではなく，「図書のコレクション」といった姿でした。はっきりとした利用するという機能をもつ形で姿を現したのは，西欧では紀元前600～500年ころからといわれます。

　日本における図書館の始まりは，聖徳太子の『三経義疏（さんぎょうぎしょ）』を書き記すための資料をおいていた「**夢殿**」といわれる説と，8世紀後半，石上宅嗣（いそのかみのやかつぐ）が奈良の自分自身の庭園に「**芸亭**（うんてい）」とよばれる書斎をつくり，公開したものだといわれる説などがあります。

> **TOPIC** "としょかん"は"ずしょかん"？
>
> 　今では，「図書館」は「としょかん」と読むことが当然になっていますが，実は明治中期ころまでは「としょかん」とはよばず，「ずしょかん」とよばれていました。（大昔，大宝律令で設けられた「図書寮」も「としょりょう」と読むのではなく，「ずしょりょう」と読みます。）
> 　「としょかん」という読み方になったのは，明治13年（前述の）東京図書館改称の際で，この呼び方が定着するようになったのは，大正以後からです。意外にも「としょかん」という呼び方は，最近始まったものなのですね。

皐月(さつき)

この月は田植えの時期であり,早苗(さなえ)を植える"早苗月(さなえづき)"から"サツキ"となった。
サツキの"サ"は神に捧げる稲の意味を表し,早乙女(さおとめ)(田植をする女性),早苗(さなえ)(稲の苗),さ上(のぼ)り(田植が終わった後,田の神さまを送る行事)など田植えに関連する言葉に使われている。

〈異称〉
橘月(たちばなづき)　早月(さつき)
雨月(うげつ)　田草月(たぐさづき)
月不見月(つきみずづき)　など

〈英名〉

メイ
(May)

ローマ神話の春の女神マイア(Maia)からきている。ラテン語の"伸びる"という意味の"マイウス(Maius)"からともいわれる。

メーデー〈5月1日〉

メーデー（May Day）は，労働者の国際的な祭典で，その起源はアメリカにあります。

1884年，アメリカの労働者がシカゴで「8時間労働，8時間の休息，8時間の教育」というスローガンをかかげ，全労働組合会議創立大会でこれを要求し，1886（明治19）年の5月1日，要求貫徹のために統一のデモ活動を行ったことが始まりになります。これ以来，5月1日に各国の労働者がそれぞれの要求を掲げてデモやストライキを行うようになりました。

日本では1905（明治38）年に平民社で開催された**「メーデー茶話会」**という名の記念集会をもったのが始まりだったのですが，当時の政府に弾圧されてしまいました。実質上初めてのメーデーは1920（大正9）年5月2日，東京の上野公園で行われたものになります。15の労働団体の主催で行われた第1回のメーデーは1万人もの参加者があったそうです。5月1日ではなく2日に行われたのは，この日が日曜日だったからです。

メーデーは1935（昭和10）年の第16回以降中断されましたが，1946（昭和21）年5月1日に戦後初めての第17回メーデーが行われ，皇居前広場に50万人が参集しました。

その後，皇居前広場は1950（昭和25）年にGHQによって使用禁止となり，講話条約が発せられたあとの1952（昭和27）年のメーデーも，神宮外苑で行われました。しかし，無理矢理に皇居前広場に入ろうとしたデモ隊が警官と激突し，警官隊が2人を射殺，1,232人を検挙するという**「血のメーデー」**事件となってしまいました。

近年では，以前のような活発な活動はあまりみられなくなり，イベント的なイメージのほうが強くなっているようです。

憲法記念日 〈5月3日〉

　憲法記念日は国民の祝日のひとつで，1948（昭和23）年に制定されました。その趣旨は，「日本国憲法の施行を記念し，国の成長を期する」とされています。
　日本国憲法は1946（昭和21）年11月3日に公布され，その半年後の1947年5月3日に施行されました。日本国憲法は，「国民主権」「平和主義」「基本的人権の尊重」という3つの柱が基本理念とされたもので，4段からなる前文と，11章103条からなる本文によって構成されています。
　天皇を象徴とするこの憲法は，1945（昭和20）年8月15日，日本が無条件降伏するときに受諾したポツダム宣言にもとづく連合国から押しつけられた憲法として，改憲を望む声もあります。しかし，第9条の戦争の放棄など，日本国憲法は文化国家として発展することを宣言しており，平和憲法である点が大きな特色である，他に類をみないものです。
　5月3日は，こうした日本国憲法が施行された日であり，戦後の日本の新しい門出の日として，人々の胸に刻まれることとなりました。
　また，この前日である5月2日には，国旗の掲揚権が日本国民に返還された日でもあります。当時の連合軍総司令官であるマッカーサ元帥は，吉田首相に送った書簡のなかで，「この国旗をして，個人の自由，尊厳，寛容と正義に基づく新しい恒久的な平和時代が，日本人の生活に到来した」と言って，この新憲法の制定を祝福しています。

> **＜コラム＞ 大日本帝国憲法**
>
> 　戦前のわが国の憲法は「大日本帝国憲法」というものでした。これは明治憲法ともよばれ，1889（明治22）年2月11日に発布されたものです。7章76条からなり，天皇の大権，臣民の権利義務，帝国議会の組織などに関して規定したものです。
> 　現行の憲法との大きな違いは，現行の国民主権にくらべて，明治憲法では，すべての権限が天皇に集中していたことです。
> 　第二次大戦後，新しい「日本国憲法」に改められて失効しました。

八十八夜
（はちじゅうはちや）

　立春から数えて88日目，現在の暦で5月1〜3日ころを**八十八夜**といいます。このころまでは移動性高気圧の影響で昼と夜の温度差が激しく，**晩霜（遅霜）**（ばんそう・おそじも）とよばれる霜（しも）が降りて，植物の新芽や若葉が一晩のうちに枯れてしまったりします。しかし，この八十八夜以降は霜が降りることはほとんどないので，稲の種まきを始めて本格的な農作業に入ります。「**八十八夜の別れ霜**（わかじも）」「**忘れ霜**（わすじも）」という言葉はここからきています。米という字が八十八と分けることができることからも，農家ではこの日を大切にするようです。

　また，「夏も近づく八十八夜…」と唱歌にうたわれているように，この時期には茶摘みがさかんになり，とくに八十八夜の日に摘んだ茶の葉は極上とされ，またこの日に茶を飲むと長生きするともいわれています。

　この日には「**水口祭り**（みなぐち）」といわれる行事が行われます。「**水口**（みなぐち）」というのは水路から田に水を引く入り口のことです。正月の粥占い（かゆうらな）のときに使った粥掻き（かゆかき）を苗代（なわしろ）の水口に立てて，そこに種もみの残りで作った焼米（やきごめ）をのせて，その焼米を鳥が早く食べると，その年は豊作になるといわれています。長野県では粥を炊いて田の神に供える「タネマキガユ」の風習があるなど，農村では豊作を願っていろいろな占いをしていました。

端午の節句

　3月3日のひな祭りが女の子の節句といわれるのに対して，5月5日の**端午の節句**は**男の子の節句**とされ，男の子のいる家庭では**こいのぼり**や**兜**，**五月人形**を飾って，**柏もち**や**ちまき**を食べます。最近では住宅事情などから，あまり庭先にこいのぼりを飾る光景は見られませんが，以前は多くの家庭の庭先で何匹もの色とりどりのこいのぼりが泳いでいたものです。

　「端」は初めという意味で，「端午」は月の初めの午の日を指し，もともとは5月だけに限られていたわけではないようですが，しだいに5月の端午を節句とするようになり，それが"五"の重なることを重視する中国の思想から，漢代以後は5月5日を端午の節句というようになったのです。

　端午の節句というと，いまでは一般に男の子の節句と考えられていますが，もともとは**女性の日**でした。古くから日本では5月を悪月・**物忌み**月として，大事な田植えの仕事に入る前に，若い女性（早乙女）は5日に菖蒲や蓬で葺いた屋根の下で身を清めて一日中静かにしていました。これを「葺き籠り」といい，5日もしくはその前夜を「女の家」「女の夜」「女の宿」などとよびました。

　こうした日本古来の行事に対して，中国ではこの日に薬草を飲んだり，蓬で人形を作りそれを門戸にかけたり，**菖蒲湯**に入ったり**菖蒲酒**を飲んだりして，病気や災厄をはらう行事が行われていました。

　当初はこの日に**ちまき**（粽）を食べるという風習はなかったようです。中国の春秋戦国時代，屈原という有名な詩人が5月5日に汨羅という河に身を投げました。その霊を慰めるために，竹筒に米を入れて棟（栴檀）の葉でふたをして色糸でしばったものを，5月5日に汨羅の水中に投げ入れるようになりました。これがちまきの起源だとされ，これ以降に五月の節句でちまきを食べるようになったといわれています。

　また，端午の節句につきものの**こいのぼり**については，黄河中流の竜門の急流を登り切った鯉は，姿を変えて竜になるという伝説から，"**鯉の滝登り**""**登竜門**"などという言葉ができました。そこから子どもの立身出世を祈ってあげられるようになったといわれていますが，屈原が身を投げた汨羅に住んでい

た大きな鯉が，屈原の亡骸をくわえて屈原の姉にわたしたという伝説から由来しているのではないかという説もあります。

　このような中国のしきたりが平安時代に日本に伝わり，日本古来の習わしと結びついていきました。「菖蒲」と「尚武」をかけて，武士の間では流鏑馬が行われたり，子どもたちも**菖蒲打ち**などを行うようになり，しだいに男の子の節句という意味あいが強くなっていきました。菖蒲打ちとは，菖蒲叩き，菖蒲切り，印地打ちともいって，菖蒲を束ねて地面を打って，音の大きさを競うという遊びです。もともとは子どもたちが菖蒲で作った刀で打ち合いをすることを菖蒲打ちといっていたようですが，しだいに地面を打ち合うことをそうよぶようになっていきました。

　またこのころから，7歳以下の男の子のいる家では，滝登りをする鯉のように力強く育つようにという願いをこめてこいのぼりを飾ったり，甲冑や**武者人形**（いわゆる五月人形，鍾馗さまや金太郎など）を飾って男の子の成長を祝うようにもなりました。京都や大阪では，男の子が生まれると1年目には親類縁者にちまきを配り，2年目からは柏もちを配るというところもあったようです。

こどもの日 〈5月5日〉

1948（昭和23）年，国民の祝日に関する法律（祝日法）で，「こどもの人格を重んじ，こどもの幸福をはかるとともに，母に感謝する」として5月5日「こどもの日」が国民の祝日となりましたが，後半の「母に感謝する」という部分はあまり定着していないようです。5月の第2日曜日が一般には母の日として知られていますが，法律的にはむしろ5月5日が母の日だといえるようです。

1951（昭和26）年5月5日には児童憲章が定められました。そこには，すべての児童の幸福をはかるためとして，次のことが述べられています。

　　児童は，人として尊ばれる。
　　児童は，社会の一員として重んぜられる。
　　児童は，よい環境のなかで育てられる。

また，1954（昭和29）年，国連において，"世界子どもの日"を設けて，世界中の子どもの友愛をはかることとなりました。日付については各国の裁量にまかすことになりましたので，日本では，5月5日をあてています。

＜コラム＞　鍾馗と金太郎

　武者人形の多くは，歴史上活躍した実在の人物をモデルにしている場合が多く，なかでも人気があるのは鍾馗（しょうき）と金太郎（きんたろう）です。

　鍾馗とは中国の魔除けの神で，その勇ましさと共に魔除けや厄払いの意味もあるということで，武者人形のなかでもとくに人気がありました。

　金太郎（さかたのきんとき）は坂田金時という人物の子どものころの呼び名です。後に渡辺綱（わたなべのつな），碓井貞光（うすいさだみつ），卜部季武（うらべすえたけ）とともに源頼光（みなもとのらいこう）の四天王といわれた武術の達人で，彼らとともに大江山に棲む鬼の酒呑童子（しゅてんどうじ）を退治したことで知られています。

　金太郎の誕生については，足柄山（あしがらやま）の山姥（やまんば）が子どもを授（さず）けてくれるよう祈っているときに，ふと居眠りをして赤い竜と交わった夢を見たところ，雷が鳴り，山姥が夢から覚めるとすでに金太郎がお腹の中にいたという，不思議な言い伝えがあります。生まれた金太郎は全身が赤く，熊を相手に相撲をとったり，とても強い力をもっていたといわれています。

　"金太郎"は，金太郎飴（あめ）や子どもの腹がけにその名が残っており，また，金時豆（きんときまめ），金時鯛（きんときだい）など赤いものの代名詞にもなっています。ちなみに金時の息子が金平（きんぴら）（公平）で，こちらは"きんぴらごぼう"にその名が残っています。

アイスクリームの日 〈5月9日〉

　1869（明治2）年のこの日に，日本で初めて，横浜の馬車道通りで町田房蔵という人がアイスクリームを売り出しました。当時は "**アイスクリン**" といい，現在の価格にすると約8千円もする高価なものでした。「氷水店」と称し，当初は外国人相手のものでした。1873（明治6）年には明治天皇が青山に行幸の際，召し上がったということです。

　アメリカで市販されたのは18世紀末のことで，工業化されたのは1851年のことでした。日本で一般庶民が食べられるようになったのは，1882（明治15）年に東京で売り出されてからです。これは桶に入ったもので，1つ50銭と，当時米1斗(現在では約7千円)が買えるほどの高額なものでした。しかし6年後には，銀座の風月堂が，1カップ10銭で売り出しました。

　当時の製法は，大鍋に牛乳・香料を入れて沸かしておき，それをよくかきまぜた卵に注ぎ冷却したものでした。その冷却方法は，氷に塩を混ぜて温度を下げるといった方法をとっていました。

　戦後，大手メーカーの進出がめざましくなり，店頭アイスボックスの普及とともに，全国に行きわたりました。

母の日 〈5月の第2日曜日〉

　母の日は，1907年，アメリカのアンナ・ジャービスが，亡き母の追悼会で母親への感謝の気持ちを表し，母の好きだった**白いカーネーション**を参会者たちに配ったのが始まりです。この話を伝え聞いて感動したデパート経営者のジョン・ワナメーカーが経済的支援を約束し，翌1908年5月10日，407人の子どもとその母親を招いて母の日の礼拝が行われました。これがアメリカ全土へと広がり，1914年，議会において，国民の祝日として5月の第2日曜日が"母の日"と制定されたのです。

　日本では，大正時代末，キリスト教婦人団体である婦人矯風会（ふじんきょうふうかい）が提唱したのが始まりで，戦前は3月6日の皇后誕生日（地久節（ちきゅうせつ））を母の日としたこともありました。一般的になったのは戦後で，アメリカにならって5月の第2日曜日に行うようになりました。

　現在でも，子どもたちを中心として，お母さんにカーネーションをはじめとする，いろいろなプレゼントを贈ることがさかんに行われています。

＜コラム＞ 母の日を象徴する花"カーネーション"

　ジャービス夫人の追悼会での出来事が由来となり，カーネーションが母の日を象徴する花となりました。もともとは，母親が存命の人は赤い花，亡くなってしまった人は白い花を身につけていましたが，いまではあまりこだわらなくなったようです。

　このカーネーションは南ヨーロッパ原産でしたが，現在では世界各国で生産され，一年を通して花屋の店頭に並んでいます。

看護の日・ナイチンゲールデー〈5月12日〉

　かの有名な**フローレンス・ナイチンゲール**（1820-1910）が誕生した日を記念して，定められた日です。このことにちなんで，1991（平成3）年に厚生省が**「看護の日」**を制定しました。看護師不足の問題をはじめ，高齢者への看護のあり方など，看護の心を社会全体に広めようという目的で，シンポジウムや講演会などが開かれています。

　「赤十字の母」とよばれるナイチンゲールは，1820年にイタリアのフィレンツェで生まれ，看護師としての訓練を受け，その後1853年，ロンドンの病院の看護師長となりました。

　1854年のクリミア戦争で，多数の負傷者や病人が出たことを知り，他の看護師を率いて戦地に赴きました。そこで敵味方の区別なく，負傷兵の手当てに全力であたり，**「クリミアの天使」**とよばれたのです。

その後，1862〜64年の南北戦争，1870〜71年の普仏戦争で各国から協力を要請され，看護活動にあたりました。その功績に対して，イギリス，ドイツ，フランス，ノルウェー各国から表彰を受けました。

彼女はその後，看護師養成学校を創設し，また，看護法の改善にも尽くしました。

彼女を記念して，赤十字国際委員会が，すぐれた看護師に対して，ナイチンゲール記賞を与えて表彰しています。

＜コラム＞ 日本の看護師

日本での看護師の始まりは，1868(明治元)年の横浜でした。上野の山で彰義隊(しょうぎたい)の鉄砲で負傷した官軍の兵士たちが，横浜の大田病院に収容されました。この負傷兵に女の看病人が2人ついたことが，看護師の始まりとされています。

西洋医学の導入で病院が増えるにつれ，看護師の需要も増えていきました。しかし，女性が仕事に就くことはむずかしく，東京医学校(現在の東大医学部)では，1876(明治9)年になってようやく15人の看護師が雇われました。平均年齢は約39歳と高く，月給は3円から5円と，当時では高額なものでした。

その後，正式な看護師養成が始まったのは1886(明治19)年になってのことでした。

＜コラム＞ 世界赤十字デー

赤十字の記念日としては，5月8日が「**世界赤十字デー**」となっています。これは赤十字の創始者である，**アンリ・デュナン**(1829-1910)の誕生日にちなんで，1948年より設けられた日です。国際赤十字組織は，アンリ・デュナンが31歳のころ(1859年)，イタリア統一戦争の傷ついた兵士たちの惨状を目撃し，戦時傷病者の救護のための国際運動を起こそうと決意したことに始まります。スイス政府の協力もあり，1864年には，戦時傷病者や捕虜を保護するという目的の「**ジュネーブ条約**」を成立させています。

ちなみに赤十字のマークは，アンリ・デュナンの祖国であるスイスの国旗を逆転させた白地に赤の十字のマークです。十字は，東洋では「福徳」，西洋では「仁義」を意味するそうです。

水無月(みなづき)

旧暦6月は梅雨も終わり，酷暑の季節で，文字通り水も涸(か)れ尽きるという意味。これとは逆に，田植えも終わり，田に水を張る"水張(みずは)り月(づき)""水月(みずづき)"からきたとの説もある。

また，田植えが済んで大きな農作業はすべて終わったとする"皆仕尽(みなしつき)""皆尽(みなつき)"からとの説，この時期は雷(かみなり)が多いことから"カミナリ月"という説などがある。

〈異称〉

水月(みづき)　涼暮月(すずくれづき)
風待月(かぜまちづき)　蟬羽月(せみのはづき)
常夏月(とこなつづき)　など

〈英名〉

ジューン
(June)

ローマ神話の神々の王ジュピター(Jupiter)の妻ジュノー(Juno)に由来する。この女神は結婚と出産を司(つかさど)ることから"ジューン・ブライド"という言葉が生まれた。

衣替え

　衣替えは，平安時代宮中に始まった行事です。もともとは「**更衣**」といわれていましたが，天皇の衣服の着替えを務める女宮の職名も"更衣"といったことから，まぎらわしいので"衣替え"というようになったそうです。当時は，旧暦4月1日と10月1日とが衣替えの日で，冬物から夏物へ，夏物から冬物へと衣服を脱ぎ替えるばかりではなく，御殿の調度品なども，季節に合わせたものに取り替えられました。まだ四季ごとの衣裳はなく，寒暖の際には，下着などで調節していたようです。

　室町時代になると**帷子**が用いられるようになり，江戸時代には，衣類の多様化に伴い，幕府でより詳細な衣替えの日が定められました。

　明治以降，官庁，学校，大企業など制服を着るところでは，江戸時代にならって，6月1日と10月1日が衣替えの日とされました。冷暖房の普及した今日でも，この風習を守っているところはたくさんあります。

　また，神さまの更衣という意味で，多くの神社でも**更衣祭**が行われています。これらは，もともとは不定期に神さまの身を清めて神衣を改めていたものが，人間と同じような季節の行事になったといわれています。

　かつての庶民の衣類は，**単**，**袷**，**綿入れ**などでした。**単**は裏布をつけずに一枚の布で仕立てた着物で，夏向きの涼しさを追求したものでした。**袷**は裏のついた，単より暖かい着物です。**綿入れ**は，表地と裏地の間に綿を入れて防寒の役を果たしたものです。

　日本の着物は，糸を抜くと一枚一枚の平らな布になり，衣替えのたびにそれらの布を洗って縫い直すことが行われました。洗った布に糊をつけ，板に張って干す"洗い張り"は，かつてはどこの家にも見られた風物でした。

　新潟県や長野県の一部には，6月1日を**衣脱ぎ朔日**といい，新しく夏服を着て，仕事を休んで物語りをしながら一日を過ごしたり，神さまに参ったりする日としたり，蛇が皮を脱ぐ日なので桑畑へ行ってはいけないなどとしています。

気象記念日 〈6月1日〉

　1875(明治8)年のこの日，イギリス人のジョイネルによって，東京赤坂葵町（あおい）に，現在の気象庁の前身である**東京気象台**が設置され，1日3回の気象観測が始まりました。これを記念し，気象庁により，1942(昭和17)年5月，気象業務の発展と気象知識の普及をはかることを目的として**気象記念日**が制定されました。

　明治時代の初期は，6畳ほどの古家で，2階に水銀晴雨計が吊り下げられた程度のものだったそうです。その後，1887(明治20)年，**中央気象台**へと発展し，1956(昭和31)年7月，現在の**気象庁**が東京都千代田区竹平町に誕生しました。

　現在，東京管区気象台をはじめ，五管区気象台を総括し，気象・地象・水象・津波・高潮および波浪についての予報や警報を私たちに伝えてくれています。

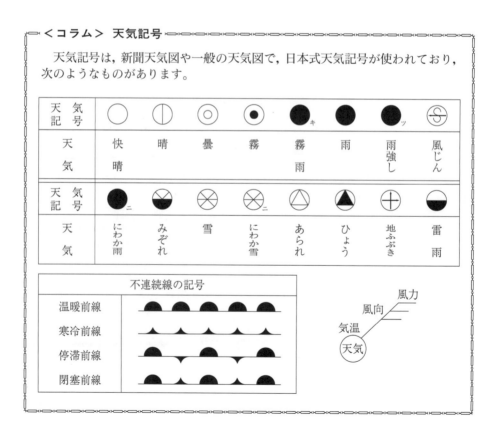

虫歯予防デー〈6月4日〉

　6と4の語呂合わせから，日本歯科医師会が1928（昭和3）年より「**虫歯予防デー**」を実施したのが始まりです。この虫歯予防デーは，一時期「護歯の日」として実施したこともあるそうです。1958（昭和33）年からは，6月4日からの1週間を「**歯の衛生週間**」（2013（平成25）年より「**歯と口の健康週間**」）として，歯みがきや口腔内の健康習慣を心がけるなどの運動が行われています。

　そもそも，虫歯の原因が発表されたのは，1683年のオランダにおいてでした。オランダの博物学者アントーン・ファン・レーウェンフークによって，歯間に寄生する微生物が虫歯の原因になることをつきとめたことが始まりです。

　日本でも，昔は"歯"という字を"よわい"とよんで，「歯は年齢に通じる」として健康のバロメーターとしていたようです。

　歯固(はがため)とよばれる歯の健康を願う行事も，古くから行われています。これは，一般的には正月に，地方によっては6月1日に行われ，もち，勝栗(かちぐり)(栗を干したもの)など固いものを食べて，歯を丈夫にし，長寿を願うという行事です。

> TOPIC　上の歯は下へ？
> 　　　　下の歯は上へ？
>
> 　ところで，歯が抜けたときの言い伝えとして，おもしろいものがあります。上の歯が抜けると，縁の下へ「ねずみの歯と取り替えろ！」といって，すて，下の歯が抜けると，「天狗の歯と取り替えろ！」といって屋根へすてるというものです。どちらも真っすぐに丈夫な歯がはえてくるようにというものなのですが，現在では，あまり，行われることがないようです。

時の記念日 〈6月10日〉

　1920（大正9）年に，生活改善同盟会が制定した日です。この日は，時間を尊重・厳守し，生活の改善・合理化などを進めることを目的としています。

　日本書紀によると，天智天皇の10年（671年）の4月25日に，初めて**漏刻**（ろうこく）とよばれる水時計が設置されて，時を告げたといわれています。ここで使われた水時計は，水槽に水を入れ，その水槽に小さな孔をあけ，漏れた水によって時を計るというものでした。日本書紀では太陰暦なので，太陽暦に直すと6月10日になったのです。

　この日，東京時計組合主催による「**時計感謝祭**」が1947（昭和22）年から行われ，神田明神で古い時計を燃やし，供養しています。

　日本の**標準時間**は，兵庫県明石市を通る東経135度を基準としています。これは，1886（明治19）年7月13日に公布され，1889年1月1日から日本の時刻の基本となったものです。これを記念して，7月13日が，「日本標準時制定記念日」となっています。

　世界ではイギリスのグリニッジ天文台を通る子午線を経度0度として，この時刻を"**グリニッジ時**"といい，世界の標準時としています。地球を一周すると360度ですので，24時間で割ると，経度15度の差が1時間の差になります。

世界主要各地の時差

イギリス（グリニッジ時）	フランス・ドイツ・スイス・イタリア	ギリシア・エジプト・トルコ	サウジアラビア・モスクワ	タイ・カンボジア・ジャカルタ	香港・シンガポール・マニラ	日本	シドニー・メルボルン	ハワイ	バンクーバー・サンフランシスコ	キューバ・ニューヨーク・ペルー	アルゼンチン・リオデジャネイロ
9	8	7	6	2	1	日本との時差	23(1)	19(5)	17(7)	14(10)	12
0時(24時)	1	2	3	7	8	9時	10	14	16	19	21
15時	16	17	18	22	23	0時(24時)	1	5	7	10	12

日本との時差で（ ）内は実質の時差

梅雨
　梅雨とは，春と夏の中間にみられる雨期のことで，日本特有の現象です。旧暦の5月に降るので，"五月雨（さみだれ）"ともいい，梅雨空で昼でも暗く，夜は月も見えない闇になることを"五月闇"といいます。ちなみに，"五月晴れ"とは，今の五月のいかにも初夏というさわやかに晴れた日のことではなく，本来は梅雨の合間の晴れをいいます。ほかに"梅霖"という呼び名もあります。

　梅雨は"つゆ"ともいい，"ばいう"ともいいますが，「露けき時節」だからとか，じめじめして物が腐るので「潰ゆ」の意味だとか，梅の実が熟す季節なので，「熟ゆ」「梅雨」であるとか，カビが生えるので，「黴雨」と書いていたとか，いろいろな説があります。

　梅雨（ばいう）に入ることを**入梅**といいます。昔は，二十四節気（179頁参照）のほかに雑節というものを定め，そのなかに入梅もあり，日が定まっていました（現在の6月11日ころ）。しかし，その年や地方によって入梅の時期が異なりますので，現在では，気象庁が**"梅雨入り宣言"**を出しています。

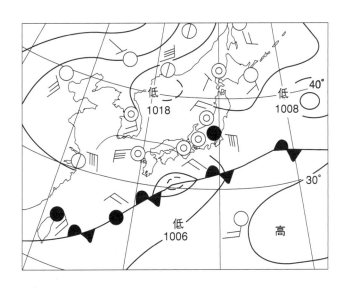

〈梅雨前線〉
この図では，太平洋上の高気圧の勢力が弱まり梅雨前線が南下して梅雨の晴れ間となっています。この高気圧が強まったり弱まったりすることで，前線が停滞して雨が降ったり，南下して止んだりします。やがて高気圧の勢力が拡大し，前線を北へ押し上げて，日本列島を高気圧が覆うと，梅雨明けとなり，本格的な夏になります。

梅雨になると気候が不安定となり，カビが生えやすく，うっとおしい日が続きます。けれども，この梅雨は，稲作にはなくてはならないもので，田植えは入梅を待って行われます。雨の降り続いて寒いときを「梅雨寒(つゆざむ)」といいますが，梅雨寒の続く年は豊作だといわれています。反対に，雨の少ない「からつゆ」や，7月下旬から8月まで続く長梅雨の年は凶作になります。

　梅雨は，梅雨前線(ばいうぜんせん)が日本付近に停滞することによって起こります。これはアジアのモンスーン(季節風)の影響と考えられています。ベンガル湾の暖かい水蒸気を含んだ赤道偏西風がチベット高原に入り，インド，東南アジアのモンスーンとなり，これが北上して，日本に梅雨前線が発生するのです。

　北海道には，梅雨はほとんどありません。たまにはっきりした梅雨があると，「エゾ梅雨」とよばれます。

田植え(たう)

　田植えとは，**苗代**(なわしろ)(稲の種をまいて発芽させるところ)で育てた稲の苗を本田に植えつける作業をいい，収穫とならんでもっとも重要な農作業のひとつです。

　田植えは，限られた短い期間のうちに行わなければならないので，村人総出の共同作業として，村中の田植えをつぎつぎと行いました。

　また，田植えは実際の農作業であると同時に，豊作を祈る**田の神**の祭りという，重要な神事でもありました。祭りのやり方は，地方によってさまざまですが，**早苗**(さなえ)の根を洗い清めて三束とし，榊(さかき)や御幣(ごへい)のように，神さまの**よりまし**(神が宿るところ)とする点は，およそどこの田植祭りにも共通しています。

　田植えの最初の日や大きな田植えがある日には，田の神をお迎えするために，装束を整えた田植え組の人たちが神を拝みます。それから，笛，太鼓，鉦(かね)，簓(ささら)(竹の先を割って束ねた楽器)などの**お囃子**(はやし)にのって，声を合わせて**田植唄**をうたいながら，そろって苗を植えていきます。

実際に田植えをするのは，早乙女（さおとめ）とよばれる若い女性たちで，田植えの神事に奉仕すると考えられ，けがれのない乙女たちが選ばれたといわれています。早乙女は，そろいの新しい仕事着や，笠，たすきを身に着け，飾り立てた牛に**代（しろ）かき**（田の土をかきならすこと）をさせることもありました。昼になると，田の神と一緒にごちそうを食べ，およそ1日で一軒の田植えが終わりました。田植えのあと，早乙女が**田植え踊り**を踊ったりすることもありました。

　これらのお囃子や田植え踊りが芸能化して"**田楽**（でんがく）"となり，そこから"**猿楽**（さるがく）""**能**（のう）"その他の芸能へと発展していきました。つまり，日本の芸能のルーツは田植えということになります。

　村中の田植えが終わると，田の神をお送りする行事がありました。このときには，田植え始めと同じように三束の苗を神にお供えし，早乙女を上座にすえて，田植えに参加した人々を集めて，祝宴が行われていました。現代ではこれは，田植えのあとの休日として扱われることが多いようです。

　農作業の機械化によって，田植え作業も比較的楽なものとなり，田植え祭りも衰退したり，神事的なものから芸能的なものに変化したりしていきましたが，昔ながらの風習を残しているところもあります。

＜コラム＞ お米のできるまで

　イネは，まず，種まきに先立って，塩水洗いなどによって良い種子を選び，消毒をします。また，発芽が一斉になるように，温湯に浸して芽出しを行うこともあります。

　各種の苗代や育苗施設にまかれた種子は，水分を十分吸収し，10～15℃くらいで発芽します。その後，茎の生長点で次々と葉が作られ，やがて新しい茎も出てきます。約20日で葉数は3枚ほどになり，30～40日で6～7枚になります。このころ，機械または手によって田植えが行われます。手植えの場合は葉が6～7枚のころに行い，機械植えでは3～4枚のころに行います。

　田植えの時期は地方の気候によってさまざまですが，普通，早いところで4月下旬から，遅いところでも6月下旬には始まります。

　茎が20～30本になると葉の成長が止まり，穂が形成され始めます。穂が伸びると，すぐに開花，受粉が行われ，以後45～50日にわたって胚乳部に養分が蓄積されて穀粒を形成します。

　この間，農家では，施肥，水管理，草取りなどさまざまな農作業を行い，収穫は人力または機械力によって行われます。収穫したイネは，稲架（はさ）（稲掛（いねか）け）などで乾燥されたあと，脱穀，調整して収納し，必要に応じて精米されます。

父の日 〈6月の第3日曜日〉

　6月の第3日曜日に定められている**父の日**は，母の日と同様に，アメリカから始まったものです。

　1910年，ワシントン州に住むジョン・ブルース・ドッド夫人が，男女同権ということから，父親に感謝する日もつくろうとよびかけました。その後，1936年に「ニョーヨーク全米父の日委員会」ができ，さかんになりました。ドッド夫人が，亡き父親の墓前に白いバラを捧げたことから，父の日のシンボルは白いバラになりました。日本では，1955（昭和30）年ころに導入され，以後全国的に広がっていったのです。

　アメリカでは，父親に黄色いハンカチやスポーツシャツを贈るのが一般的なようです。

　日本では母の日ほど一般化されておらず，子どもが父親に感謝の気持ちを込めてプレゼントを贈るということは，まだまだ少ないようです。

　しかし，多くの保育所や幼稚園，小学校などでは，この日を保護者参観日にあてているところが多いようです。ふだんは，このような会には母親が出席するので，なるべく父親にも保育者や教師と触れ合う機会をもってもらい，保育や教育を理解する手助けになるようにと考えられているようです。

夏越し

　1年を2つに分け，その最後にあたる6月30日，12月31日には**大祓**（半年の間に犯した罪やけがれを払うもの）が行われていました。のちに，12月31日のほうを**年越の祓**といい，こちらはだんだんと年末・年始の行事に吸収され，6月30日のほうが現代まで各地の神社で行われています。これを，**夏越祓，名越祓，水無月祓，荒和の祓**などといいます。「ナゴシ」という言葉は，神さまの心を和らげる「和し」から出たものといわれています。

　この日，神社では，**茅**（イネ科の多年草チ，カヤ，チガヤ）を束ねて直径2～3メートルの輪を作って神前にとりつけます。これを**茅の輪**といい，これをくぐると災厄をのがれられるといわれています。

　祝詞のあと神主がこの輪をくぐり，続いて，麻の葉を2，3枚紙に包んで持った参詣人たちが，輪の中に左足から入って右足から出ることを3回繰り返します。このとき，「水無月の夏越祓をする人は千歳の命延ぶというなり」という

歌を3度唱えます。この行事は、いまでは、月遅れの7月31日に行う神社も多くなりました。

『備後風土紀』などによると、蘇民将来と巨旦将来（の兄弟）に、武塔神が一夜の宿を乞うたとき、弟巨旦はこれを断わりましたが、兄蘇民は厚くもてなしました。武塔神は、弟巨旦の無礼を怒り、帰りに村に疫病を起こし巨旦の一族を滅ぼしてしまいましたが、兄蘇民の一族には腰に茅の輪をつけさせこの災厄から守りました。そして、「これ以後も、この茅の輪を腰につければ、蘇民の子孫は疫病にかからない」と約束したということです。

この伝承が、今日の茅の輪くぐりのもとになったと考えられています。

中国から九州地方では、この日に牛や馬を海や川へつれていって水浴させる風習があります。また、人が海に入るところもあります。いずれも、お盆をひかえて身を清めておくという意味があるようです。

関東地方では、わらの人形に木刀を持たせて川へ流したり、紙人形に家族の名を書いて神社へ納めたりして、穢、災いを祓うことが行われました。これは、厄病の多い夏に向かって病魔を追い払うまじないの意味もあるのでしょう。

TOPIC　"祓"と"禊"ってなあに？

祓とは、神に祈って罪や穢れ、災いなどを除き去る（はらう）ことで、神社などで行う、いわゆる"おはらい"がこれです。祭祀や参拝の前に行うものと、災いや穢れ、罪を犯した後に行うものとがあります。

祓の道具として一般的なものに人形があります。形代、撫物ともいい、紙で人の形を作り、これでからだを撫でると、その人の災いがこれに移り、それを海や川に流したり焼いたりして、災いを洗い流すというものです。このほかに、菅、茅、麻、稲などいろいろなものが使われます。

禊とは、"身滌"の略といわれ、身に罪や穢れのあるとき、また重要な神事の前などに川や海で身を洗い清める（身を滌ぐ）ことです。穢れがあったとき、これから脱するために行うということで、祓と本質的には同じことで、後には"みそぎはらえ"といわれ、平安時代以降は両者が混同されて使われるようになってきました。

ちなみに、不要品を捨てたり、雇い人を解雇することを"お払い箱"にするといいますが、もともとは、伊勢神宮が諸国の信者へ配っていた厄除けのお札を入れた箱を"御祓箱"といっていました。これを毎年新しいものと替えたことから、"祓い"と"払い"をかけて、古いものを捨てることを"お払い箱にする"といったものです。

虫　送　り

　稲の成育にとって，害虫の発生は大変困った出来事でした。昔は，害虫の発生を**悪霊のたたり**と考えたため，これを放逐しようとする"**虫送り**"の行事が各地で行われました。おもに，害虫が発生してから行われることが多かったので，期日は決まっていませんが，6〜7月ころの稲の花が咲く時期が多いようです。

　虫送りには，わらで作った人形に団子などの食物を入れたものなどを先に立て，鉦や太鼓を鳴らしたり，大声で唱えごとをしたり，夜になると松明をともして村境まで霊を送って行きました。そこで人形を焼くのですが，地方によっては川辺，海辺まで送り，人形を流すところもあるようです。

　西日本では，この際のわら人形を乗馬姿の武士の形につくり，**実盛人形**とよぶところが多く，長崎県上五島では，虫送りのことを**サネモリマツリ**といっています。これは，平安末期に活躍した武将**斎藤別当実盛**が，稲の切り株につまずいて倒れたために討死し，その魂が祟ってイナゴになって稲を食いあらすと考えたからです。そのときの唱えごとは，「後生よ，後生よ，実盛どんの後生よ」「実盛どのは，よろずの虫を御伴につれて，お通りなされ」「斎藤別当実盛，稲の虫じゃ何処へ行た，西の国へ追いこんだ」などといいます。

　現代では，害虫の駆除に薬品が使われるのが一般的になり，虫送りの行事も芸能化されて残っているものが多くなりました。

文月(ふみづき)

7月の七夕(たなばた)の行事に文字の上達を願うということがあり，そこから"文月"となった。しかし，七夕は中国から伝わった行事でもともと日本にはないものである。そこで，稲の"穂含月(ほふみづき)""含月(ふくみづき)"からという説がある。

〈異称〉
蘭月(らんげつ)　涼月(りょうげつ)
七夕月(たなばたづき)　女郎花月(おみなえしづき)
愛逢月(めであいづき)　など

〈英名〉
ジュライ
(July)

ユリウス・カエサル（Julius Caesar）（英語読みでジュリアス・シーザー）にちなむ。彼は暦を改良して，ユリウス暦とよばれるものを作成した。

山開き・海開き・プール開き

　夏の到来を感じる**海開き**や**山開き**ですが，最初に始まったのは，このうち**山開き**になります。

　昔は，登山そのものが信仰行事だったので，平日に登山することは禁じられていました。そして，夏の一定の期間に限って解禁することから，これを**山開き**というようになったのです。

　名山を祭る神社では，<ruby>山開祭<rt>やまびらきさい</rt></ruby>・<ruby>開山祭<rt>かいざんさい</rt></ruby>などの祭典が行われ，秋になると<ruby>閉山祭<rt>へいざんさい</rt></ruby>・<ruby>山納祭<rt>さんのうさい</rt></ruby>を行うところが多くあります。代表的なものは7月1日の富士山の<ruby>浅間神社<rt>せんげんじんじゃ</rt></ruby>の山開祭，7月15日には出羽の<ruby>月山<rt>がっさん</rt></ruby>，7月25日は岩木山神社などで山開祭が行われています。

　現在では，以前のような信仰行事の意味での山開きより，スポーツとしての登山開始日の意味あいが強くなっています。

　この山開きにならって，**川開き**や**海開き**という言葉が生まれました。**川開き**はもともとは川遊び解禁の日とされていました。川開きでもっとも有名なものは，東京両国の川開きで，これは，現在でいう"**隅田川花火大会**"などが行われる日にあたります。

　海開きは**海水浴**が解禁される日で，地方によって異なりますが，7月1日ころが一番多いようです。海での安全を守るためにもよい目安となっています。

＜コラム＞　富士山と浅間神社

　富士山の浅間神社で山開きが行われる際には，各地の浅間神社でも植木市などが立ちならび，にぎわいをみせます。

　昔は現在のように簡単には富士山に行けないこともあり，信仰の深かった江戸期に市中の各地で浅間神社を<ruby>勧請<rt>かんじょう</rt></ruby>（神仏を分霊して祭ること）して参詣をしたのでした。そこに，富士山をかたちどった富士塚をつくり，そこへ登ることによって富士山へ登ったと同じ霊験があるとしたのです。

　現在でも文京区駒込の富士神社や台東区浅草の浅間神社，台東区下谷の小野照崎神社などが，この時期には，植木市や出店などでにぎわいます。

48　7 月

　日本での海水浴場の元祖は1887（明治20）年に開かれた神奈川県の大磯であるといわれています。

　また，7月1日ころには，各保育所・幼稚園・学校などで，海開きにならって**"プール開き"**が行われます。プールを使用するうえでの注意事項とともに，これから暑さに向う折り，水の事故を防ぐための安全指導のための行事となっています。

> TOPIC　お清め ── なぜ塩や酒を供えるの？
>
> 　プール開きのとき，よく盛り塩（もりじお）をして安全を祈ることがあります。また，建築や工事開始のときの安全祈願，神事や祭事・法事のお清め（浄（きよ）め）として，塩や酒を供えたり，ふりかけたりもします。これらは，塩や酒が食品の腐敗を防ぐことから，古来より災いを除き，けがれをはらう神聖なものとされたからです。
>
> 　とくに酒は，もともとは神が作ったものと信じられて"御神酒（おみき）"とよばれ，神事や祭事などのハレの日のみに飲まれていました。（116頁参照）
>
> 　塩は，人間が生きていくうえで欠くことのできない貴重な食品です。古代より，塩を生産する海岸地方と内陸部を結ぶ塩交易のための交通路（塩の道）が発達し，現代までも残っています。（これが古代における文化の伝播路となり，中央集権国家である大和朝廷（やまとちょうてい）成立の素因となったともいわれています）
>
> 　なお，料理屋などの門口に盛り塩をしているのをよく見かけますが，これは清めとは別に，古代中国において，牛車に乗って通りすぎる貴人をわが家に迎え入れるため，牛の好物である塩を門前に置いて牛車を止めたという故事から，人の足を止める，客を迎え入れるという"まじない"として行われるようになったということです。

童謡の日 〈7月1日〉

　「芸術性豊かな子どもの美しい空想や純な情緒を育むような歌と曲を子どもたちに授けたい」という鈴木三重吉の願いから，童話と童謡を創作する最初の文学運動として，児童雑誌『赤い鳥』が，1918（大正7）年のこの日に創刊されました。

　詩人では，北原白秋，西条八十，作曲家では，弘田龍太郎，成田為三，山田耕筰らが中心となって，「赤蜻蛉（あかとんぼ）」，「靴が鳴る」，「夕焼小焼」，「雨」などがつぎつぎに創作され，『赤い鳥』の児童文化運動は急速に全盛を迎えました。また，折からの蓄音機，レコード普及の波にのり，たちまち童謡ブームとなりました。

　しかし，教養ある市民階層のみをねらいすぎたこと，マンネリ化などから大正末期には，全盛期を終えてしまいました。

　童謡の日は，「子どもたちに夢を，すぐれた歌を」を合言葉に，この『赤い鳥』が創刊された7月1日にちなんで，1984（昭和59）年に日本童謡協会により制定されました。

「雨」　　北原白秋 作詞

1　雨が降ります　雨が降る
　　遊びに行きたし　かさはなし
　　紅緒（べにお）のかっこも　緒（お）がきれた

2　雨が降ります　雨が降る
　　いやでもおうちで
　　　　遊びましょう
　　千代紙（ちよがみ）折りましょう
　　　　たたみましょう

3　雨が降ります　雨が降る
　　けんけん小雉子（こきじ）が　今ないた
　　小雉子も寒かろ　さびしかろ

4　雨が降ります　雨が降る
　　お人形（にんぎょう）寝かせど　まだやまぬ
　　お線香花火（せんこうはなび）も　みなたいた

5　雨が降ります　雨が降る
　　昼も降る降る　夜も降る
　　雨が降ります　雨が降る

七夕(たなばた)

「笹の葉 さらさら 軒端(のきば)にゆれる お星さま きらきら 金銀砂子……」という唱歌でも親しまれるように、7月7日の夜、笹に願い事を書いた短冊(たんざく)や色紙で作った飾りをつけるという光景は、現代も多くの家庭や幼稚園、保育所などで見られます。

古くから日本では、麦の収穫を祝い、ナスやキュウリやミョウガの成長を神に感謝する**収穫祭**と、盆に祖先の霊を迎える前の禊(みそぎ)として、**棚機女**(たなばたつめ)(乙棚機(おとたなばた))とよばれる娘が人里離れた川辺の機屋(はたや)で祖先の霊に着せるための衣服を織って一夜を過ごし、用意された棚に置いて村の穢(けが)れを祓(はら)うという行事が、7月7日に行われていました。

そこに中国から**星祭り**(ほしまつり)と**乞巧奠**(きっこうでん)の風習が入ってきました。星祭りというのは天の川(あまがわ)にさえぎられた**牽牛星**(けんぎゅう)(ワシ座のアルタイル)と**織女星**(しょくじょ)(コト座のベガ)が、年に一度会うことができるという言い伝えで知られるもので、乞巧奠は織物の上手な織女星を祀(まつ)って、手芸や裁縫(後には習字なども加わった)の上達を

祈るというものでした。

　こうして日本古来の風習と，中国からの星祭りと乞巧奠とが一緒になっていきました。心身を清めた人々は，笹竹を立てて，願い事や歌を書いた五色の短冊を結びつけ，翌日に笹竹を川や海に流して，笹竹についた心身の穢れを洗い流すという，七夕送り，七夕流しという風習が生まれました。

　現代は笹竹に願い事を書いた短冊と折り紙などで作った飾りをつけて，牽牛星と織女星が会うことができるように，子どもたちは天気を気にするようです。しかし，旧暦の7月7日（いまの8月ころ）をそのまま新暦で行うため，実際には梅雨の真っ最中で，七夕の夜には雨が降ることが多く，この日に天の川を見ることはむずかしいようです。

　地域によっては旧暦に近いかたちで，1か月遅れの8月7日ころに七夕祭りを行うところもあります。有名なものでは仙台の七夕祭り，青森のねぶた祭り，秋田の竿灯（かんとう）などがあります。

―――＜コラム＞　七夕の伝説―彦星と織り姫―――

　牽牛と織女という呼び方よりも子どもたちには**彦星**（ひこぼし）と**織り姫**（おりひめ）という呼び方のほうが親しまれているようですが，七夕の伝説は古く中国で生まれたもので，それが日本に伝わりました。

　天の川の東には機織り（はたおり）の上手な織り姫が，天の川の西には牛飼いの彦星が住んでいました。織り姫は天帝の娘であり，天帝は織り姫と彦星を結婚させました。しかし結婚してからの2人は仲がよすぎて遊んでばかりいて，織り姫は機織りをしなくなり，彦星も仕事をしなくなったので，それを怒った天帝は2人を再び，天の川の東と西に別れさせてしまいました。

　しかし，2人があまりに悲しむために，天帝は年に一度だけ，7月7日の夜に2人が会うことを許しました。この夜には，天の川にかささぎが橋をかけ，これを渡って織り姫と彦星は会うことができるといわれています。

　しかし，最初からこのような伝説があったわけではなくて，最初はただ天の川を挟んで両側にいる織り姫も彦星も仕事をしない，といわれていただけで，2人が恋人同士だとはされていなかったのですが，しだいに2人は恋人同士で，天帝に別れさせられて雨のように涙を流して悲しんでいるとされ，その後に一年に一度会うことができるという部分が加わったようです。

お中元

　毎年夏のボーナス期に合わせて，商店では"中元大売り出し"が行われ，日頃お世話になっている方々に，贈り物をする習慣があります。この習慣自体はそれほど古いものではなく，明治時代以降に定着したものです。

　初めは，ウドン，ソーメン等の小麦粉製品，砂糖，はき物などを贈るのが一般的でしたが，近年では，贈られる側の都合もあり，商店側も工夫をこらし，さまざまな物品が贈られるようになりました。また，品物ばかりではなく，商品券，ビール券，ハウスクリーニング券，ハイヤー送迎付き食事券なども登場しています。

　本来"**中元**"とは，古代中国において，**道教**(老子の教えをもととした伝統宗教)が，万物のもとである，天，地，水の生まれた日を，それぞれ**上元**(1月15日)，**中元**(7月15日)，**下元**(10月15日)として，お祭りをしたことから始まっています。中元に生まれた地官(地の神)は，裁きの神で，この日に地官をお祀りすると罪が許されると信じられていました。

　中国に仏教が伝えられると，中元の祭りは**盂蘭盆会**(お盆)と結びついて，ますます盛大になりました。その後，日本に伝来し，「お盆」の行事として，現代まで受け継がれているのです(「お盆」60頁参照)。

　お盆は，先祖の霊をお迎えする祭りであると同時に，新年と同じように新しい季節の始まりと考えられていました。そこで，祖霊にごちそうを供えたり，生きているご先祖である父母に贈り物やごちそうをしたり，一族の者が集まって一緒にごちそうを食べて生命力を養ったりする習慣がありました。そのときお供えしたり食べたりするものを，めいめい持って行ったのが，本来のお中元の意味でした。

　その後，親戚やお世話になった方々にも贈り物をするようになり，現在のお中元のもとができました。やがて，中元とは贈答品のことをいうようになり，出入商人が**団扇**や**手拭**を得意先に配ったり，現在では，職場の上司，先輩，取引先などへの贈答が目立つようになってきています。

海の日 〈7月第3月曜日〉

海の日は国民の祝日として，1995（平成7）年に制定されました。その趣旨は「海の恩恵に感謝するとともに，海洋国日本の繁栄を願う」とされています。また，2007（平成19）年制定の海洋基本法で，「国民の間に広く海洋についての理解と関心を深めるよう」にすることが定められています。

もともと政府は，1876（明治9）年7月20日，明治天皇が東北地方に巡幸され，灯台巡視船・明治丸という汽船で，無事に青森から横浜に入港されたことにちなんで，1941（昭和16）年，当時の逓信大臣である村田省蔵の提唱により，7月20日を「海の記念日」としてきました。

7月は海をもっとも身近に感じる季節でもあり，祝日のない月でもあることで，海の仕事に従事している関係者から，この「海の記念日」を国民の祝日にしようという動きがみられました。こうした国民の声にこたえる形で平成7年から7月20日が「海の日」の祝日となり，また平成15年の改正で，7月の第3月曜日に変更となりました。

日本は古来より，文化・生活・産業などの各分野にわたり，海と深く関わってきました。さらに近年，海洋開発やウォーターフロントの整備が進むなか，地球環境の保全という観点からも，海の役割が重要視されています。「海の日」を祝い，海への関心を高めると同時に，正しい海への思想を深める必要があるとする声も多くあがってきています。

＜コラム＞ 国民の祝日

1948（昭23）年7月20日施行の「国民の祝日に関する法律」によって，国民の祝日が定められました。その後，何回かの改正があり，現在は次の16が国民の祝日となっています。（詳しい内容についてはそれぞれの項目を参照のこと）

1月1日　元日	5月3日　憲法記念日	9月23日ころ　秋分の日
1月第2月曜　成人の日	5月4日　みどりの日	10月第2月曜　体育の日
2月11日　建国記念の日	5月5日　こどもの日	11月3日　文化の日
2月23日　天皇誕生日	7月第3月曜　海の日	11月23日　勤労感謝の日
3月20日ころ　春分の日	8月11日　山の日	
4月29日　昭和の日	9月第3月曜　敬老の日	

土　用

「今日は土用の丑の日だからウナギを食べよう」とか「土用波が立ったから海水浴は中止」などと現代でも"土用"という言葉をときどき使います。

これは中国から日本にわたってきた陰陽五行思想に由来します。(185頁参照)

五行とは，木・火・土・金・水の5つをいい，万物はすべてこの五つから形成されていると考え，季節も，春は草木が萌えいずるので"木"，夏は炎の燃えるごとく暑いので"火"，秋は金属のように冷え冷えするので"金"，冬は大地が雪や霜でおおわれるので"水"をそれぞれ当てはめました。そこで"土"だけあまってしまったので，それぞれの季節の終わりの5分の1 (18日間ずつ)を"土用"としたのです。ですから本来，立春・立夏・立秋・立冬の前の18日間を土用といい，年に4回ありました（下図。数字はおおよその日付）。

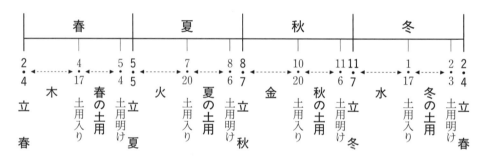

この土用はそれぞれの季節の変わり目に当たり，次の季節への準備期間と考えられますが，とくに変化が激しく，厳しい暑さへの注意も必要な夏の土用(立秋前・7月20日ころから8月6日ころまで)が重要視され，一般的に土用といえば夏の土用を指すようになりました。この18日間のうちの丑の日（**土用の丑の日**）には夏バテ予防に「う」のつく，うどん，ウリなどを食べる習慣があり，とくにウナギを食べるのは，**平賀源内**（江戸中期の学者・戯作者）が鰻屋に看板を頼まれ，「本日丑の日」と大書したのが評判となったからといわれます。

また，無病のまじないに丑浜といってこの日に海水浴をしたり，丑湯と称して菖蒲とさねかずらを入れた湯に入るなども広く行われています。これらは，古来よりの祓えの行事（禊）が夏負け対策と結びついたのではないでしょうか。**土用干し**といって衣類などの虫干しをする習慣も残っています。

葉月(はづき)

秋になって木の葉が落ちる"葉落ち月(はおちづき)"が略されたものとするのが一般的である。

また，稲穂の"発月(はりづき)"からとの説，この月に初めて雁(かり)が渡って来るので"初来月(はつきづき)"，南方より台風の風が吹くので"南風月(はえつき)"などの説がある。

〈異称〉

萩月(はぎづき)　月見月(つきみづき)
雁来月(かりきづき)　紅染月(べにそめづき)
燕去月(つばめさりづき)　など

〈英名〉
**オーガスト
(August)**

カエサルの養子で初代ローマ皇帝となったオクタビアヌス（Octavianus）の尊称アウグストゥス（Augustus）にちなむ。彼の戦績をたたえて，8月にその名をつけた。

広島平和祈念日・長崎原爆忌〈8月6日・9日〉

　1945（昭和20）年8月6日午前8時15分，アメリカ軍のB29爆撃機エノラ・ゲイ号によって，世界で初めての**原子爆弾**が**広島**に投下されました。一瞬にして，約14万人もの人命が奪われました。原爆ドームはいまもその悲劇を伝えている生証人です。

　同年8月9日，午前11時2分（11分ともいわれる）アメリカ軍のB29爆撃機ボックス・カー号が，第2の原子爆弾を**長崎**に投下しました。市街の約3分の1が燃え，7万人もの尊い命を奪ったのです。

　世界初の原子炉が完成したのは1942年12月で，3年後，1945年7月16日にアメリカにおいて世界最初の原子爆弾の実験に成功しました。それからわずか20日あまりで実際に原子爆弾が使用されたわけです。

　毎年この日，両市では平和を願う式典が行われ，慰霊のための黙禱や祈りを捧げます。

　1955（昭和30）年8月6日に，第1回**原水爆禁止世界大会**が広島で開催されました。東京都杉並区の主婦たちが，原水爆禁止の署名運動を始めたのがきっかけとなり，集まった3,200万人の署名とともに，この大会が始まりました。毎年行われたこの大会でしたが，1963年には総評・社会党系と共産党系が激しく対立し，大会を2つに分けて開催するようになりました。しかし1977年になって，さまざまな関係機関が協力し，統一大会が開催されるようになりました。こうしたなかで，全国の自治体での反核決議や国連軍縮総会への核兵器禁止署名運動が行われています。

　全世界に備蓄されている核弾頭の数は，1980年代には4万〜6万発にのぼると推計されており，これは地球上の人類を何十回も全滅させるだけの量になります。近年では核軍縮の動きも出てきて，2013年現在で核弾頭数は17,300発になったと推計されていますが，なおも全世界で反核運動が高まっており，各地で反核デモや核艦船の入港拒否などが行われております。にもかかわらず，1998年5月にはインドやパキスタンで核実験が行われ，21世紀に入っても北朝鮮での核実験など，核廃絶への道は険しいものがあります。

山の日 〈8月11日〉

　山の日は，2014（平成26）年「国民の祝日に関する法律」の改正によって成立した祝日です。その趣旨は，「山に親しむ機会を得て，山の恩恵に感謝する」というものです。

　もともと日本には，**山開き**などとして「山を敬い，山に親しみ，山の恵に感謝する」行事が古くからありました。また，たとえば山梨県は8月8日を「山の日」と定めて前後2か月間に各種イベントを開催するなど，独自に記念日を設ける地方自治体も数多くありました。そして2002（平成14）年，国連が提唱した「国際山岳年」を機に国民の祝日として「山の日」を制定しようという動きが出てきました。当初は山が新緑に輝き，各地で山開きが行われることから6月が有力でしたが，超党派国会議員連盟の案と企業からの要請もあり，祝日の無い月でお盆休みと重なりやすいということで8月11日に決定しました。

終戦記念日 〈8月15日〉

　1945（昭和20）年の8月15日に**ポツダム宣言**を受諾した日本が連合軍に無条件降伏をし，**第二次世界大戦**が終結したのでした。当時の天皇であった昭和天皇によって，戦争終結の詔書（しょうしょ）が15日の正午にラジオ放送（玉音放送（ぎょくおんほうそう））されたのです。この敗戦の日を"終戦記念日"とし，戦争での多くの死傷者を追悼し，平和を心より祈る日として，各地で戦没者追悼式が行われています。夏の高校野球開催時にも8月15日の正午には，甲子園に追悼を意味するサイレンが鳴りひびき，選手も観客も1分間の黙禱（もくとう）を捧げます。

　第二次世界大戦は1939年の9月にヒトラー率いるドイツ軍のポーランド侵略と，それに対するイギリス，フランス両国のドイツへの宣戦布告によって始まりました。日本は満州事変による満州進出からファシズム国家としての立場を色濃くしており，ムッソリーニによるファシスト党の政権が掌握されたイタリアと，ヒトラー率いるドイツとで**三国同盟**を結びました。この同盟により，1940年にはイタリアが参戦し，日本も1941（昭和16）年には参戦することとな

りました。日本の参戦により，アメリカも宣戦布告したことから，"ドイツ・イタリア・日本の**同盟軍**"と"イギリス・フランス・アメリカの**連合軍**"との世界的な規模の戦争へと広がっていったのでした。初めは優勢であった同盟軍も，アメリカの参戦によりあいついで敗戦し，1943年にはついにイタリアが降伏，1945年には中立国であった旧ソ連がヤルタ会談によって参戦を決め，これによりドイツも降伏に追い込まれました。イタリア，ドイツの無条件降伏により，日本も1945(昭和20)年にポツダム宣言を受諾し，長きに渡るこの戦争も終結をむかえたのです。

　この戦争は，広島，長崎にあいついで原子爆弾が投下されたことをはじめとして，各地で多くの悲劇をもたらしました。広島市の総人口40万人のうち，原爆の投下により23万ないし27万人の人々が即死，もしくは5年以内に死亡したといわれています。東京大空襲では，アメリカ軍による300機以上のB29の来襲で，東京の4割が焼失し，死者は10万人以上にものぼり，100万人が焼け出されました。

　このような大戦による多くの爪跡は，いまもなお残されています。戦争という悲劇が年々風化するなか，戦争の悲惨さを知り，現在の平和を見つめ直していくことが大切なのではないでしょうか。

〈コラム〉　1人の暗殺者が引き起こした第一次世界大戦

　第二次世界大戦の背景には，当然のことながら**第一次世界大戦**があります。**三国協商**（イギリス・フランス・ロシア）と**三国同盟**（ドイツ・オーストリア・イタリア）が，政治的・経済的に対立していた1914年6月，ユーゴスラビアのサラエヴォにおいて，オーストリアの皇太子がセルビア人の青年によって暗殺されました。これによってオーストリアがセルビアに宣戦を布告，セルビアを後援していたロシアに対抗して，ドイツがロシアに宣戦を布告したのをはじめとしてイギリス，フランスとつぎつぎに開戦し，同盟国（トルコ，ブルガリアも参加）と協商国（日本，アメリカ，中国，ベルギーなどと，同盟を脱退したイタリアが参加）との間での世界的規模の戦争へと拡大していきました。

　つまり，たった1人の暗殺者によって，世界中を巻き込んだ大戦争と1500万人以上といわれる膨大な犠牲者が生みだされたといえるでしょう。

　1918年11月，最後まで抵抗したドイツが降伏し，翌年，ベルサイユにおいて講和条約が結ばれました。これによりドイツは莫大な賠償金を課せられ，非常な経済危機と社会不安に陥りました。それに乗じて台頭してきたのが，**ヒトラー**と彼の率いる**ナチス党**であり，第二次大戦へとつながることになるのです。

お盆

　旧暦 7 月 15 日ころの先祖の霊を祀る行事のことを指します。新暦に直して 1 か月遅れの 8 月 15 日に行うところが多いようで，現代ではお盆休みというと 8 月の中旬のことをさしており，この時期は帰省ラッシュとなります。

　「盆と正月が一緒に来た」「正月三日，盆二日」などというように，盆と正月は昔から特別な意味がありました。それは，1 年を半分に分けると，正月が前期の始まりであるのに対して，盆は後期の始まりとなることから，正月と盆は二大行事であったからです。正月には**精霊**（祖先の霊）を年神として祀り，盆には精霊を迎えて畑作の収穫を感謝したり秋の稲作の豊作を祈り，天にもどってもらうという風習がありました。

　このような日本古来の**祖霊祭**と仏教の「**盂蘭盆会**」とが一緒になって，民間に普及していったものと思われます。「盆」とは「盂蘭盆会」の略だとする説と，精霊を迎えるときのお供え物を入れた器を「ボニ」「ボン」といっていたからだとする説とがあることからも，盆の由来が二通りあることがうかがえます。

　盆と正月には，農村から都会に働きに出ている奉公人が親元に帰ることを許されました。これを「藪入り」とよび，奉公人だけでなく精霊も家に帰ってくるとされていました。そこで，13日には精霊を迎え入れるために「迎え火」をたき，精霊が乗るためのキュウリの馬と荷物を乗せるためのナスの牛を用意しました。このキュウリとナスは，精霊を迎えるときは早く来てくれるようにとキュウリの馬を，送りだすときは名残り惜しいのでゆっくり帰ってくれるようにとナスの牛を供える，という地域もあるようです。

　こうして精霊を家に迎え入れたあとは，朝晩にお参りをして，14日か15日には僧侶にお経をあげてもらい，お供え物をしました。たとえば，13日　お迎え団子（餡のついた団子），14日　おはぎ，15日　そうめん，16日送り団子（白い団子）など，毎日お供え物が違うところもあったようです。

　なお，人が亡くなって四十九日の法要を済ませた後に始めてくるお盆は，新盆，初盆などといい，とくに念入りに供養します。

―――＜コラム＞　盂蘭盆会―――

　盂蘭盆会とは梵語（古代インド語）のullambana（逆懸と訳され，大変な苦しみのことを意味します）が語源だといわれています。盂蘭盆会の行事では，逆さ吊りなどの苦しみを受けている死者の供養のため，祭りを行います。これは，釈迦の弟子が，自分の母親が餓鬼道で苦しんでいるのを助けるために，7月15日に供養をしたのが始まりだとされています。

また、14日から17日にかけては寺の境内や町の広場などで、**盆踊り**が行われます。これは精霊を迎え慰め、そして送るための踊りであったといわれています。広場などに櫓を建て、それを囲んで輪になって踊るというのが普通に見られますが、もともとは、町の辻々に群れ集まって踊ったり、列をなして練り歩きながら踊るというものであったようです。この昔のかたちが残っているもので有名なものに、岐阜県郡上郡八幡町の郡上踊り、徳島の阿波踊りなどがあります。郡上踊りは7月中旬から9月上旬まで、連日、町をあげて踊るという壮観なものです。阿波踊りは、8月12日から15日、"連"という踊りの集団を組んで、市内を練り歩くというもので、毎年大勢の観光客が押し寄せます。

　16日には「**送り火**」をたいて、精霊を天に送り出しました。京都の**大文字焼き**は送り火が変形したものです。大文字焼きは、正式には"大文字五山送り火"といい、8月16日の夜8時ころ、京都東山如意ケ岳に「大」の字、松が崎の大黒天山西山に「妙」東山に「法」、西賀茂の明見山に「船形」の絵文字、金閣寺近くの大北山に左「大」文字、嵯峨水尾山に「鳥居形」の絵文字がそれぞれ浮かびあがり、夏の京都の風物詩となっています。

　また精霊を送るという同じ目的で、わらなどで作った船に盆のお供え物とキュウリの馬、ナスの牛を乗せて川に流す「**精霊流し**」という行事も全国各地で行われています。灯籠流しはこれらの変形です。

TOPIC "地蔵盆"ってな〜に？

　地蔵盆とは旧暦の7月24日に盆行事のしめくくりとして行われるもので、関西地方でさかんです。地域によっては地蔵会、地蔵祭、地蔵廻りなどといったりもします。この日には、子どもたちがお地蔵さまに化粧をして、新しい衣装に着替えさせ、花や果物をお供えして、夜になると提灯を灯して念仏を唱えたりして、お地蔵さまの前で子どもたちが楽しく遊ぶという光景が見られたものでした。地蔵という仏は、弥勒菩薩が仏になるあいだに現れて、人々を助けるといわれていますが、三途の川の賽の川原で遊ぶ子どもを、地獄の鬼から守るともいわれています。こうしたことから、地蔵は子どもを護り救うということで、全国各地に"子安地蔵""子育地蔵"があり、地蔵盆の行事と子どもたちとが結びつけられているようです。

9月

長月(ながづき)

秋も深まり，夜が長くなった"夜長月(よながつき)"の略というのが一般的である。
しかし，異説もあり，"稲刈月(いねかりづき)"のイとリが略され，"ネカツキ"が"ナガツキ"となった，"稲熟月(いなあがりづき)"が略されたなどという説もある。

〈異称〉
菊月(きくづき) 紅葉月(もみじづき)
夜長月(よながづき) 色取月(いろどりづき)
暮秋(ぼしゅう) など

〈英名〉
セプテンバー
(September)

"Sept"は英語の7"seven"の語源で，ローマ暦で"7番目の月"という意味。7月にカエサルを8月にアウグストゥスを入れたために，2か月ずれて9月となった。

二百十日（風祭り）

　立春から数えて二百十日目の，現在の9月1日，2日ころに当たります。このころは稲の開花期であると同時に，台風の多い時期でもあるので，農家の人々は台風による被害を警戒していたようです。実際には台風の数は8月に多く，被害は9月中旬以降が大きいのですが，農家の人々にとっては稲の開花期に当たる二百十日はとても重要で，とくに**厄日**として警戒していたのです。同様に，晩稲の開花期は二百十日よりも10日ほど遅く，この日を**二百二十日**とよんで，やはり台風による被害を警戒していました。

　こうした台風による被害を避けるために，各地で**風祭り**が行われます。**風日待ち**，**風籠り**ともいわれ，神社で行うものとしては，奈良県生駒郡，龍田神社の**風神祭**がもっとも歴史の古いものといわれています。長野県の諏訪神社には薙鎌という神宝があり，それを立てて風祭りを行います。民間でも，家の屋根に鎌を立てたり，戸を閉めきって窓から鎌を出しておくなどということをします。これらは，鎌で風を切るという信仰からきたものでしょう。

　当日の朝早く，村の入口にこわれやすい小屋を立て，通行人にわざと壊してもらって，風の神に吹きとばされたことにするなどというところもあります。また，風を風邪とかけて，台風のような自然現象としての風だけでなく，風邪をもたらす悪霊を払うといった風習も見られます。

> **TOPIC** 災いを踊って送る "八尾風の盆"
>
> 　9月1日から3日間，富山県婦負郡八尾町で行われる祭りで，**越中おわら風の盆**ともよばれ，300年以上も続いた古い行事です。
> 　当日は，町中の老若男女が思い思いの衣装をつけ，**おわら節**にあわせて，道路や町の辻々で夜を徹して踊り明かします。もともとは，風による災厄を踊りに巻き込んで送ってしまおうという風祭りでしたが，現在では信仰的・儀礼的な要素は薄くなって，踊りと歌に重点がおかれ，毎年全国から大勢の観光客がつめかける盛大なお祭りとなっています。
> 　**おわら節**は，もともとは北九州方面の船歌が日本海交易の発達によって広く日本海沿岸に定着したもので，日本五大民謡の一つとなっており，八尾のものを**越中おわら節**といい，津軽おわら節，鹿児島おわら節など種々あります。

防災の日

　9月1日は二百十日であると同時に，**「防災の日」**でもあります。これは，1923 (大正12) 年9月1日11時58分に**関東大震災**が起こり，これを教訓にして防災意識を高めようということで，1960 (昭和35) 年6月17日に「防災の日」と制定され，1983 (昭和58) 年には中央防災会議で8月30日〜9月5日を「防災週間」と定めました。この日は，地震だけでなく，台風，高潮，豪雪，冷害，干害，津波などの災害についての認識を深め，ふだんから防災時に対処できる心がまえを準備しておくことを目的としています。

　保育所や幼稚園，学校では**避難訓練**を行うところも多く見られます。

　関東大震災はマグニチュード7.9，最大振幅20センチという恐ろしい規模の地震でした。震源地は神奈川県の根府川といわれ，東京では140〜150か所で同時に火事が起こり，三日三晩燃えつづけ東京都の約80パーセントを焼きつくしました。これは発生時間が正午前で昼食の支度で火を使っているところが多かったことも影響しています。この地震での被災者は150万人，死者9万人，負傷者10万人，行方不明者4万人という空前の大惨事でした。震災で亡くなった人々を追悼するために，この日を**「震災記念日」**として，被災地の各所で毎年慰霊祭や黙禱が行われています。

　近年においても，1995 (平成7) 年，とくに兵庫県神戸市の市街地に甚大な被害をもたらした阪神・淡路大震災や，2011 (平成23) 年3月11日の地震と大津波により東北地方の太平洋側に莫大な被害をあたえた東日本大震災など，つねに大規模災害の危険があり，教訓と備えを忘れないようにしたいものです。

重陽の節句

　陰暦の9月9日は，**重陽の節句**あるいは**菊の節句**，**重九の節句**といわれます。古来，中国では奇数を**陽数**（縁起のよい数）としていたことから，陽数の最大値である九が重なるということで，重陽とよばれています。

　この中国の奇数を陽数とする風習を取り入れて，江戸幕府は1月7日を人日，3月3日を上巳，5月5日を端午，7月7日を七夕，そして9月9日を重陽として，**五節句**を定めました。（176頁参照）

　中国では，菊の花は香りが高く気品があるので，長寿をもたらし邪気を払うとされていることから，この日に**菊酒**（酒に菊の花をひたしたもの）を飲んだり，登高といって高い山に登ったりするという風習がありました。

　こうした中国の風習が平安時代に日本に伝来して，菊を「翁草」「千代見草」「齢草」などとよび，長寿を祈って菊酒を飲んだり，菊の被せ綿といって，八日の夜に菊に綿をかぶせ，九日に露でしめったその綿で体を拭いて，長寿を祈るという風習が広まっていきました。また，菊合わせといって菊を題材として歌合わせをしたり，菊を鑑賞するという行事も行われていました。

　現代では，他の節句にくらべて影がうすく，一般的には特別な行事は行われていないようですが，旧暦の9月ころ全国各地で**菊祭り**や**菊花展**が開かれたり，この日に栗飯を炊くという風習のある地域もあり，そこからこの日を**栗の節句**といったり，**お九日**といって米の収穫祭のひとつとしている地域もあります。

敬老の日 〈9月第3月曜日〉

　敬老の日は国民の祝日のひとつで，その趣旨は，「多年にわたり社会につくしてきた老人を敬愛し，長寿を祝う」とされています。
　9月15日を，もともとは1951（昭和26）年に当時の中央福祉協議会が「としよりの日」としていたのですが，この呼び方に各界から異議が起こり，1963（昭和38）年の老人福祉法制定により，その名を「老人の日」と改めました。しかし，この「老人」という名称も語感が悪いことから，1966（昭和41）年の「国民の祝日に関する法律の改正」により，9月15日が「敬老の日」となり，2003（平成15）年から9月の第3月曜日に変更となりました。
　敬老の日とは，593年のこの日，聖徳太子が大阪市の四天王寺に，非田院（ひでんいん）という身寄りのない病人や老人を収容する救護施設を設立したと伝えられることにちなむものです。「非田」とは，慈悲の心をもって，哀れむべき貧苦病苦の人を救えば，福を生み出す田となるという意味があります。
　老人福祉法でいう老人とは，65歳以上の年齢をいいますが，これは年々増加しており，2040年には全人口の35.3％まで上昇する見通しです。定年制の検討，第二就職の問題などがあり，さらに，労働年齢を越えた老人の社会保障，住居環境，痴呆症など，深刻で困難な問題が山積みです。近年，65歳では働き盛りといわれることも多く，また平均寿命も延びて，2018（平成30）年の総務省人口推計では，70歳以上人口が初めて20％（5人に1人）を超えました。

十五夜（お月見）

　旧暦の8月15日の夜を**十五夜**といいます。この夜の月は**仲秋の名月**といわれますが，これは旧暦では1〜3月を春，4〜6月を夏，7〜9月を秋，10〜12月を冬としていたことから，8月はちょうど秋の真ん中であり，8月15日の夜に出る満月ということで，こうよばれるようになりました。(177頁参照)

　十五夜は，仲秋の名月を鑑賞するとともに，これから始まる収穫期を前にして，収穫を感謝するという**初穂祭**としての意味あいがありました。そこで，収穫されたばかりの芋をお供えすることから，**芋名月**ともよばれています。

　月見団子とススキを供えるというのが一般にはよく知られていますが，月見団子の形も地域によってさまざまで，静岡では平たく真ん中のくぼんだヘソモ

チ，新潟県では芋の形に似せるそうです。

　十五夜に対して，それより約1か月後の旧暦9月13日の夜を**十三夜**(じゅうさんや)といいます。そもそも，中国から十五夜の風習が入ってくるよりも前から日本には十三夜の風習があり，十五夜よりも民間には広く普及していたようですが，現代では十三夜はあまり知られていません。しかし，十五夜だけに月見をして十三夜に月見をしないことを**片月見**(かたつきみ)といって，縁起がよくないといわれています。

　十三夜は別名，**豆名月**(まめめいげつ)，**栗名月**(くりめいげつ)ともいいます。これは，お供え物として出す枝豆や栗が，ちょうど食べ頃になるからだそうです。また，十五夜に対して「**後の月**(のちのつき)」といったりもします。

　十五夜や十三夜の夜だけは，他人の畑の作物を無断で取ってもよいとか，子どもたちがお月見のお供え物を盗んでもいいとする風習もありました。現代でも長崎県五島の一部では「まんだかな」といって，お供えがすむとすぐ子どもたちがそれを取っていってしまうという風習もあります。

＜コラム＞　お月さま

　月は地球のまわりを回る衛星(えいせい)で，太陽に対して**太陰**(たいいん)ともいわれます。半径は地球の4分の1である1,738 km，質量は地球の81分の1，地球からの平均距離は384,400 kmで，約29.53日で地球を一周（公転）しています。公転と自転の周期がほぼ等しいため，常に同じ面を地球に向けています。

　月は太陽の約400分の1の大きさですが，地球からの距離も太陽の約400分の1なので，見かけ上の大きさはほぼ同じくらいです。そこで，月がちょうど太陽を隠す**皆既日食**(かいきにっしょく)や**金既日食**(きんかんにっしょく)の現象がおきるわけです。

　月は太陽の光を反射して輝くので，太陽と地球と月との位置関係によって形を変えます。この形の変化，俗にいう"月の満ち欠け"は，新月→上弦→満月→下弦→新月の順に繰り返されます。その周期を"**朔望月**(さくぼうげつ)"といい，1朔望月は29日12時間44分2.82秒で，これが旧暦（太陰暦）の1か月です。

　"**朔**(さく)"とは，太陽と月が同じ方向にあるときで，月は太陽の光を背後から受けるため，地球から月は見えません。旧暦では1か月の最初の日なので，"**朔日**(さくじつ)"を"ついたち"とも読みます。"ついたち"は"月立ち"(つきたち)が訛ったもので，月が立ち始める日（太り始める日）ということです。"**望**(ぼう)"は，太陽と月が反対の位置にあるときで，月は全面に光を受け，満月(まんげつ)"**望月**(もちづき)"となります。

＜コラム＞ 月の形と月の呼び名

新月（しんげつ）
朔。もともとは月が見え始める三日月（みかづき）を新月とよんでいたが，西洋天文学では朔の状態にある月を"New Moon"というところから，その影響で朔が"新月"となった。

三日月（みかづき）
朏（月が姿を出す意），眉月（まゆづき），蛾眉（がび），初月（しょげつ），若月（わかづき），胐魄（ひはく）など。蛾眉とは蛾の触角のような美しい眉のことで，美人の形容に使われ，眉月とともにその形から三日月の異称となった。

七日月（なのかづき）（上弦（じょうげん））
7日目か8日目に出る月。月と太陽の角度が90度になるときに見える。半月（はんげつ），弦月（ゆみはり），弓張（ゆみはり），恒月（ゆみはり），上の弓張，玉鉤（ぎょくこう）など。月が沈む（月の入り）とき，半月の弦（弓のつる）が上向きになるので"上弦"という。北半球では，上弦の月はかならず右側が明るく，下弦は左側が明るくなる。また，月の地形の関係で，上弦の方が下弦より明るい。

十三夜月（じゅうさんやづき）
13日目の月。とく旧暦9月13日の十三夜は"後（のち）の月"として，8月15日の十五夜についで月見の宴を催す。

満月（まんげつ）
15日目の月。望月（もちづき），十五夜（じゅうごや）。太陽と反対側にあるので日没とほぼ同時に出て，全面に太陽の光を浴び，まん丸に輝く。とくに旧暦8月15日を仲秋の名月という。

十六夜（いざよい）
16日目の月。既望（きぼう）。不知夜月（いざよい）とも書く。"いざよい"は"いさよう""いざよう"から来た言葉で，"ためらう""たゆとう"の意味。満月の夜には日没と同時に出た月が，50分ほど遅れて出てくることをいった。十六夜（いざよい）から以降は明け方まで月が残っているので，総称して"有明（ありあけ）の月"とよぶ。

立待月（たちまちづき）
17日目の月。十七夜月（じゅうしちやづき）。夕方月の出を立って待っていても，それほどくたびれないうちに出てくるという意味。

居待月（いまちづき）
18日目の月。座待月（ざまちづき）。月の出がだんだん遅くなり，立って待っていては疲れるので，座って待つということ。

寝待月（ねまちづき）
19日目の月。臥待月（ふしまちづき）。月の出がますます遅くなり，日没後4時間くらいになるので，寝て月を待つということ。

更待月（ふけまちづき）
20日目の月。夜も更けてようやく出る月の意味。季節によっても異なるが，9時半から10時半ころになる。

二十三日月（にじゅうさんやづき）（下弦（かげん））
二十三夜月。上弦とは反対に，月の入りのとき，弦が下向きとなる。この月は真夜中ころに出て，昼ころまで残っている。この夜は古くから"二十三夜待（にじゅうさんやま）ち"とよばれる月待ちの行事が行われてきた。

三十日月（みそかづき）
晦日（みそか）の月，晦（つごもり），晦日（かいじつ）など。"つごもり"は"月隠（つきこもり）"が転化したもの。月は太陽に近すぎるため，その姿は見えない。「晦日の月（つき）」は絶対にありえないことのたとえに使われる。

秋 祭 り

「村のちんじゅの神さまの，きょうはめでたいおまつり日……ことしも豊年満作で，村はそうでの大まつり」と唱歌にもうたわれているように，秋には鎮守の神（氏神）の**秋祭り**が行われます。

秋祭りとは，作物の収穫を神に感謝するというものですが，農家の人々にとっては一年で一番忙しい収穫が終わったという喜びでいっぱいの行事でした。秋祭りが終わると，**田の神**は人里から遠く離れた場所（山）に帰って**山の神**になるといわれていたので，秋祭りは収穫を感謝すると同時に神を送るという意味がありました。秋祭りが9月に行われる地域が多く，秋祭りに神を送り出すことから，10月のことを神無月というのだという説もあります。そして冬のあいだは人里には田の神がいなくなり，再び春が来て種まきの時期が来るころに，神を呼び戻すために春祭りが行われます。

このように，祭りと神霊とは深い関係があるわけです。祭りのときには神霊もそこにやってきて，人々と一緒に飲んだり食べたりして楽しみ，帰っていくと考えられていました。そこで人々は神を楽しませようと，音楽や舞踏などを披露するようになり，そうすることで集団の団結力は強まっていきました。祭りから始まった音楽や舞踏としては，**神楽**や能，獅子舞などがあります。

祭りのときに人々がかつぐ**神輿**は神の乗り物で，神がやってきてそして帰っていくことを**渡御**といいます。渡御の途中の休憩所として神輿を安置する場所を**御旅所**といい，しだいにそこで祭典や飲食を行うようにもなっていったようです。また，渡御のときには**山鉾**といわれる車屋台の上に山のような飾りつけをしたものをかついだり，曳いたりもしました。山鉾はのちに山車（西日本では"だんじり"）へと変化していきました。

秋分の日

　秋分の日は，二十四節気（179頁参照）のひとつで，9月23日ころにあたります。太陽が真東から登り，真西に沈み，昼と夜の長さがほぼ等しくなることで知られています。天文学的にいうと，太陽が黄経180度の秋分点を通過するときです。黄経とは，地球から見た太陽の位置が1年間に描く道筋（黄道という）を，春分点を0度として東へ360度まで分けたものです。この春分点と秋分点は，地球の中心から赤道を結んだ線上に太陽があるときで，春分の日・秋分の日は太陽が赤道の真上を一周するということになります。（177頁参照）

　また秋分の日は，1948（昭和23）年の祝日法によって国民の祝日となっています。その趣旨は「祖先をうやまい，なくなった人々をしのぶ」ということで，この日が彼岸の中日であることに由来しています。（「お彼岸」171頁参照）

　この中日を中心にした1週間が秋のお彼岸で，各家々で先祖を供養する法会が行われたりします。この時期，田のあぜ道や墓地などでよく見られるのが真赤に咲いた彼岸花（曼珠沙華）です。気候もよいこの時期，家族そろってお墓参りに行く家庭も多いようです。

動物愛護週間 〈9月20日〜26日〉

動物愛護週間は，約百年ほど前にアメリカ合衆国で始められた愛護運動が発端です。日本では，日本動物協会理事長のバーネット夫人の提唱によって，1927（昭和2）年，5月28日の昭憲皇后（明治天皇の皇后）の誕生日から1週間行いました。これが始まりとなり，戦時中には一時中断されましたが，戦後1949（昭和24）年に復活され，第1回は春分の日を中心とした1週間でした。しかし，この時期は学校が休み中であること，5月に愛鳥週間があることなどから秋分の日を中心に行うように変更されました。

この週間には，動物愛護実践者や功労者の表彰・動物慰霊祭・動物愛護の講演や映画上映が行われるほか，小学生の描いた愛護ポスター展覧会などが全国的な規模で行われます。

TOPIC 動物園はいつからあったの？

動物愛護週間に関連の深い動物園。日本では，いつ・どこで始まったものなのでしょう？

1871（明治4）年，文部省が湯島の聖堂で博覧会を催した際に，会場の入り口にサンショウウオや大亀の泳ぐ，大きな水がめを置いたことが始まりとされています。その後1873（明治6）年の春，オーストリア万博に出品のため，より大がかりに動物を集めることになり，集めた動物をそのまま外国に送るのは惜しいということで，休日に限り公開することになりました。

そのうち動物も増え始め，手狭にもなったので，1882（明治15）年3月20日，場所を上野公園に移して，日本最初の動物園である上野動物園の開園となったのです。これを記念して，3月20日が"動物愛護デー"となっています。

現在，各地の観光施設などを加えて90か所以上に動物園があります。

神無月(かんなづき)

"かみなしづき""かみなづき"ともいう。10月には全国の神々が出雲大社に集まり,男女縁結びの相談をするということから,神さまが留守になる"神の無い月"である。反対に出雲地方では"神在月(かみありづき)"という。
しかし,これにも異説が多い。"神嘗月(かんなめづき)""神祭月(かみまつりづき)"であるという説,10月は雷の鳴らなくなる月"雷なし月"などがある。

〈異称〉

良月(りょうげつ)　雷無月(かみなかりづき)
神去月(かみさりづき)　時雨月(しぐれづき)
初冬(しょとう)　など

〈英名〉

オクトーバー
(October)

"Oct"は英語の8"eight"の語源で,"8番目の月"の意味。前月と同様2つずつずれて10月となった。

共同募金（赤い羽根）〈10月1～30日〉

　毎年，10月1日から1か月間，「赤い羽根共同募金」運動が全国で行われています。**共同募金**とは，コミュニティ・チェスト（community chest）の訳語で，スイスのある牧師が，「あたえよ取れよ」と書いた箱（チェスト）を道路に置き，人々が自発的にそのなかへお金を入れたり，引き出したりしたのが始まりだといわれています。

　現在の共同募金である「赤い羽根」運動は，身体の不自由な人やめぐまれない人たちのための助け合い運動で，募金をしてくれた人々に，**「赤い羽根」**をつけることからこのようによばれています。

　日本でこの運動を始めるように促したのは，アメリカ人のフラナガン神父です。戦争後，困っている人々を助けてあげたいということから，アメリカ式の募金運動をすすめました。また，アメリカ占領軍の援助もあり，1947（昭和22）年，社会事業共同募金中央委員会が発足し，また，1951（昭和26）年6月，社会福祉事業法の実施によって，共同募金運動に法的な裏付けがなされ，全国的な活動へと広まっていきました。

　募金は，戸別募金，街頭募金，法人募金，催し物などの特殊募金などのかたちで行われています。

　町や村の分会で集められた募金は，市・区・郡の支会へ送られ，都道府県の共同募金会に集められ，最後に配分委員会で使い道が決められます。その都道府県で集められた募金は，その都道府県内で使われ，毎年，たくさんのお金が集められ，身体の不自由な人たちやめぐまれない人たちの役に立っています。

　この赤い羽根のほかにも，"**白い羽根**"共同募金運動などがあります。毎年5月1日より集められた募金は赤十字の活動の場に役立てられています。

> **TOPIC** どうして"赤い"羽根なの？
> 「赤い羽根共同募金」で知られている「赤い羽根」は，勇気・礼儀・寛容などのシンボルとして，イギリスのロビンフッドやアメリカ・インディアンが用いていたものだそうです。

スポーツの日（体育の日）〈10月第2月曜日〉

　体育の日とは国民の祝日のひとつで，1966（昭和41）年に建国記念の日，敬老の日とともに，追加制定されました。体育の日の趣旨は，「スポーツにしたしみ，健康な心身をつちかう」とされています。

　1961（昭和36）年に制定された「スポーツ振興法」では，10月の第1土曜日が「**スポーツの日**」でした。その後，10月10日が国民の祝日として「**体育の日**」となり，2000（平成12）年より10月の第2月曜日に変更されました。

　10月10日が「体育の日」となったのは，この日が1964（昭和39）年に開催された，**東京オリンピック大会**の開会式だったことに由来します。また，この日は，晴れになる確率が一年中でもっとも高い日であることも考慮されました。

　また「体育の日」は学校の体育のイメージが強いとのことで，2020（令和2）年の東京オリンピック開催を機に「スポーツの日」に名称変更されました。

国や地方公共団体については，国民が地域や職場でスポーツに対する意欲を高めるような行事を実施することが，その役割とされており，地方団体においては健康診断や体力検査，運動能力テストなどを実施するのが望ましいとされています。10月は気候もよく，運動会シーズンとして定着しており，体育の日に運動会を行うところも多いようです。

　また，**国民体育大会**は1946（昭和21）年に始まり，冬季（1，2月），夏季（9月），秋季（10月）の3つに分けて実施され，開催地は各都道府県の持ち回り制がとられています。国民体育大会の趣旨としては，地域の国民スポーツ振興・普及ということになっていますが，一時は開催県が天皇杯，皇后杯を獲得すること自体が目的化していました。スポーツに親しむということは，実際にみんなでスポーツをして楽しみましょうということなのですから，オリンピックと同様，参加することに意義があるという姿勢が大切といえましょう。

　2003（平成15）年ころからは運営の見直しが行われ，大会の充実・活性化，簡素化などや，夏・秋大会の一体化などもなされるようになりました。

TOPIC　オリンピックはいつから始まったの？

　古代ギリシアのペロポネソス半島にオリンピアという都市があり，そこにはギリシアの宗教の中心となるゼウスの神殿がありました。そこで紀元前776年から4年ごとに，**オリンピア祭**とよばれるゼウスの祭典が行われました。この祭典は8月の満月のころに行われ，同時に悪疫封じの奉納競技大会が開催されました。これが**オリンピック**（古代オリンピック）です。古代ギリシアでは，ポリスとよばれる都市国家が栄え，それぞれの都市国家間で戦争が絶えませんでした。しかし，このオリンピア祭の期間だけは休戦して，敵味方なくスポーツに興じたということです。この祭典は紀元393年まで293回開催されました。
　フランスのクーベルタン男爵が，古代オリンピックの平和と協調の精神を見直そうと提唱して，1894（明治27）年6月23日，国際オリンピック委員会（IOC）を創立し，1896年，古代オリンピック発祥の地ギリシアのアテネにおいて，第1回オリンピック大会を開催したのです。これが**近代オリンピック**です。以後4年ごとに行われ，1924（大正13）年からは，シャモニ・モンブランを第1回として，冬季大会も開かれるようになりました。
　なお，**パラリンピック**は，1948（昭和23）年イギリスでの身体障害者スポーツ大会が始まりです。1960年ローマオリンピック大会からその施設を使って開催されるようになり，これが第1回パラリンピックとなりました（105頁参照）。

亥の子（十日夜）

　西日本では，取り入れが終わったあとの収穫祭として，**亥の子祭り**を行います。農家では，10月の亥の日，亥の刻（午後9時から11時）に，新穀で猪型のもちやボタもちを作り，田の神さまに供え，家族でそれを食べます。

　男の子たちは，"亥の子つき"といって，わらを束ねた藁鉄砲か，つけもの石くらいの石に何本ものわら縄をつけたものを持って，「亥の子もちをつかん者は，鬼産め，蛇産め，角の生えた子産め」とか「亥の子のボタもち祝いましょう，おひつにいっぱい祝いましょう」とか唱え言をして，家々の庭の地面をたたいてまわりました。子どもたちがまわって来た家では，ミカンやもち，小遣いなどを与えるのが習わしです。子どもたちは，もらえると，「繁昌せえ，繁昌

せえ」と祝い，もらえないと，「貧乏せえ，貧乏せえ」と悪口を言いました。

　この祭りを"亥の子祭り"というのは，10月が十二支の亥の月にあたるからとか，猪(いのしし)が多産であることにあやかろうとしたためとか，いろいろな説がありますが，はっきりわかっていません。

　東日本では，10月10日に同じような行事が行われ，これを"**十日夜**(とおかんや)"とよんでいます。この日は田の神の帰る日と考えられ，案山子(かかし)（田の神がこの世に現れた姿と信じられていた）を家に持ち帰って，その笠を焼いて焼きもちをつくって供えるところもあります。

　また，子どもたちがわらを巻いた棒で各家をまわり地面をたたく風習も，亥の子祭りと似ています。このときには，「十日夜いいもんだ，朝そばぎりに昼だんご，夕飯食ってひっぱたけ」「十日夜，十日夜，十日夜のわら鉄砲，大豆も小豆もよく実れ」などと唱え言をします。これは，モグラよけのおまじないという意味もあるでしょうが，土地の神に生気を与えて，新しい収穫を祈るという信仰もこめられているのでしょう。

　なお，亥の子祭や十日夜の日から冬仕度を始め，こたつを開く習わしもあります。

＜コラム＞　十日夜の案山子(かかし)

　十日夜にかかし（案山子）を祭ることは，とくに東日本でよく見られ，長野県北安曇郡などでは，"案山子上げ"といって，田からかかしをもってきて庭先で祭ったり，諏訪郡では，この日にかかしが天にのぼり，カエルがもちを背負ってお供をするなどという言い伝えがあったりします。

　"かかし"は，"カガシ"ともいわれ，一般的には，竹の棒を十文字に組み，わらで体を作って着物を着せ，みの笠をつけた人形で，稲の害鳥であるスズメなどを脅すために用いるものです。わらで作った馬に乗せたものや，竹竿の先にぶらさげた吊り人形のようなものなど，さまざまな形があります。

　これらは，もともとは，毛髪，ぼろ布，獣肉などを焼いて，串にさしたものを田畑に置いたり，ぶらさげたりして，その臭いで鳥獣を追いはらったものです。"カガシ"の語源は"嗅(か)がし"だといわれています。

　最近では，"かかしフェスティバル"などといわれるものが，いろいろなところで開かれ，アニメキャラクターや社会風刺的なかかしも見られます。

鉄道記念日・鉄道の日 〈10月14日〉

　1872（明治5）年10月14日（旧暦では9月12日），当時の新橋—横浜間の29キロメートルに**鉄道**が開通しました。この日を記念して，1922（大正11）年に日本国有鉄道が**鉄道記念日**として制定したものです。以後，10月14日は鉄道に関するさまざまな催しが盛大に行われています。

　日本で最初の鉄道は，英国人のハート機関士指導のもとで，英国人技師が英国製の列車とレールを使用したといわれています。この列車は，時速32キロメートルで走りました。運賃は上等1円50銭，中等1円，下等50銭と少々高いもの（当時米10キロが40銭ほど）ではありましたが，一日がかりであった道のりを1時間以内に短縮した功績は大きいものがありました。列車は"陸蒸気（おかじょうき）"とよばれ，「汽笛一声新橋を……」という**鉄道唱歌**とともに親しまれました。

　開通当初は，その物珍しさで大混乱しました。汽車を見て人々はさまざまな反応を示しました。蒸気を見て汽車が汗をかいていると思い，柄杓（ひしゃく）で水をかける人や，老人にいたっては土下座（どげざ）して汽車見物をしたそうです。

　開通当初の機関車は10両で客車58両でした。初年度の乗降数は49万人。しかし，25年後の1897（明治30）年には，乗降客2,200万人に成長したのです。

　鉄道は，当初は**鉄道省**の管轄（かんかつ）で運営されていましたが，その後，公社として**日本国有鉄道**（国鉄）となり，1987（昭和62）年に民営化され**JR**として現在に至

っています。この国鉄民営化の際に，国鉄が制定していた"鉄道記念日"も自然消滅しましたが，1994(平成6)年，JRグループを始めとしたすべての鉄道事業者が祝う"鉄道の日"として復活しました。

　また，新幹線が開通したのは1964(昭和39)年の東京オリンピックの年でした。超特急東海道新幹線という名称で，多くの人々の足として活躍を始めたのです。その後も山陽，東北，秋田，長野，九州，北陸，北海道などと各地で次々と開業されており，近年はリニア新幹線も話題になっています。

TOPIC　"汽笛一声新橋を……"

　1900(明治33)年5月10日，「鉄道唱歌」第1集（東海道編）が発表されました。作詞は詩人・国文学者であった大和田建樹，作曲は元宮内省楽師（雅楽家）多梅稚で，ともに「鉄道唱歌」以外にも多くの唱歌曲を作っています。

　「東海道編」は，新橋から横浜，名古屋，京都，大阪を経て神戸まで，66番の歌詞があります。その後，「第2集・山陽・九州編」「第3集・東北編」「第4集・北陸編」とつぎつぎに作られました。これらはいずれも沿線の風物や名所古跡を読みこんでおり，いわば鉄道のPRソングともいうべきもので，現代まで庶民に親しまれ，うたいつがれています。参考までに「東海道編」の1～3番までと，おもな駅の歌詞を紹介しましょう。

```
1番　汽笛一声新橋を　　はや我汽車は離れたり
　　　愛宕の山に入りのこる　月を旅路の友として　　　　（新橋）
2番　右は高輪泉岳寺　　四十七士の墓どころ
　　　雪は消えても消えのこる　名は千載の後までも
3番　窓より近く品川の　　台場も見えて波白く
　　　海のあなたにうすがすむ　山は上総か房州か　　　　（品川）
5番　鶴見神奈川あとにして　ゆけば横浜ステーション
　　　湊を見れば百舟の　　煙は空をこがすまで　　　　　（横浜）
34番　名だかき金の鯱は　　名古屋の城の光なり
　　　地震のはなしまだ消えぬ　岐阜の鵜飼も見てゆかん
　　　　　　　　　　　　　　　　　　　　　　　　　　　（名古屋）
48番　東に立てる東山　　西に聳ゆる嵐山
　　　かれとこれとの麓ゆく　水は賀茂川桂川　　　　　　（京都）
56番　おくり迎うる程もなく　茨木吹田うちすぎて
　　　はや大阪につきにけり　梅田は我をむかえたり　　　（大阪）
65番　おもえば夢か時のまに　五十三次はしりきて
　　　神戸のやどに身をおくも　人に翼の汽車の恩　　　　（神戸）
```

新聞週間 〈10月15日〜21日〉

　10月15日から21日までの1週間が「**新聞週間**」として実施されています。この催しはアメリカで始められました。1930年代からカリフォルニア州やペンシルバニア州などで，新聞の重要性，必要性をより多くの人々に知らせることを目的として行われていた運動がありました。この運動が，その後，1940年に各州新聞協会事務局長会議が行われたことから，全国的運動へと発展し，「新聞週間」として広がっていきました。

　日本では，1948（昭和23）年から，新聞協会が中心となって開催しています。はじめは10月1日からの1週間が新聞週間とされていましたが，台風のシーズンと重なってしまうために，1962（昭和37）年から，現在のこの期間とされています。

　また，新聞週間中の10月20日を「**新聞広告の日**」として制定し，広告がどれほど私たちの文化的な生活に役立っているかを，多くの読者に知ってもらうための日としています。

　さらに新聞週間中の日曜日を「**新聞少年の日**」(1962年から) と「**新聞配達の日**」(1991年から) として定め，新聞配達の人たちの苦労をねぎらっています。

＜コラム＞　日本最古の新聞といわれる"大阪夏の陣"の瓦版

　日本におけるもっとも古い新聞は，1615（元和元）年5月の大阪夏の陣を描いた『大阪安部之合戦之図（おおざかあべのかっせんのず）』という木版一枚刷りの，瓦版（かわらばん）のようなものでした。これはこの年の秋に京都で制作されたものと考えられています。

　また，"新聞"と名づけられた印刷物が現れたのは，1862（文久2）年1月から2月にかけて幕府の藩書調所が刊行した『官板（かんぱん）バタビア新聞』です。しかし，これは海外の機関誌を翻訳したもので厳密な意味での新聞とはいえないのかもしれません。しかし，幕末の動乱が日本の新聞の歴史の始まりのきっかけになったことは，当然のことといえるでしょう。

えびす講

　"**えびす講**"は**えびす神**を祭る行事で，恵比須講，恵比寿講，夷講，蛭講，戎講などと書きます。日は10月20日，11月20日，1月10日など，地方によってさまざまですが，ほとんどが10日か20日に決まっていることから，昔の市の名残りではないかといわれています。

　えびす神は，**七福神**の一人で，右手に釣竿を持ち，左手に大きな鯛をかかえています。漁村では漁の神，町家では商売の神，農村では田の神として信仰されてきました。

　神無月(旧暦10月)は，すべての神さまが出雲へお出かけになる月ですが，えびすさまだけは留守番のため，土地にお残りになるといわれていて，そのため10月にえびす講を行うところが多いようです。

　京都では，10月20日に商人や花柳界の人たちが，京都四条京極にある官者殿(冠者殿)にお参りし，一年間ついた嘘の罪を払ってもらう風習があり，これを**誓文払**といいます。関西では，この日を中心にバーゲン・セールが行われます。

　1月10日に行われるえびす講は，**十日戎**といわれ，兵庫県西宮の戎祭，大阪の今宮戎などが有名です。縁起物の飾りをつけた**福笹**を神棚にそなえ，毎年新しいものに取り換えると福がさずかるという信仰があります。

　東京の日本橋で10月19日に開かれる**べったら市**は，もとはえびす講の用品を売る市でしたが，現在では**べったら漬**だけを売るようになりました。

　農村では，**宵えびす**といって，えびす講の前の晩に，そば，とろろ，小豆飯，二股大根2本などが供えられました。また，生きた鮒を売り歩くのを大小2匹買って供えたり，井戸のなかへ放したりする風習も広く行われています。

　商家では，親類縁者や出入りの者たちを招待して宴会をひらきますが，この日にお金が出ず，物が入ると，縁起がいいといわれています。また，えびすさまの前に，家のなかの品物や商品を並べて，「売りましょう」「買いましょう」と商売のまねをして，百両，千両という値をつけて，手をしめて祝うことも行われました。そこから，「えびす講のもうけ」というと，ありそうもないもうけのことをいうようになりました。

国連の日 〈10月24日〉

　1945(昭和20)年の10月24日，**国連憲章**が発効され，**国際連合**(United Nations)が正式に発足しました。日本は1956(昭和31)年に，第80番目の加盟国として，加入が認められました。

　国際連合とは，どのような機関なのでしょうか。1941(昭和16)年8月に発布された大西洋憲章，翌1942年1月の連合国共同宣言などで，戦後国際機構をつくることが示唆されました。この国際機構設立に関する，最初の公式宣言が行われたのは，1943年10月の米・英・ソ・中の四か国モスクワ会議でのことでした。1944(昭和19)年10月には，必要事項をすべて発効し，国際連合が正式に成立しました。

　国連は，国際平和と安全の維持を最大の目的としています。この目的を達する国際機構での主要な機関は6つあります。

1つめは，**国連総会**（総会）です。これはすべての加盟国によって成り立っており，毎年1回，9月の第3火曜から通常総会が行われます。そのほかにも特別総会や緊急特別総会など，他機関，加盟国の請求で開かれるものもあります。総会では，国連の活動のすべてにおいての責任を持ち，とくに平和安全の維持や福祉的な国際協力の促進などがそのおもな内容となっています。また，総会は討議と勧告の権限は持つものの，拘束力のある決定は行うことはできないので，国際世論形成の場となっています。

　2つめは**安全保障理事会**で，これは総会同様に国連においてはもっとも重要な機関です。15か国で構成される安全保障理事会は，常任理事国5か国と非常任理事国10か国から成り立っています。ここでは，平和と安全の維持についての責任を負い，その点では総会よりも優先される権限を持っています。現在の常任理事国は，アメリカ，イギリス，ロシア，フランス，中国です。

　3つめは**経済社会理事会**で，これは54か国によって構成され，その主旨は国連外のその他の専門的機関とのパイプラインの役目を果たすものです。

　4つめは**信託統治理事会**です。国際信託統治下の地域の施政の監督にあたるものですが，現在では統治下地域が独立してしまったことから，1994年10月より活動を停止しています。

　5つめは**国際司法裁判所**で，国連の主要な司法機関です。

　6つめは**事務局**で主要委員会と常設運営委員会から成り立っています。

　その他，15の専門機関が設けられております。また国際連合の加盟国は，193か国に達しています。

　近年，国連では，核兵器使用に関しての決議や勧告が多くみられます。1995年12月「核実験停止」の決議は，核実験の即時停止と，核実験を行った国々に対する抗議の意味も含まれるものでした。1996年7月，国際司法裁判所においても「核兵器使用の違法性」の勧告的意見も出され，核に対する抗議がなされました。しかし1998年にインドやパキスタンで，近年では北朝鮮での核実験など，世界的にはまだまだ多くの問題を残しているのが現状です。

　また2001年9月11日のアメリカ同時多発テロを受けて，2002年「テロリストによる大量破壊兵器の取得防止」の決議を採択。その他，世界中の地域的紛争の悪化を防ぐための「平和維持活動（PKO）」なども行っています。

ハロウィーン

ハロウィーン (Hallowe'en) は，キリスト教国で 11 月 1 日行われる**万聖節**（すべての聖人を祭る祝日）の前夜祭で，10 月 31 日行われます。

この日は，ゆかいなことをしてふざける日，子どもたちのいたずらの許される日とされています。子どもたちは，頭からシーツをかぶったり，お面をかぶったりして夜の町を奇声を上げて歩きまわり，通行人からお金をもらったり，家々に押しかけてお菓子をもらったりします。仮装コンクールが行われるところもあり，大きなカボチャをくり抜いて目鼻をつけたものを頭からかぶるのがよく知られています。ガイコツや海賊，ホウキに乗った魔女なども登場します。

また，リンゴやドーナツなどをつり下げて食べる，パン食い競争のようなゲームもよく行われます。

このお祭りの起源については，さまざまな説があります。11 月 1 日は，昔ケルト民族の元旦に当たっていたので，前夜に山の頂(いただき)でかがり火をたいて祝っていたものが，のちに，山のなかで酒盛りをしている魔女を追い払う行事に変わったともいわれています。また，古代ヨーロッパ北部に住んでいたドルイド族が，寒い冬を迎えるまえに，一晩大騒ぎをしたり，幽霊の話をして夏を惜しむ祭りに始まったという説もあります。

日本ではあまり馴染みのなかったこの祭りも，1990 年代後半ころから東京ディズニーランドのハロウィーンパレードなどをきっかけに，仮装やコスプレのイベントとして，子どもや若者を中心としてさかんになってきました。

霜月 (しもづき)

文字通り霜が降る月という意味である。"凋む月""末つ月"が訛ったものとの説もあるが，あまり一般的ではない。

〈異称〉
霜降月（しもふりづき）　雪待月（ゆきまちづき）
雪見月（ゆきみづき）　神楽月（かぐらづき）
仲冬（ちゅうとう）　など

〈英名〉
ノベンバー
(November)

"Novem"は英語の9 "nine"の語源で，"9番目の月"の意味。前と同じく2か月ずれて11月となった。

計量記念日 〈11月1日〉

　1951（昭和26）年の**計量法**が公布された日を記念して通産省が6月7日に定めた記念日です。その後，1993（平成5）年，新計量法が施行された11月1日に変更されました。この日は，全国各地で，「はかる」をテーマにした催しが開かれています。また，11月1日〜30日を**計量強調月間**としています。

　日本での計量に関する初めての制度は1875（明治8）年の太政官布告，**度量衡取締条例**です。この後に何回にもわたる改正を経て，適正な計量の実施の確保を目的とし，現在の計量法が定められました。計量法は物象に関係する計量の単位を共通な単位に定めてあり，販売業の取り締まりや，計量器具等の検定を定める基準としています。たとえば，グラム，リットルなどの単位がこれにあたります。しかし，初めのうちは長さの単位はメートルだけではなく，**尺貫法**との併用が特例として，認められていました。

　長さの単位にメートルを使用することが定められたのは，1921（大正10）年の

4月11日で，全国各地さまざまだった**度量衡**(長さと容積と重さ)を法律により一定としました。この日を記念して4月11日は，「**メートル法公布記念日**」とされています。いまでは，イギリス，アメリカなど一部でヤード・ポンド法との併用はありますが，ほとんどの国で計量の単位として使われています。

1メートルの長さは，かつてはメートル条約によって制定された"メートル原器"とよばれるものさしで決定されていましたが，温度や湿度による誤差をなくして，より正確にということで，現在では，1983年の国際度量衡会議で，「1秒の2億9979万2458分の1の間に光が真空中を伝わる行程を1メートルとする」と定められています。

尺貫法，ヤード・ポンド法とメートル法との比較

長さ	1尺(10寸)	1間(6尺)	1インチ	1フィート(12インチ)	1ヤード(3フィート)	1マイル(1760ヤード)
	30.3 cm	181.8 cm	2.5 cm	30.4 cm	91.4 cm	1609.3 m

重さ	1匁	1斤(160匁)	1貫(1000匁)	1オンス	1ポンド(16オンス)
	3.75 g	600 g	3750 g	28.34 g	453.59 g

広さ	1坪	1反(300坪)	1アール	1ヘクタール(100アール)	1エーカー
	3.3 m²	991 m²	100 m²	10000 m²	4046.71 m²

＜コラム＞ "1メートル"は子午線の4000万分の1

もともとの1メートルの長さは，どうして決めたのでしょう。

1790年，当時のフランスでは長さの単位が各地方でバラバラだったので「だれにでもわかりやすく，便利な単位をつくるように」という依頼をフランス科学学士院にしました。このことをうけて，2人の天文学者が，フランスのダンケルクとスペインのバルセロナの間の距離を測り，これをもとに地球を1周する子午線を計算し，その4分の1にあたる，赤道から北極までの距離の1000万分の1を「メートル」と名づけました。1795年4月7日に長さの基準単位として定められ，今日に至るという長い歴史が"メートル"にはあるのです。

文化の日 〈11月3日〉

　文化の日は，1948（昭和23）年に制定された国民の祝日のひとつです。「自由と平和を愛し，文化をすすめる」ことを目的としています。

　この日は，もともとは明治天皇の誕生日を祝う天長節(てんちょうせつ)でした。しかし，明治天皇が実際に誕生した日は7月31日でした。暑い盛りということで，気候のよい11月3日にしたといわれています。また，日本国憲法が公布されたのもこの日です。（22頁参照）

　この日には**文化勲章**の授与式があります。文化勲章は1937（昭和12）年に制定されたもので，以前は，2月11日の紀元節や4月29日の天長節などに表彰式が行われてきましたが，戦後は文化の日に行われるようになりました。

　文化勲章は，文化の発展に功労のあった人々に授与されるものですが，このほかに**文化功労者**という賞もあります。これは，日本文化の発展にとくに貢献した人々のなかから政府が選んだ人のことで，毎年年金が授与されることになっています。

　このほかにも，芸術祭や国民体育大会が行われたりします。そしてこの日を中心とする1週間は，社会教育法施行を記念した**教育・文化週間**や，焼失した法隆寺金堂の復元修理を記念して設けられた**文化財保護強調週間**になります。

〈コラム〉読書週間

　文化の日をはさんだ10月27日から11月9日までの期間は，「読書週間」です。読書の秋にちなんで，良書の普及と書物への感謝などを目的として設けられたものです。

　戦前の1924（大正13）年に図書館利用の宣伝として，11月1日より1週間設けられていた「図書館週間」が「読書週間」の母体です。その後全国図書館協会によって，1949（昭和24）年には現在の名に改称し，日程も文化の日を中心に2週間と延長されました。

　また，この期間には，神田界隈で"古本市"などが行われ，にぎわいをみせています。

ユネスコ憲章記念日 〈11月4日〉

ユネスコ（UNESCO）は国連教育科学文化機関（United Nations Educational, Scientific, and Cultural Organization）の略称で，1945（昭和20）年4月，ロンドンの国際教育文化会議で決定され，翌1946年11月4日に発足しました。

また，「戦争は，人の心のなかで生まれるものであるから，人の心のなかに平和のとりでを築かなければならない」という有名な前文の一節で始まり，この機関の性格・組織・事業などについて規定した，**ユネスコ憲章**がこの日に発効しました。**ユネスコ記念日**は，このユネスコ憲章が発効した日を記念して制定されました。

日本は，1951（昭和26）年7月に60番目の加盟国となりました。

ユネスコの活動としては，"諸国民の相互理解の促進" "一般教育の普及" "文化遺産の保存" のための条約作成，勧告，宣言を行っています。

ユネスコの精神は「人」を単位と考えられていましたが，いつしか国家を単位とする各国政府が利害を争う国際政治の舞台となり，さらに東西対立と南北対立の場となってしまいました。また1980年半ば，ソ連・東欧圏と第三世界が主導権を握ったため，西側はユネスコの「政治化」と非難し，アメリカをはじめ，イギリス，シンガポールなどが一時脱退しました。そのようななか，日本は脱退よりむしろとどまり，内部から改革を促進する立場をとりました。

現在，200近くの加盟国が，教育・科学・文化による国際協力を推し進め，世界の平和と安全を守ろうと活動しています。

〈コラム〉 かけがえのない地球の文化と自然——世界遺産——

ユネスコの活動のひとつである"**文化遺産の保存**"のため，ユネスコの世界遺産条約を批准した200近くの政府が自国内の候補地を推薦し，毎年1回開かれる世界遺産委員会で登録が決定されます。**世界遺産**に登録されると，その保護と保存のために"**世界遺産基金**"からの国際援助がなされ，同時に推薦国には，その遺産を永久に守るという責務が課せられます。

日本でも，文化遺産として姫路城，法隆寺地域の仏教建造物，京都とその周辺の文化財，日光の社寺，平泉，原爆ドーム，厳島神社，琉球王国のグスク，富岡製糸場，明治日本の産業革命遺産，長崎・天草地方の潜伏キリシタン関連遺産などや，信仰の対象と芸術の源泉として富士山とその一帯が，自然遺産としては白神山地，屋久島，知床，小笠原諸島などが指定を受け，保護の対象となっています。また無形文化遺産として能楽，文楽，歌舞伎，京都祇園祭，ナマハゲなどの来訪神，和食や和紙などが指定されています。

TOPIC ユニセフとユネスコ，どう違うの？

国連にはユニセフ（UNICEF）とよばれる機関もあります。ユニセフの正式名称は"国連児童基金（United Nations Children's Fund）"で，1946年12月11日に設立し，1953年の国連総会で常設機関として決議され，現在に至っています。

ユニセフの活動は1959年に採択した「国連児童権利宣言」にのっとって行われており，すべての児童が享有する機会の実現を目標としています。発展途上国の児童に対する協力，援助は教科書の紙から医薬品と広く，内乱や災害に対する救済措置まで行っています。ユニセフの活動資金は，4分の3は各国政府の醵金によるもので，残りを一般の人たちからの寄付でまかなっています。ユニセフは1965年にはノーベル平和賞を受賞しています。

一般の寄付，募金にはさまざまな方法があります。例をあげると，「ユニセフ・グリーティングカード（ハガキ）」の販売の売上げが，世界中の子どもたちに予防接種が受けられるように活動する資金になっています。

太陽暦採用記念日 〈11月9日〉

　1872（明治5）年のこの日，以前までの**天保暦**（太陰太陽暦）をやめて，西欧に習い，**太陽暦**を採用するという発表があり，明治政府は，「明治5年の12月3日を太陽暦の明治6年1月1日とする」として，実施に踏み切ったのです。歴史から消えた12月3日は，その後**カレンダーの日**となりました（222頁参照）。

　それまで使われてきた太陰太陽暦は飛鳥時代から1000年以上も民衆に親しまれてきました。天保暦は季節の変化（二十四節気）をまじえた暦で，おもに農民の生活にはとても密着しており，また，鎖国中の日本では商人や職人も外国の暦に左右されることがなかったために，なんの不都合もありませんでした。

　しかし，ペリーの来航によって諸外国との交流が増え，日本日時と西洋日時と両方の日付が必要になったり，休日の違いなど多くの問題が起こるようになってきました。こうして，実際に西欧の太陽暦と接することも多くなり，太陽暦の簡便さ，世界で多岐にわたって通用することなど，しだいに太陽暦採用の気運が高まっていったのです。

　太陽暦は季節の交代する周期をもとにつくられた暦法で，一太陽年の長さに基づき暦年を設定したものです。季節とのずれはないのですが，月の周期とは一致しないことが難点といわれています。（「暦の歴史」187頁参照）

> **＜コラム＞　政府の財政難が改暦の原因**
>
> 　太陽暦採用にあたっては，ちょっとした裏話があります。
> 　1年が354.4日の太陰暦は，約3年に1度，1か月の"**閏月**"をつくり，その調整を行っていました。太陽暦採用を決めた翌年の明治6年は"閏月"をおく年になっていたため，1年が13か月になります。
> 　明治政府は，明治4年にそれまでの年俸制から月給制に切り替えたばかりであり，このままでは1年に13回の月給を払わなければならなくなりました。当時，非常に財政難であった政府は，閏月分の給料と，切り替えのとき12月は2日しかないので，その分も払わないですまそうということで，**大慌**てで改暦を実行したということです。
> 　これは当時の財務担当参議であった**大隈重信**が，のちに『**大隈伯昔日譚**』のなかで述べていることです。

お酉さま

　東京では，毎年お酉さまになると，「もう冬だ」「今年も押し詰った」と実感されます。
　お酉さまは，東京浅草の鷲神社のお祭りで，11月の酉の日に行われます。境内に立つ市は正式には酉の市といい，古くは酉の市ともいわれていました。
　酉の日は12日に1度まわってくるため，1か月（30日）のうちには，2回しかない年と3回ある年があります。1回目から順に一の酉，二の酉，三の酉とよばれ，三の酉のある年は火事が多いといわれています。
　神社の境内や周囲の道路の両側にはびっしりと露店が立ち並び，身動きができないほどの人出になります。おかめの面，入船，頭の芋，黄金餅，切山椒などの縁起物を並べ，向うはち巻をした若い衆が威勢のいい売り声をかけます。なかでも売買の中心は，桧扇やおかめ，千両箱，宝船，大判，小判，金万両の紙などを貼りつけ，稲穂を飾った熊手で，大きなものは1メートル以上もあります。「福をかきこむ」「福をとり（酉）こむ」といって縁起をかつぎ，商家の人々が求めて，一年中，店のなかの目立つところに飾ります。
　酉の市の繁盛にあやかるよう，他の神社やお寺でも鷲神社を勧請（神仏の分霊を迎えて新たにまつること）し，酉の市や熊手市を行っているところが多くあります。
　鷲神社はもともとは，大阪府堺市の大鳥神社が本社で，大鳥の起源は，日本武尊の魂が白鳥となってみささぎ（貴人の墓）から飛び立ったという伝説によるといわれています。

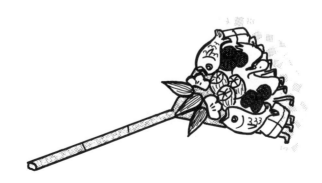

七五三
　　　しち　　ご　　さん

　3歳の男の子と女の子，5歳の男の子，7歳の女の子が11月15日に氏神や神社にお参りをして，健やかな成長と健康を祈るとともに，氏神の氏子となり社会の一員として世間に認めてもらうという行事が**七五三**です。しかし，地域によっては3歳が男の子だけだったり，女の子だけだったりというように，違いが見られたりもします。

　七五三という行事が11月15日に定まった理由としては，徳川綱吉の子どもの徳松の3歳の髪置をこの日に行ったからであるとか，氏神の祭日が11月である地域が多いからであるとか，旧暦の15日は満月なのでおめでたいからであるなど，いくつかの説があります。

　「七つ前は神の子」といわれたように，当時は子どもが7歳になって初めて社会の一員になるとされていたことや，3歳，5歳は一般に一人歩きを始めたりいろいろな物事に興味を持ち始めるという年代に当たるので，そういった子

どもの成長を認識して，今後の成長を祈るという重要な節目でした。

最初から七五三というまとまった行事があったわけではなく，もともとは3歳の**髪置**（かみおき），5歳の**袴着**（はかまぎ），7歳の**帯解**（おびとき）などという単独の行事としてありました。その内容は地域によって少しずつ違っていて，諸国から人々が集まってくる江戸ではそれぞれの地域の風習に従って行うことがむずかしかったので，まとめて七五三として扱うようになりました。

髪置とは，それまでは髪を剃っていた男の子，女の子が初めて髪の毛を生やすという行事で，**櫛置**（くしおき）ともいわれます。このとき，子どもの頭に白粉を塗り，**白髪**（しらが）あるいは**白髪綿**（しらがわた）とよばれた綿帽子（わたぼうし）をかぶせました。白髪綿は白髪頭になるまで長生きするようにとの縁起をかついでのものでした。

5歳になると子どもたちは**童子**（どうじ）とよばれるようになり，この童子が初めて袴（はかま）をはく行事を**袴着**（はかまぎ）といいます。これは，幼児から童子になるための**通過儀礼**（つうかぎれい）のひとつでした。通過儀礼というのは誕生・成年・結婚・厄年・死亡といった，人生での重要な時期に行われる宗教的な儀礼のことで，人生の節目（ふしめ）となるとても重要な行事のことを指します（「通過儀礼」192頁参照）。

もともとは袴着は男の子にも女の子にも行われていたものでした。年齢についても最初は3，4歳あるいは6，7歳で行われていたものが，5歳の男の子の袴着，7歳の女の子の帯解へと分かれていったようです。

帯解（おびとき）は童子の着物についている付紐（つけひも）を外して，帯を使い始めるという行事で，もともとは9歳の男女が行っていましたが，しだいに男の子は5歳，女の子は7歳に行われるようになっていきました。

これらの行事で，髪置で白髪綿を子どもにかぶせる人を**髪置親**（かみおきおや），袴着で袴の腰を結ぶ人を袴着の親あるいは**袴親**（はかまおや），帯解で帯を贈る人を**帯親**（おびおや）といい，産みの親以外の大人が子どもに関わることで，過保護に育てていないかどうかなど，子育てをもう一度見直してみるという機会でもありました。

＜コラム＞ 千歳飴

現代の七五三の風物詩の一つに**千歳飴**（ちとせあめ）があります。松竹梅や鶴と亀などの絵が描かれた長細い袋に，赤と白の棒飴が入っている，おめでたい物づくめのこの千歳飴からも，七五三に込められた思いを感じることができます。千歳飴は，宝永時代(1705～1710)に江戸の浅草で，平野陣九郎重政という豊臣軍の残党が，甚右衛と改名して飴屋になって始めたものだといわれています。

勤労感謝の日 〈11月23日〉

　もともとは"新嘗祭（にいなめさい）"と称されたこの日は，1948（昭和23）年に制定された国民の祝日のひとつです。「勤労をたっとび，生産を祝い，国民たがいに感謝しあう」日とされています。

　新嘗祭とは，天皇がその年の新穀（しんこく）を宮中で神殿に供え，感謝するとともに，自らも食するという皇室の儀式で，皇極天皇（642～）のころに始められたといわれています。神社もこれに習い，一般にも広がっていきました。来年に備え大切な種子を取るということも，目的のひとつでした。当時は11月中の卯（う）の日に行われていました。

　この祭りは，戦後には廃止されました。しかし，勤労のおかげで農作物やそのほかの生産物に恵まれたことを祝う日，**勤労感謝の日**となり，全国各地で農業祭や農作物品評会などが行われます。

　またこの日を中心として1週間，農業祭が行われています。農林水産物表示会・資源展・技術研究発表会などが催され，優秀参加出品には，天皇杯や農林水産大臣賞が授与されます。

12月

師走(しわす)

12月は1年の終わりで慌(あわ)ただしいので、師匠といえども趨走(すうそう)する(チョコチョコ走る)ので"師趨(しすう)"となり、これが"師走(しわす)"となったという説が有力である。

"師"とは"師僧"のことで、12月には僧をよんで経を読ませる風習があったため、師僧が馳(は)せ走る"師馳月(しはせづき)"との説もある。また、1年の最後で"年極(としはつ)"あるいは万事なし終えた"為果(しは)つ"ともいわれる。

〈異称〉
臘月(ろうげつ) 厳月(げんげつ) 弟月(おとづき)
年積月(としつみづき) 果(はて)の月(つき)
晩冬(ばんとう) など

〈英名〉
ディセンバー
(December)

"Decem"は英語の10"ten"の語源で、ローマ暦で"10番目の月"の意味。JulyとAugustが入ったので12月となった。

歳末助け合い運動 〈12月1〜31日〉

　民生委員をはじめとする地域の人々・関係機関・関係団体の協力で行われる国民全体の運動です。これは援助を必要とする人やその家族が，明るいお正月を迎えられるようにというものです。

　初めは，明治時代の末ころに広まっていた**救世軍の社会鍋運動**が，昭和初期に経済不況を反映してか，全国各地での**歳末同情募金運動**へと変化していきました。戦後，この流れをくむ**歳末助け合い運動**が，市町村の社会福祉協議会などを主体に行われるようになりました。

　募金の代表として，**NHKの歳末助け合い**と**救世軍の社会鍋**が有名です。このNHKの募金は，1951(昭和26)年に始まりました。1985(昭和60)年度の義援金は，約20億円にもなりました。NHKでは，1日のあいだに何回かスポットを流したり，ニュースやさまざまな番組で福祉問題を取り上げ，国民の良心によびかけます。

　救世軍は，1878年イギリスで始まったキリスト教プロテスタントの一派で，軍隊的組織によって伝道と社会事業を行っています。日本には1895(明治28)年に伝わりました。

成道会

　成道会とは，臘八会ともいい，釈迦が悟りを開いたとされる12月8日に，各寺院で行われる法会のことで，"成道"とは，菩薩が修行の末，"成仏得道"すなわち悟りを開いて仏となるという意味です。

　臘八とは，臘月（12月の異称）八日の意味で，禅宗の寺院では，臘八接心，臘八大接心などといって，一晩限りや12月4日からというところもありますが，12月1日から8日の朝まで不眠不休で座禅修行が行われます。接心とは禅宗の用語で，僧が禅の教義を示すことをいいます。

　8日の朝には茶粥，甘酒，たくあんなどが出され，寺によっては小豆粥または昆布，串柿，菜を入れた五味粥というものを食べます。これは，釈迦が苦しい修行の末に山を下りたとき，村娘が与えた牛乳粥によって体力を回復したことに由来しています。

＜コラム＞　釈迦の悟り

　釈迦はカピラバッツ王国の王子として生まれ（9頁参照），何不自由ない王宮の生活を送り，妻を迎え息子も生まれましたが，すべての生き物が持っている生老病死に由来する苦しみを克服したいとの思いから，29歳のある夜，突如として宮廷生活を捨て，家族の絆を断って出家したのです。

　その後，6年間にわたりバラモンの苦行を行った結果，心神衰弱の極致に達して，苦行が悟りへの真実の道ではないことを知り，苦行を捨てました。

　山を下り，ネーランジャラー河（尼連禅河）で沐浴し，村の娘スジャータが与えた牛乳粥で体力を回復した釈迦は，ガヤー村のピッパラ樹の下で，49日間にわたって静座し瞑想して，12月8日の朝，明けの明星（金星）を見て，ついに悟りに達したのです。ここに釈迦は仏陀（悟りを得た者，目覚めた者の意）となったのです。このことから，ピッパラ樹は菩提樹とよばれるようになったということです。"菩提"とは俗には，"冥福"の意に用いますが，もともとは，"迷いを断ち切って得られた悟りの智慧"を意味します。

　　＊**菩提樹**　クワ科の常緑高木。インド・ミャンマーなどに産する。高さ30mに達し，葉はハート形，イチジクに似た果実をつける。別に中国原産，シナノキ科の落葉高木のこともいい，高さ3～6m，花は黄褐色で芳香を放ち，球形の実をつける。シューベルトの歌曲で有名な菩提樹（リンデンバウム）はこちらの仲間である。

障害者の日 〈12月9日〉

　1975（昭和50）年12月9日に，国連総会で，「障害者を弱者として保護するだけではいけない。もっと積極的に，その人権を認め，守るべきである」として，**障害者の権利宣言**が採択されました。**障害者の日**は，この日を記念して総理府が1981（昭和56）年の国際障害者年に制定した，障害者への理解と認識を深めることを目的とした日です。総理府による，東京都主催の中央記念事業「広がる希望への集い」が，この年の12月9日に開かれました。

　全国の障害者団体などで組織する，国際障害者年日本推進協議会では，この日を国民の休日にしようと運動を行っています。

> **TOPIC　過去最大規模だった長野パラリンピック!!**
>
> 　パラリンピックは，英国国立脊髄損傷センターの所長グットマン博士によって1948（昭和23）年に始められた身体障害者のスポーツ大会で，初めは入院患者のみの大会でしたが，だんだん国際的なものとなり，1960年のローマオリンピックから，オリンピックのあとで，その施設を使って行われる現在の形態になりました。パラリンピックの正式名称は，「国際ストーク・マンデビル競技会」と一般的にはいわれており，1964（昭和39）年の東京オリンピックのあとで行われた国際身体障害者スポーツ大会の愛称でパラリンピックという言葉が使われるようになりました。この名称は，下半身まひのパラプレジアのパラとオリンピックを組み合わせた造語です。
>
> 　競技種目は，男女別で障害部位とその程度で障害別に提示された規則にのっとって，きびしく行われます。
>
> 　1948年の大会では26人だった参加者も，日本で1998（平成10）年に行われた長野大会では，1200人もの選手・役員が参加し，その時点での冬季大会としては過去最大規模のものとなりました。その後も年々盛大なものとなり，毎回，多くの国と地域，大勢の選手が参加して競技を行っています。

世界人権デー〈12月10日〉

　1948（昭和23）年12月10日に，第3回国際連合総会において，前文と本文30条からなる**世界人権宣言**が採択されました。

　その内容は，自由平等の確立，差別待遇の排除，生存・自由・安全の権利，非人道的待遇・刑罰の廃止，基本的人権侵害に対する救済などの人権尊重が強調されています。法的拘束力はありませんが，すべての人およびすべての国が尊重しなければならない国際的な基準を示したものとして，重要な意義をもっています。

　1950年の国連総会から，この日を「**世界人権デー**」と制定しました。そして，それまでの1週間を，**世界人権週間**としています。

　日本における人権週間は，1949（昭和24）年に始まりました。この期間中は，全国的にさまざまな行事が行われます。これらの行事は，法務省および全国人権擁護委員会連合会，日本ユネスコ国内委員会，日本国際連合協会，日本ユネスコ連盟などの協力によるものです。

〈コラム〉 子どもの権利条約

　また，近年では，1989年に国連で子どもの権利を主体的に尊重する「子どもの権利条約」が，採択されました。

　これは，子どもも大人と同様に一人の人間としてとらえ，子ども自身の意見表明を認めるなどの，子どもの主体性を尊重する条約です。

　内容としては「子どもの最善の利益」を考慮するということが代表的ですが，基本としては，飢餓・貧困などの状況にある子どもたちの救済・保護や，障害のある子どもたちの人権擁護，麻薬や売春・虐待などからの保護・援助などに関しての規定がなされています。

　日本では1994（平成6）年3月に国会で批准され，5月22日に公布しました。日本では「児童の権利に関する条約」と訳され，意見表明権，結社集会の自由，プライバシーの保護などを規定しています。これをうけて，各学校などでは校則の見直し，検討などが行われています。

お歳暮

　一年間お世話になった方々に，歳の暮に贈り物をする習慣があります。贈る相手は，いまでは職場の上司や取引き先などが多くなり，贈られる内容も，お中元と同様，品物ばかりでなく，さまざまな工夫がされるようになりました。

　以前は，子方から親方に対して贈られるものが普通でしたが，親方から子方に贈った例もあるようです。大家では，贈られたお歳暮の塩鮭をずらりと掛けならべて自慢の種にしたということです。お歳暮をもらった親方は，歳暮返しといって，酒をふるまったり，酒を持たせて帰したりしました。

　現代では12月初めころから中旬にかけて贈ることが多いようですが，昔は12月27，28から31日にかけて行われていました。新年に用いる品物を贈る場合が多く，農村では，魚，白米，手拭，串柿など，一般には，手拭，布地，はきもの，足袋，風呂敷などでした。その年に結婚した嫁の実家から婚家へ，鰤一本に反物を贈るという地方もあり，これを初歳暮といいました。

　お歳暮も，本来は，お中元と同じように年の替り目に先祖の霊を迎えて祀るための供え物であったものが，だんだんに変化して，いまの贈答の形となったものと考えられます。(「お中元」52頁参照)

＜コラム＞　親方・子方

　わが国では，実際の親子ではない者同士が，親子の約束を結び，家族に準ずる交わりをするということがよくみられます。これを，親方・子方の関係といいます。職人における親方制度，鉱山の友子，博徒やテキヤの親分・子分などもこの関係ですが，とくに農村部において広くみられました。農作業は協同作業であり，経済的基盤の弱い農民は有力な農家の保護を必要とし，またそれがなければ村全体の暮しが成り立っていかなかったということでしょう。

　親方・子方の成立には，出生に際して結ばれる"取上げ親""名付け親"など，一人前になったことを認める成年式での"烏帽子親""兵児親""鉄漿付親"など，また婚姻の際の"仲人親""盃親"などがあります。こうして結ばれた親方・子方は，"庇護と奉仕""支配と従属"の関係となり，ふだんの交際のほかに，行事や儀式における義理や付き合いの決まりなど厳重なものがあり，むしろ実の親子関係よりも強い拘束力を持つことが多かったようです。

冬至(とうじ)

　北半球において昼がもっとも短く，夜のもっとも長いときで，陰暦では11月のうち，陽暦では12月22日ころを**冬至**といいます。夏至(178頁参照)から冬至までは徐々に日足が短くなり，冬至以後は反対に日足が伸びて，日照時間が長くなることから，中国の天体思想では，太陽の運行の出発点，暦の起点と考えられていました。

　春秋時代(紀元前770〜403年)以前の中国では，冬至のくるころに朔日(一日)が来る月を正月としていたようですし，現在の正月は，冬至を正月にしたものが，暦法の不完全さによってずれてしまったことによるともいわれています。冬至を太陽の誕生日とした思想は，中国以外のさまざまな民族のなかにもありました。クリスマスも，冬至を陽気回復の日として祝った風習が引き継がれたものであるとされています(111頁参照)。

日本では，この日に**大子**(おおいこ)とよばれる神の子が，新しい生命力を与えてくれるために，村里に巡ってきて，これによって春が立ち返るという信仰があり，これを祭ることをしました。
　冬至粥(とうじがゆ)，**冬至南瓜**(とうじかぼちゃ)，**冬至こんにゃく**などを食べる習慣がありますが，これはこの祭りにお供えした冬では珍しい野菜類を，神さまと一緒に食べるということからおこった習慣のようです。この日，南瓜を食べると中風(ちゅうぶう)にならないとか風邪(かぜ)をひかないといわれています。夏にとれた南瓜をとっておくため，南瓜を食べるのは冬至までで，それ以後は食べないとするところもあります。
　この日に柚子湯(ゆずゆ)に入れば風邪をひかないなどという風習はいまも受け継がれています。これは，5月の節句の菖蒲湯(しょうぶゆ)と同じように，一種のみそぎの行事ですが，冬至は実際にはまだ冬の始まりで，これから寒さが厳しくなるために，冬を無事に乗り越え，春を迎えられるようにという願いから生まれたものでしょう。

＜コラム＞ 柚子(ゆず)と南瓜(かぼちゃ)

　柚子と南瓜は，どちらも黄色い食品です。黄色という色は，昔から魔除けの色といわれています。
　柚子湯に入ったり，南瓜を食べたりすることで，魔除けや疫病払いをして，生命力の減ずる季節に活力を与えようとしたわけです。
　栄養学的にみても，柚子も南瓜もビタミンが非常に豊富ですので，実際の風邪の予防に役立っていたのだと思われます。

TOPIC 「ン」の付く食品を食べると幸運に？

　地方によっては，冬至に「ン」の付く食品（みかん，れんこんなど）を7種食べると幸運になるといわれています。
　これは，この季節では珍しくなった野菜類を冬の祭りに供えることから始まったようですが，さまざまな食品をバランスよく食べることが健康につながり，健康であることはかけがえのない幸福であるという，今も昔も変わらない人々の願いを感じることができます。

平成天皇誕生日 〈12月23日〉

　この日は平成天皇の誕生日で，2019(平成31)年に退位されるまで，30年にわたって「天皇誕生日」として国民の祝日となっておりました。

　平成天皇は，1933(昭和8)年12月23日に明仁(あきひと)親王として誕生され，1959(昭和34)年，正田栄三郎氏長女美智子様と結婚されました。美智子様との出会いは「テニスコートの恋」として一般に報道され，大変な話題になりました。

　その後1989(昭和64)年1月7日，昭和天皇崩御(ほうぎょ)により，皇太子だった明仁親王が第125代天皇として即位され，年号は平成と改められたのです。

　2016(平成28)年8月，すでに80歳を越えられていた平成天皇は，「次第に進む身体の衰えを考慮する時，これまでのように，全身全霊をもって象徴の務めを果たしていくことが，難しくなるのではないかと案じています」と，退位の意向がにじむ「おことば」を公表されました。

　もともと明治時代から，天皇は「終身在位」と定められており，退位の規定はありませんでしたが，この「おことば」に対する国民の共感が後押しとなるなどして，退位を実現する特例法が翌年6月に成立し，皇室会議などを経て，2019年4月30日，平成天皇は退位されて上皇となり，5月1日に新天皇が即位されました。また，元号も「平成」から「**令和**」と改元されたのです。

　これによって，この日は「天皇誕生日」という祝日ではなくなりましたが，たとえば明治天皇の誕生日11月3日は「文化の日」に，昭和天皇の4月29日は「みどりの日」を経て「昭和の日」と，それぞれ国民の祝日になったように，この日も何らかの祝日になるかもしれませんね。

TOPIC　皇太子御成婚とテレビの大普及!!

　1959(昭和34)年4月10日，当時皇太子であった平成天皇と美智子様の結婚式が行われました。二重橋から東宮御所までの馬車行列を実況中継するため，各テレビ局は沿道にテレビカメラを合計108台も用意し，視聴者は推定1500万人といわれました。1953年本放送開始以来この前年までの5年間でやっと100万を越えたテレビ受信契約数が，この年には300万を突破したということです。いかに御成婚がテレビの普及に功績があったかがわかります。

クリスマス

　どの家にもクリスマスツリーが飾られ，町中がクリスマスのイルミネーションに輝くというように，日本でもすっかりおなじみになった12月25日の**クリスマス**は，神の子**イエス**さまの生誕をお祝いする日です。

　しかし，12月25日がイエスの降誕日であった確かな証拠はありません。紀元200年ころのアレクサンドリアでは，5月25日に，クリスマスを行った記録も残っているようです。

　本来，この日は冬至をお祝いする祭日であったものが，天文学の知識の不足によって日がずれ，12月25日になり，この日を太陽の復活の日，つまりイエスの降誕日としてお祝いをするようになったといわれています。

　スコットランドでは，クリスマスのことを**ユール**(Yule)といいますが，これは古代北欧民族の間で，冬至のお祭りをユールとよんでいたことの名残りです（「冬至」108頁参照）。

イエスの降誕

　ユダヤの人々は，神さまから「いつかこの地上に神の子，救いの主が生まれる」と約束され，それを長い間待ち望んでいました。あるときナザレという町に住む**マリア**のところへ，大天使ガブリエルが現れ，「あなたはやがて，神の子を生むでしょう。その子にイエスと名づけなさい」と告げます。マリアは，「私のような普通の女が神の御子の母になどなれません」と辞退しようとしますが，大天使ガブリエルは「恐れることはありません。神さまを信じなさい」と告げます。マリアは，信心深い人であったので，「お言葉通りになりますように」と，神の子イエスの誕生を心静かに待つことにしました。

　そのころ，ユダヤの国のアウグスト皇帝は，人口調査を行うため，「すべての民は生まれた町に帰り，名前を届けるように」とおふれを出しました。夫ヨセフは，身重なマリアを連れて遠いユダヤのベツレヘムの町までやってきます。ところが，宿屋はどこも満員で，泊まれるところを見つけることはできません。村外れの馬小屋があいていると聞いて，そこになんとか泊まることができました。そして，その夜，マリアは神の子イエスを生みました。イエスは，肌にまとう産着もなく，わらの産着で飼葉桶に寝かされます。

私たちを救うためにやってきた神の御子にしては，あまりにも粗末な扱いだと思われますが，これは逆にイエスが私たちの罪をすべて担ってくれる救い主であるにもかかわらず，それに気づかないでいた人間の愚かさを物語っているのです。しかし，何人かの人々には，このうれしい知らせが届けられました。夜通し寝ないで起きていた羊飼いは，まっくらな夜空がたくさんの天使たちによって，急に昼間のように明るくなり，神の御子の誕生を告げられます。そして，救い主をひとめ拝みにいこうと馬小屋を探し，神の子イエスの前にひざまずきます。また，東方の3人の博士は，いままで見たこともない不思議な星に導かれながら，ベツレヘムに向かいます。星は，ある馬小屋の上で止まり，博士たちは黄金，乳香，もつ薬などを捧げて，イエスの前にひれふします。

　このように，世界で一番最初のイエスの誕生を祝うためのクリスマスは，いまのように華やかな飾りつけもない，本当に質素で小さなクリスマスでした。しかし，これは，神さまが私たち人間にくださった最高のプレゼントとして，いまでも受け継がれているのです。

サンタクロース

　子どもを保護した**聖人ニクラウス**を意味するオランダ語セント・クラウス(Sante Klaas)がアメリカでなまり，**サンタクロース**(Santa Claus)になりました。12月6日が聖ニクラウスの日とされ，その前日にプレゼントを交換する習慣があったために，これがクリスマスと結びついたといわれています。

『クリスマスのイブにはトナカイの引くソリに乗ってやってくる赤い洋服を着た白いひげのお爺さん，サンタクロースがやってくる。サンタクロースは，たくさんのプレゼントを積んだ大きな袋を背中にしょい，煙突からそっと入ってきて，良い子の靴下にプレゼントを入れてくれる。』
　このような，いわゆるサンタクロースストーリーは，アメリカの詩人クレメント・ムーアの詩から生まれたものだそうです。

クリスマスツリー

　1605年にフランスの北部ストラスブールで飾られたという記録がもっとも古く，16世紀にドイツの宗教改革者マルチン・ルターが始めたともいわれています。イギリスやフランスには1840年ころに取り入れられたようです。
　モミの木や，ツゲ，ヒイラギなどの常緑樹にロウソクや豆電球，いろいろな飾りなどを飾ることは，楽しい雰囲気を一層高めるので広く普及しました。もともと冬でも生き生きしている常緑樹は，太陽と生命のシンボルといわれていました。
　日本でも，お正月の松飾り，節分のヒイラギ，神棚への榊(さかき)など，生命のシンボルとしての常緑樹をまつる信仰があります。

＜コラム＞ アドベント

　クリスマスの前の4週間を**アドベント**といい，イエスさまが人々の心にもおいでになることに，喜び，感謝するとともに，厳粛な思いでクリスマスを迎える心の準備をします。アドベントに入ると4本のロウソクが置かれ，毎週1本ずつ灯されていきます。

TOPIC　ロウソクは何を意味するの？

　クリスマスにロウソクはつきものです。また，キリスト教徒は礼拝のときにかならずロウソクをともします。実は，ロウソクは，神の象徴をあらわしています。私たちに光を与えてくれる存在としての神を象徴してロウソクをともし，そのまわりで神への礼拝をおこなうのです。現代，電気という明かりしか知らない子どもたちですが，何かの行事のときにともされるロウソクの光や炎の揺れなどには，きっと心が和むおもいを感じることができるのではないでしょうか。

年末行事

　12月というのは、一年の一番最後の月です。**煤払い**、**もちつき**などのさまざまな年末行事が目白押しにありますが、これは、すべて**正月**を迎えるための準備です。正月というのは、新しい年の神(**年神さま**)を迎えるためのお祭りです。そのための準備を、ほとんどひと月の間中行っていたということは、それだけ、昔の人にとって正月という祭りが大切であったということです。昔は今と違って物も少なく、人々の生活はそれほど豊かではありませんでした。そのために、**ハレの日**という限られた日だけが、日常とは違った特別な物を食べたり、特別な服装をしたりすることが許されていました。正月は、一年のなかでもっとも重要なハレの日です。人々は、掃除をしたり、飾り付けをしたり、ご馳走を作ったりしながら、その重要なハレの日にむけての準備をしていました。そうした準備を行いながら、徐々に新しい年の神を迎えるための心の準備も整えていったことでしょう。

煤払い

　煤掃き、煤納め、年の煤ともいい、神棚を始めとする家の内外の大掃除を、煤払いといいます。以前は、少し早いようですが12月13日に行われており、この日を**正月事始め**、**正月始め**、**年取り始め**とよんで、正月の準備を始める日としていました。最近では、13日に煤払いをするのでは早過ぎるために、この日は神棚や仏壇などだけ行って、家の大掃除は暮近くに行うように変わってきました。また、地方によっては、煤払いを煤取り節句とか十三日正月とよんで、煤払いをしたあとに、特別なお粥やお膳を神さまに供え、人々も同じ物を食べたりするところもあります。

　このように、煤払いとは、正月のお祭りに向けて神棚や家のなかを清めて、神さまを迎えるためのものだったわけですが、いまでは年末の大掃除として、一年間の汚れをきれいに落として新しい年を気持ちよく迎えたいという生活上の必要からも行われています。

＜コラム＞　ハレとケ

　ハレは「晴れ」で、「正式な」「公式な」「おもてむき」「おおやけ」の意味を表し、農耕社会であるわが国では、農耕行事、神事、祭事が行われるとき、また、人の一生の折り目に行う人生儀礼（出産、成人、婚姻など）に伴う祝儀など（祭日・休日）がハレのときです（192頁参照）。つまり、非日常的な特別にあらたまった場合を指します。それ以外の、「日常的な」「一般的な」つまり「ふだん」のとき（労働日）をケ（褻）とよびます。

　農耕を中心とした社会では、いろいろなことを協同で行う必要があり、このハレとケの区別もはっきりしていました。たとえば、現代ではちょっとした上等な着物（よそ行き）を指す"晴着"は、もともとハレの日の着物であり、どのような場合には、どのようなものを着るということが定まっていました。ハレの日は今日でいう"祭日"で休みの日ですから、その日には働いてはならない、つまり、労働着であるケ（ふだん）の着物"着段着"を着てはならないということです。

　食べ物でも、ハレの日には、ふだん食べない魚や餅など、いわゆる"ご馳走"を食し、酒もハレの日だけ飲むことを許されたものです。

　農耕社会（共同生活社会）がだんだん崩れてくるにつれて、ハレとケの区別も薄れてきました。現代においては、酒も毎日のように飲みますし、魚や肉もとくにご馳走とも思わずに食べています。しかし、このようなハレとケの意識は、何かめでたいことがあったときには赤飯を炊いたり、お正月の晴着やお節料理、各地の祭りの料理や衣装などとして現在でも残っています。

松迎え

　12月13日の正月事始めの日には，**門松**やそのほかの飾り松を山へ取りにいくことも行われました。これを，**松迎え**といいます。"マツ"の名の由来は「神を待つ木」からとの説もあり，松は，昔から神霊が宿る木であるといわれていました。松迎えは，実際には13日では早すぎるので，しだいに暮近くに改められ，いまでは28日ころに行われるところが多いようです。29日に立てられる松を**苦松**とよんだり，31日に立てられる松を**一夜松**とよんだりして避けるところが多いようです。山へ松を刈りにいくことは，**年神**を山から迎えてくる行為を意味しているとするところもあります。その仕事は一家の主人や，総領，年男などの仕事とされていました。（信州ではこの松を擬人化して，縄を解いて広げておくことをお松さまの腰のばしといったり，松の根本を30センチほど削って白くして，お松さまの足を洗うといい，その木を塩で清める家もあるそうです。）

　山から刈ってきた松は，新しい年を迎えるために家や屋敷の前に，一対あるいは一本立てられます。これが**門松**です(126頁参照)。また，暮に立てられた門松を，正月になって取り除くまでを**松の内**とよびますが，普通は松七日といわれるように正月7日までをさします。地方によっては，1日早い6日に松を取り除くところや，逆に15日まで松を飾っておくところもあり，それにともない，6日まで，あるいは15日までを松の内とよんでいるようです。

年の市

　正月用の飾り物，縁起物，雑貨などを売る市のことで，なかでも**浅草観音の年の市**はもっとも規模が大きい市といわれています。大晦日の市は**捨て市**ともよばれ，捨て値で売られるので，人々はこの日を待って買い入れに出かけたということです。

　また，それぞれの神社の境内で**羽子板市**が立ったり，門松ばかりを売る**松市**や注連飾りを売る**ガサ市**などとよばれるものもありました。年の市でもしだいに種々雑多なものを売るようになり，東京ではこれを"何やかや売り"とよんでいました。現在の東京世田谷で行われる**ボロ市**は，その名残りです。

もちつき

　正月用のおもち（餅）を年末につく習わしは，本来は正月前の神聖な行事として行われていました。もちをつく臼や蒸籠には，しめ縄などが張られ，臼の下に敷くわらは塩で清められたりしていました。

　昔は，どの家も自分の家でもちをついていましたが，いまでは，和菓子屋や米屋にたのんで機械でついてもらうというのが一般的なようです。江戸時代には，4，5人がひと組になり，道具一切を担いだり大八車にのせたりして町中をまわって，もちつきを行っている業者もありました。これを，**引きずり，引きずり餅**とよんで，景気を誇示する催しであったということです。

　もちつきも松迎えと同じように，29日につくもちは**苦餅**，31日につくのは**一夜餅**といわれ嫌がられていたために，この日を避けて行われていました。

　また，もともと，もちという食品はハレの日の食品であったために，祭りやお祝いのとき以外には滅多に食べることはできませんでした。年末についたもちを，元旦に家族や親戚に配り，神さまが下さったものとして大切に食べたのが**お年玉**の始まりです（「お年玉」130頁参照）。

大晦日
おお みそ か

　一年の最後の日を，**大晦日**，または**大晦**などとよびます。"みそか"は"三十日"のこと，"つごもり"は"月隠"のことで，ともに旧暦の毎月末のことです（「月の呼び名」71頁参照）。一年の最後の"みそか（つごもり）"ということで"おお"をつけて**"おおみそか（おおつごもり）"**となったのです。

　この日は朝から正月の準備，**年神**さまを迎える**年神棚**（年徳棚，恵方棚，124頁参照）をしつらえ，**鏡餅**や**注連飾り**（130，143頁参照）を飾り，お膳や勝手道具を洗い清め，また，**お屠蘇**や**お節料理**などの準備を行います。

　昔は，一日は夜に始まり朝に続くと考えられていましたので，大晦日はすでに新しい年の始まりであったのです。そのためにこの日にお頭付きの魚を用いたりして正式な食事を家族そろって食べたり，雑煮などを食べたりするところもあります。これを**"年越し""年取り"**などともいいます。

　またこの日の夜は，**除夜**とよばれていますが，年神さまを迎えるために夜通し起きていることを厳重に守っていました。除夜という言葉は，夜を除く，つまり眠らないという意味があります。そのため，この日に寝るとしわができるとか白髪になるなどという言い伝えが残っており，子どもたちも夜遅くまで起こしていたそうです。除夜には神社に参拝に行くことも行われており，現在，元旦未明に神社に参拝する風習はその名残りです。

年越しそば

　大晦日に食べるそばのことを**年越しそば**といいます。江戸時代の商売は掛売り・月末清算が普通でしたので，毎月末は大変忙しく，夜遅くに"**みそかそば**"を食べていました。年越しそばは，その年最後の縁起物ということです。

　なぜ，そばを食べるのかといういわれは，そばが長く伸びることから，寿命が延びるようにとか，長く幸せにそばからかけこむという意味であるとも，金銀細工師が散らばった金銀のくずを集めるのに，そば粉をお湯で練ったものを使うから，金銀を集める縁起物であるともいわれています。

除夜の鐘

　大晦日の夜ふけに，全国のお寺でならされる百八つの鐘を**除夜の鐘**とよびます。もともとは中国で宗の時代に始まり，日本では鎌倉時代には禅寺で毎日の朝夕に行われていましたが，室町時代になり，だんだんと大晦日だけにつくようになりました。除夜の鐘の音とともに神社に参拝に出かけるという地方が多くあります。

　108とは仏教思想に基づく**百八煩悩**を意味しています。煩悩とは"心を煩わし，身を悩ませる"一切の精神作用をいいます。人間には**六根**という6つの感覚器官，眼・耳・鼻・舌・身・意があり，それぞれが**六塵**とよばれる**色・声・香・味・触・法**と結びついて6種の煩悩となり，それぞれに**好・平・悪**の3種があって18種となり，その程度が**染・浄**に分かれて36種，そのすべてが**過去・現在・未来**の三世にわたって人を悩ますので，36×3で108種類の煩悩があるとしたのです。一説には，1年は12か月があり，また二十四節気と七十二候(178頁参照)からなっていて，その折々に人をまどわすものがあるとして，12＋24＋72で108とする考え方もあります。

　108回鐘をつくことによって，これらの煩悩を一つ一つ取り除いて清らかな心で正月を迎えようとしたわけです。108回のうち107回は旧年中について煩悩が去ったことを宣言し，最後の1回を年が明けてからつき，今年一年煩悩にまどわされぬようにとしています。

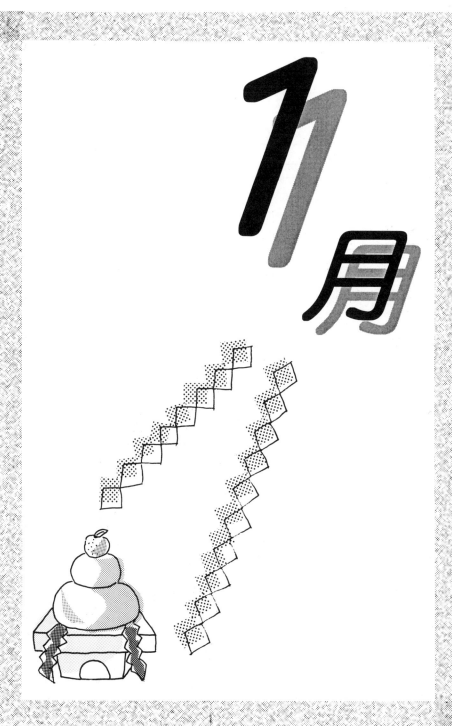

睦月 (むつき)

　正月には，身分の上下もなく，老いも若きも互いに往来して，親族一同なかよく睦びあう月"ムツビツキ"から"ムツキ"となったという説が有力である。
　ほかに"元つ月"，草木が萌えいずる"萌月"，春陽が発生する"生月"，稲の実を初めて水に浸す月で"実月"などからだ，とする説もある。

〈異称〉
正月　初春
祝月　初春月
霞初月　など

〈英名〉

ジャニュアリー (January)

　ローマ神話の神で，あらゆる物ごとの始めと終わりを司るヤヌス(Janus)からきている。この神は叡知を示すといわれる。

お 正 月

　一年の初めをお祝いするのは世界中どの国でも同じですが，日本では，年の初めを**「正月」**といって盛大にお祝いします。また，1月1日は「元日」として，「年のはじめを祝う」という，一年で最初の国民の祝日となっています。

　現在のような暦がなかったころは，一年は穀物の種を蒔く春と，作物を収穫する秋という2つの季節に分けて考えられていました。そのため，1月から6月までと，7月から12月までは，それぞれ同様な行事が繰り返されている場合があります。その代表的なものが**正月**と**盆**です。暮の墓参り，お歳暮，松迎え，年棚作りに対して，盆の墓参り，お中元，盆花迎え，盆棚作りなどがそれぞれ対応していることがよくわかります。しかし，大きく異なるのは，盆が仏教的な行事を中心に行われるのに対して，正月は神祭の儀式への意識が強いということ，農耕儀礼が多いということです。

一年の初めには、**年神(歳神)**さまがやってきて、その年の作物が豊かに実るように、また、家族みんなが元気で幸せに暮らせるようにとの約束をしてくれるといわれていました。年末行事の項で述べたように、12月という月のほとんどを使い、人々は年神さまを迎えるための準備をしていたのです。煤払い、松迎え、もちつき、注連縄張りなどがそうです。そして、**年神棚**を作り、神さまが遠くの山からいらっしゃるのを待ちました。

　年神棚は、**年徳棚、恵方棚**ともいわれ、年神さまがやってくる方向(**恵方**)を向いて拝めるように立てられました。この棚には、鏡もち、洗い米、お神酒、塩、柿、昆布などを備えます。年神さまは先祖の霊であるとも考えられていたので、位牌を一緒に祭るところもあるようです。

　一年の始めとしての正月は、春の始まり、**立春**とも考えられていました。人々は春の訪れがもたらす生命の誕生を心から喜びました。「めでたい」という言葉は、「芽出度い」つまり芽が出るという意味から来ているともいわれています。

　また、新年になって人々のあいだで交す「明けましておめでとうございます」という言葉は、実は旧年が明けて新しい神さまの霊を迎えるにあたり、その霊に対する祝福の言葉であったそうです。つまり、神さまをたたえる言葉を人々のあいだで交わしあうことで、心から神さまを迎えたことを喜びあったということなのです。

<コラム> 年神と祖霊信仰

　人々は、穀物の生命(イナダマ)と人間の生命(タマ)は一つのものであると考えていました。人間は死ぬとその魂はこの世とは別の他の世界に行き、ある一定の期間が過ぎると個人の区別がなくなり、"**祖霊**"という大きな集団、いわゆる"ご先祖さま"になると信じています。(205頁参照)

　そして、この祖霊が春になると里に降りてきて**田の神**になり、秋が終わると山へ帰って**山の神**になると考えていました。それが、正月には**年神**さまになって子孫の繁栄を見守ってくれると考えたのです。

　つまり、年神さまは、祖先の神さまでもあり、穀物の神さまでもあったということです。そこで、大晦日の夜から元旦にかけて祖先を祭る"霊祭り(みたままつり)"が行われたり、墓参りに行ったりします。

元日　元旦
（がんじつ　がんたん）

　元日というのは，正月の朔日（一日），をさしていいます。元という字には，一番始めという意味があります。また，旦という字は「あした（朝）」「夜明け」という意味です。つまり「元旦」だけで1月1日の朝をいいます。

　元旦は，暗いうちに水を汲むことから始まります。この水は，**若水**とよばれて，これを年神さまにお供えしたり，この水でお雑煮を煮たりします。また，若水を汲みにいくことを"**若水迎え**"といいます。若水は，おもに井戸から汲みましたが，谷川や泉からも汲んだそうです。水道が普及するにつれて，この風習はすたれてきましたが，現在でも水道栓に注連縄を飾ったりするのは，この風習の名残りです。若水迎えは，**年男**の仕事でした。年男とは，一家の主人や長男で，正月の祭りのあらゆることを司る役目を担っていました。

お屠蘇
（とそ）

　元日の朝（元旦）は，晴着を着た家族一同がそろって，まず**屠蘇**を祝うというのが一般的な風景です。

　最近では日本酒やビールで代用されることが多いようですが，屠蘇とは，山椒，防風，オケラ，キキョウ，陳皮，ニッケイの皮などを布の袋に入れ，みりんや酒に浸した薬酒です。「鬼気を屠絶し，人魂を蘇生させる」という意味で，一年の邪気を払い，寿命を伸ばす働きがあるとされていました。平安時代に中国の唐から伝わり，初めは宮中でのみ飲まれていましたが，江戸時代に医師が手軽に屠蘇が作れる**屠蘇延命散**（これが現在でも使われている，いわゆる**屠蘇散**です）を売り出したことから，民間にも広く広まったということです。

お雑煮(ぞうに)

正月の代表的な料理としての雑煮は、本来は大晦日の日暮れから年棚に供えてあったおもちやお供え物、お節料理の残りなどを全部一緒に煮たものでした。

雑煮のことをノウレイともいい、これは、神事が終わってからお供えしたお神酒(みき)や神饌(しんせん)（神に供える食物のこと）をみんなでいただく宴を"直会(なおらい)"といったことからきています。人々は神と同じものを食べることで神から力を授(さず)かると考えていたのです。雑煮をいただくということは、神と一緒に食事（神人共食）をする大切な儀式でもあります。

これが、だんだんと現在みられるようなもちを中心とした独立した料理となっていきました。一般的に、関西は丸もちで白味噌仕立て、関東は角もちで澄まし汁といわれますが、これほど各地方、また家々によって、調理法、味付けの異なる料理はないでしょう（もちについては143頁参照）。

＜コラム＞ 門松を立てる意味

一年の初めには、新しい年神がきて、その年の豊作と家族の幸せを約束してくれます。年神は、高い山から里に降りてきますが、降りてくるときの目標として、それぞれの家に入る前にいったん止まってもらうための"**依代**(よりしろ)（神霊が乗り移るもの）"が立てられます。それが、**門松**なのです（117頁参照）。

昔から、神は常緑の木や、季節の草花に宿るといわれていました。とくに松は、神聖化され**お松さま**などとよばれていました。なお、地域によっては門松を立てる習慣がなく、家のなかに年神の祭壇を設けるところがあったり、松ではなく、サカキや栗、コナラなどの木を立てるところもあるようです。

門松はたいてい**竹**とセットにして立てられますが、これは、ともに厳しい冬の寒さのなかでも葉の色を変えずに青々としていることから、困難に耐えるたくましさと、長寿のシンボルとして、鎌倉時代ころから竹が加えられるようになったということです。これらに梅を加えた"**松竹梅**(しょうちくばい)"は、もともと中国で"厳寒の三友"といわれ、厳しい冬を耐える雅(みやび)やかな木として詩歌や文人画の題材とされていたものが、日本にわたってきて、長寿、節操、清廉などの意味が込められて、めでたいものの代表となっていったのです。

お節料理

　節供という言葉は、もともと神に供える食べ物を意味したそうですが、正月というのは、もっとも重要な節供(節句)であったために、正月に出される正式な祝い膳をお節料理というようになったということです。

　"祝い肴"は"三つ肴"ともいわれるように、三種類の料理が、お節料理を代表していました。三という数は、完全を意味する数字であるとともに、全体を一つにまとめる働きがあるといわれます。三つ肴とは、関東では黒豆、数の子、五万米をいい、関西では黒豆、数の子、たたきごぼうをいいます。

　黒豆　黒という色は道教で魔除けの色であるといわれています。まめに暮らせますようにという願いが込められています。

　数の子　ニシンの子どもが数の子で、ニシンは春告魚とも書かれ、春を告げる使者であるといわれています。ニシンは、また、カドともよばれており、「カドの子」がなまって数の子となったそうです。子が多いということで、子孫繁栄の意味があります。

　五万米　片口鰯を干したものを炒って、甘辛く煮詰めたもので、昔、天皇家の財政が窮乏したときに、お頭つきとして値段の安いごまめを食卓に飾ったことから祝い膳に加えられるようになったということです。また、ごまめは**田作り**ともいわれ、田植えの際の肥料にしたところ、米が五万俵もとれたといういわれがあるために、「五万米」と書かれるようになったそうです。豊作を願う意味が込められています。

たたきごぼう　黒いごぼうは，豊年のときに飛んでくるといわれている黒い瑞鳥（ずいちょう）を示し，豊作と一年の息災を願う意味があります。

そのほかにもお節料理の重箱にはさまざまな料理が入っています。

金団（きんとん）　栗の色が黄色いので，金団は黄金色の小判を意味し，財産がたまることを願ったものです。

蒲鉾（かまぼこ）　形が日の出に似ているので，新しい門出にふさわしいということで祝い膳にのりました。赤は魔除けの色，白は清浄を意味しています。

伊達巻（だてまき）　伊達であることは人の目につくということで，巻くことは結ぶこと，"むつみ"で仲よくむつみあうことを意味しています。

蓮根（れんこん）　穴がたくさん開いているので，その穴を通じて将来の見通しがきくという縁起をかついでいます。

こぶ巻き　こぶは，夷子布（えびすめ），広布（ひろめ）ともいいます。七福神の恵比須さまにかけて，福が授かるように，また，広布は，広がることを意味します。こぶは，喜ぶ（よろこぶ），また子生（こぶ）（子どもが生まれる）として，めでたいときに欠かせないものになりました。巻くは，伊達巻同様，結びを意味し仲よくつながることを願います。

海老（えび）　海老は腰を曲げて進むので，老人にたとえ，長生きができるようにとの願いが込められているとともに，脱皮を繰り返して成長していくので，生命が新たに更新していくと考えられ，祝い膳には欠かせないものになりました。

鯛（たい）　福の神，恵比須さまが釣る魚で，めでたいに通じます。また，赤という色も祝い事にはよい色であるといわれています。正月の鯛はにらみ鯛といって，見るだけで箸は付けないというしきたりもあります。

お節料理の重箱（じゅうばこ）は，正式には四段に重ねられます。これは，完全を表す三という数の上に，さらに一つを重ねることを意味します。一の重（一番上）には，祝い肴といって，三つ肴を中心に並べます。二の重には，口取り（くちとり）（番外という意味）といって金団，伊達巻などを入れます。三の重には，海老，鯛，アワビなど海の幸を入れ，与の重（よのじゅう）（四段目）には，八つ頭（やつがしら），ハス，サトイモなどの山の幸の煮物を中心に入れます。お重に入れる品数は，奇数がよいとされています。

年賀　年賀状

　正月は，年神を迎えるための行事ですが，この年神は，祖先の霊であるとも考えられていましたので，大晦日から元旦にかけて家族や親戚が本家に集まり，共に祖先の霊を祭る"霊祭り"を行いました。そこでは，来る年の豊作と一族の団結が改めて誓われていました。しかし，しだいにみんなで集まる風習がすたれ，代わりに分家や出入りのものが元日に本家へ年賀のあいさつに行くようになりました。また，江戸時代には商家の主人がお供の者にお年玉やあいさつの品物を持たせて得意先へ年始回りに出かける習わしも生まれ，現在のような新年の行事となりました。

　年賀には，日頃お世話になっている親戚や知人，仲人，仕事の上司のところなどへ行くというように，目下の者が目上の者の家に出向きます。また，元日は年神祭りのあとで(本来は朝まで起きているので)家人が休んでいるかもしれないということで行ってはならないとされています。

　年賀には，扇子やハガキ，手ぬぐい(タオル)などを持っていきます。受ける側は正式な接客法でもてなすことが習わしでした。しかし，最近では年賀に代わり，年賀状を出し合うことで新年のあいさつを簡略化してすましてしまう傾向が強いようです。

お年玉

　子どもにとってのお正月の楽しみは，なんといっても**お年玉**でしょう。現在は，正月に親や親戚の人から子どもに与えられる金銭をお年玉とよんでいますが，もともとは，神前に供えた丸もち（丸い石というところもある）を参詣人に分け与えたものを年玉といい，大晦日の夜に年神さまが年玉を配って歩くという言い伝えのある地方が多いことからも，神からの分配品すなわち"神人共食"の意味があったのでしょう。その後分家をした人が新年に両親を訪ね，健康を祝福してもちを贈るようになり，それがしだいに，親や親戚の人が子どもたちの健やかな成長を願って贈る丸い形のもちをさすようになりました。

　また，江戸時代には，商家の主人が年少の奉公人にもちの代わりに金銭を与えることが始まり，小さなのし袋に金銭を入れて，親から子どもへ，あるいは目上の者から目下の者へ渡すことが習わしとなったようです。お年玉は金銭のほかに，凧や独楽，羽子板などが贈られたようです。

＜コラム＞ 注連縄と注連飾り

　注連縄は，一定の区域を仕切るための縄張りであり，神事のときには，神聖な場所と俗世間とを区切るために用いられます。そのため，"標縄"と書かれたり，三筋，五筋，七筋とわらを垂れ下げることから，"七五三縄"と書かれたりもします。昔は，注連縄を作るために，秋の収穫のときに茎の長い青いわらを貯えておいて，事始めが済むとわらを打って柔らかくして注連縄を作りました。

　以前は年神祭りの祭場全体に張り巡らしたものでしたが，しだいに簡略化され，今のようなお飾りになりました。これを**注連飾り**といい，裏白の葉や，ユズリハ，ダイダイ，昆布，ホンダワラ，えびなどをつけたり，中央に「笑門」（笑う門には福来たるの意味）とか「蘇民将来」（神さまに宿を貸したおかげで悪い病気にかからなかったという伝説上の人物。43頁参照）と書いたお札を下げ，無病息災を祈ったものなどもあります。

　橙は，"代々"家が続くという語呂合わせで縁起がよいとされています。

　裏白は常緑の歯朶で，表は緑だが裏が白いことで"裏を返しても心は白い"として心の潔白さと，白髪になるまで長生きするということを表しています。

　また譲り葉は親子草ともいわれ，古い葉が新しい葉の成長を待って落ちることから，親から子へ代々譲って子孫が繁栄することを願って使われています。

初詣(はつもうで)

　大晦日の日暮れから元旦にかけての新年の第一夜は，自分の家や氏神(うじがみ)の社(やしろ)にこもって**年神**を迎えるのが習わしでした。しかし，しだいにその年神がやってくる方向（**恵方**(えほう)）にある神社や寺にお参りするようになりました。

　大晦日の夜にお参りにいくのを"**除夜詣**(じょやもうで)"，元日にお参りに行くのを"**元日詣**(がんじつもうで)"といい，これが初詣の原型です。現在のように，大晦日の夜に神社などに出かけ，除夜の鐘を聞きながら新年を迎える風習は，除夜詣と元日詣を一度に済ませているわけです。

　神社にお参りするときには，**お賽銭**(さいせん)をあげて**拍手**(かしわで)をうちます。昔は，自分の魂を象徴するものとして石などを奉納しましたが，いつの間にか，丸い貨幣を魂をかたどったものとして納めるようになりました。手をパンパンと響かせる拍手は，神さまの意識を自分のほうに向けてもらおうとする**霊振り**(たまふり)の儀式です。

初夢

　新年になって初めて見る夢を**初夢**といいます。いつ見る夢を初夢というかは，いろいろな説があります。昔は，節分の夜から立春にかけて見る夢をいったようですが，これは旧正月(旧暦の正月152頁参照)と関係があると思われます。江戸時代には，大晦日から元旦に見る夢となったようですが，実際は，その夜は年神を迎えるために寝ないでいたために，元日から2日にかけての夢を指すようになりました。

　もっともよい夢は「一富士二鷹三茄子」といわれています。富士山は日本一高い山，鷹は足高山の語呂合わせ，茄子は高値で売られていたというように，これら3つはどれも高いということで縁起がよいといわれていたそうです。一説には，この3つを徳川家康が好んだためともいわれます。

　縁起のよい夢を見るためには，「長き夜のとをの眠りの皆目覚め波乗り船の音の良きかな」という回文(さかさに読んでも同文になる)の歌を書いた**宝船**の絵を枕の下にいれて寝るとよいなどといわれています。

宝船と七福神

　宝船の絵とは，稲穂や米俵を乗せた船の絵でしたが，しだいにめでたいものづくしに何でも乗せることが流行し，宝珠，鶴亀，七福神などをたくさん乗せた船の絵になりました。**七福神**とは，大黒，恵比須，毘沙門，弁財天，福禄寿，寿老人，布袋和尚をいいます。この七神は，いずれもインド，中国，日本で古くから民間で信仰されてきた神さまでした。

　大黒は，ずきんをかぶって，大きな袋を背負い，打ち出のこづちを持って，米俵の上に座っている姿をしている台所の神さまです。伝説上の**大国主の命**と混同され，福の神といわれています。

恵比須は，風折烏帽子をかぶって，鯛を吊り上げている姿に描かれています。海の神，漁業の神，商売繁盛の神として信仰されています。

　毘沙門は，鎧や兜を着け，右手に槍，左手に宝珠を持っています。もともとは，仏法を守る軍神ですが，知恵も優れていたので多聞天ともよばれています。財宝を守る神でもあります。

　弁財天はただ一人の女性の神で，琵琶を持つ姿や武器を持つ姿で描かれています。音楽や弁舌の才能，財宝を司る神です。"弁天さま"ともいわれ，美人の代名詞にもなっています。

　福禄寿は，頭が長く背が低く，ひげも長く描かれています。経巻を結び付けた杖をもち，鶴を従えています。長寿と幸福を授ける神といわれています。

　寿老人は，福禄寿と一対に考えられている神で，同じく経巻を結んだ杖と団扇をもち，鹿をつれていたといわれています。長寿の神です。

　布袋和尚は，太った腹を突き出して，大きな布袋を担いで歩いていたという中国の唐の時代の僧侶です。その円満な姿は，弥勒菩薩の生まれ変わりともいわれています。

　近年，初詣に七福神の姿を描いた色紙や掛け軸を求めて，順繰りに寺社をまわる七福神詣が流行しています。全国で100以上のコースがあるそうですが，東京近辺では谷中の七福神詣は古く，ほかに向島，麻布，品川などがあります。

お正月の遊び

　人々にとって一年のなかでもっとも重要な祭りである正月には，正月ならではの遊びがたくさんあります。そうした遊びには，正月が日常とは異なるハレの日であることを明確にするための役割をもっていたり，一年の吉凶を占うための遊びもあります。現代では，そのような伝統的な正月遊びも，人々の正月の過ごし方の変化にともない，少しずつ型を変えてきているようです。ここでは，いくつかの代表的な正月遊びを取り上げ，それらの遊びの意味，起源などを紹介しましょう。

凧あげ

　凧あげは，こま回しとならぶ代表的な正月の男の子の遊びです。もともと，凧あげは，年の初めに両親が男の子の出生をお祝いして，その無事な成長を祈る儀式として行われていました。また，子どもが，自分の願いを凧に乗せて天

に届けるという意味もあります。凧の起源は、さまざまにいわれていますが、日本には平安時代に中国から伝わりました。江戸時代には専門の凧屋ができるほどさかんなものになりましたが、それは、子どもだけでなく、大人も夢中になるほどの魅力のある遊びだったからです。あまり凧あげがさかんになって、往来の邪魔になるということで、江戸市中では正月を除いて凧あげ禁止のお触れが出たこともあったようです。

町内ごとに大きな凧を作って競い合う**"けんか凧"**などは、町をあげての盛大なお祭りでした。現在でも静岡県の浜松市や愛媛県の五十崎町などで行われている凧あげ大会は有名です。凧の魅力は、高さや強さを競い合うことのおもしろさであり、こうした要素が、お祭りを、よりお祭りらしく華やかに飾りました。凧は、ほかに"いか""はた""たか""たつ""てんぐばた"などの名前でもよばれています。

こま回し

独楽は中国から高麗（現在の韓国）を経て日本へ伝えられたといわれ、これが"こま"という名の由来となっています。

こま回しは、もともとは宮中の儀式として行われ、一年の吉凶を占うものでした。これがのちに正月の遊びということになったのではないでしょうか。やがて、奈良時代には神社やお寺の縁日の余興で行われ、しだいに子どもの遊び

になったといわれています。初めは，先のとがった貝殻を使っていました。こまのことを古い名前で"つむくり"といいますが，これは貝殻を意味する"つぶり"からできた言葉です。その後に，ドングリや木の実を使うようになり，やがて，現在のように木に細工を施して回しやすく工夫されたものが生まれました。江戸時代には，大人たちも競ってこまで遊ぶようになり，しだいに新しく独特なこまがたくさん作られました。うなり独楽，博多独楽，鉄銅独楽，銭独楽などが登場し，遊び方も，ただ長い時間を回すことを競うのではなく，段取り，あて独楽，つばめ返しなど，さまざまな遊びが工夫されました。

羽根つき

昔は，正月に女の子がする遊びの代表的なものが**羽根つき**でした。羽根つきは，美しい羽子板で，ムクロジの木の実に鳥の羽をつけた羽根を空中に打ち上げて遊びます。打ちそこなうと顔に墨を塗られるというルールがあるところもあります。しかし，もともと羽根つきは，遊びというよりも，一年の初めに行う悪霊払いの儀式の意味と，一年の吉凶を占うためのものであったということです。また，羽根が蚊を食べるトンボの形に似ていることから，子どもが蚊に

ささされないためのおまじないとする地方や，二十日正月に羽根つきをすると田植えのときに腰が痛くならないという言い伝えが残っている地方などもあります。

室町時代には，羽子板のことを，**胡鬼板**(こぎいた)とか，**胡鬼子**(こぎのこ)とよんでおり，あくまで羽根をつくための簡素な板でした。しかし，江戸時代の中期ころからその板に神さまや，殿上人などの絵が描かれ，"**内裏羽子板**(だいり)"とか"**左義長羽子板**(さぎちょう)"とよばれるようになりました。このように美しい羽子板は，女の子が生まれた家に，正月の贈り物とするという風習になり，年の暮の**羽子板市**(はごいたいち)がにぎわうようになりました。板に描かれる絵も，しだいに庶民好みの美人や芝居役者のものになったり，平面的な絵から立体感のある"**押し絵羽子板**(おえ)"となったりして，ますます華やかなものになっていきました。

こうした華美な板を使って，美しい晴れ着を着て行う羽根つきは，勝敗を競い合うための遊びとしてではなく，正月という行事を艶やかに飾るために行われる遊びとして伝えられてきています。

てまり

てまり（手鞠）の起源は，平安時代の**蹴鞠**(けまり)であるといわれていますが，やがて，お手玉のように女の子が手で遊ぶ玩具になりました。各地で綿が栽培され，木綿の着物が普及した江戸時代の中期に，織り糸の端を利用して，てまり作りが

流行しました。木綿糸で作られるまりは，よく弾み，染め色も美しいので，新年になると母親や祖母から新しいまりが女の子に贈られるようになりました。遊び方も，初めはお手玉のように2つ3つと投げて手に受ける"**あげまり**"でしたが，よく弾むまりができると地面につく"**つきまり**"を歌に合わせて行うということがさかんになり，そのために，あちこちでさまざまな**てまり唄**が作られ，うたわれるようにもなりました。

カルタ（歌留多）

　カルタの起源は，室町時代に来航したポルトガル船が伝えた"**うんすんカルタ**"で，語源もスペイン語のCarta（英語のCard）からであるといわれています。それが，日本にもともとあった貝合わせや花合わせの行事と結びついて**花ガルタ（花札）**になりました。花合わせというのは，もとは，本物の花を折って，左右二組に分かれて，その花に寄せる歌を詠み合い，その優劣を競い合う遊びでした。そうした遊びから，1月は松，2月は梅，3月は桜，4月は藤，5月は菖蒲，6月は牡丹，7月は萩，8月は坊主（すすき），9月は菊，10月は紅葉，11月は雨（柳），12月は桐というように，四季の風物を48枚の札に描いた花札が作られました。

　また，平安時代に流行した歌合わせと結びついて生まれたのが，**百人一首**をはじめとする歌カルタです。**いろはカルタ**は，江戸時代の後期に，子どもが遊びながらひらがなやことわざ，生活に必要な知恵などを覚えられるようにという，一種の教育的な配慮から考え出されたものです。

福笑い

　目隠しをして，ひょっとこやおかめなどの輪郭だけを書いた紙に，口，鼻，眉などを書いた紙切れを貼っていく遊びで，とんでもない顔に出来上がることもあるので，それをみんなで大笑いするという遊びです。新年早々に，笑いがこぼれるというのでめでたいといわれ，江戸時代から老若男女を問わずに楽しめる遊びとして受け継がれています。

双六

　正月ならではの遊びに**双六**があります。**振り出し**に各自の駒を置き，サイコロを振って出た目の数だけ進み，早く**上がり**に着いた人が勝ちという遊びです。

　室内遊戯としてはもっとも古いもので，インドに起こり，西欧に伝わってバックギャモンとなり，中国から朝鮮を経て，奈良時代以前にわが国へ伝えられたものが朝鮮語の"サグロク"から"スゴロク"になったということです。

　もともとわが国に伝わったものは，現代の紙双六とは違い，西欧のバックギャモンのような盤双六でした。遊び方も，2人が交互にサイコロを振り，出た目に従って先にすべてのコマを自分の陣地に入れたほうが勝ちというもので，かなり賭博性があり，何度も禁令が出るほど人々を熱中させたようです。

　その後，賭け事の盤双六は廃れて，江戸時代には紙双六が庶民の間での正月遊びとなっていきました。最近人気のある"人生ゲーム"や"モノポリー"などのいわゆる"ボードゲーム"も双六の一種といえるでしょう。

仕事始め

初荷(はつに)

　現在は，普通，役所や会社などは，3日までを正月休みとして4日から仕事を始めますが，本来，正月の儀礼は大晦日から元日までで，2日からは平常の労働の日でした。しかし，江戸時代には，領主によって休みが厳しくきめられており，正月や盆，祭礼だけしか休みが取れなかったために，せめて正月くらいはということで，正月三が日という慣習ができたようです。平常の生活に戻る前に，農家では"鍬始め"，山村では"初山入り"，漁村では"舟祝い"など，仕事始めの儀礼を行っていました。商店では，正月二日に初めて店を開き，商品をにぎやかに飾って，初荷の初売りを行います。

書き初め(かきぞめ)

　子どもたちは，**勉強の始め**ということで**書き初め**を行います。昔は，読み書きそろばんというように，書道が教育の基本でした。子どもたちは，書道の上達を願って書き初めを行ったのでした。

寒稽古(かんげいこ)

　1月5日ころの小寒(しょうかん)を寒の入りといい，このときから大寒が終わる2月3日ころ(立春の前日，節分)の寒明けまでを寒の内(かんのうち)といって，一年のなかでもっとも寒い時期であるといわれています。このときには，さまざまな耐寒の行事が行われます。

　寒稽古もそのうちのひとつで，剣道や柔道などの武道に励む者が，身体と技術の鍛錬を目的として行います。

田遊び

　正月に，その年の豊作を願って，田の耕作から収穫までのようすを，模擬的に演じてみる神事芸能を田遊びといいます。アソビとは，いわゆる"子どもの遊戯"のことではなく，神の舞踊のことで，もともとは，田の神が村にやってきて，その威力ある霊魂を村の田にもたらせてもらいたいと願っての行動だったのではないかといわれています。5月の実際の田植えの時期や，秋の収穫の直前の時期に行われるところもあるようです。

消防出初式(しょうぼうでぞめしき)

　年の初めにあたって，消防署員や消防団の人たちが演習を行い，火災への注意と防火の心構えを新たにするための行事です。各地によって日時は異なりますが，東京では1月6日に，特殊消防車などの行進や模擬火災の消火実演，鳶職(とびしょく)の人たちによる梯子乗(はしごの)りの曲芸などが行われます。

　出初式(でぞめしき)は，1659(万治2)年1月4日，江戸の**定火消**(じょうびけし)が上野の東照宮で，一年の働きを誓い，安全を祈願したことに始まるといわれます。

　そのころの江戸は火事が大変多く，しばしば大火がおこりました。その消火機関としては，幕府直属の旗本による**定火消**と大藩が組織した**大名火消**(だいみょうびけし)がありましたが，それだけではとても手がまわりきれず，1720(享保5)年，江戸町奉行大岡越前守(おおおかえちぜんのかみ)によって組織されたのが"いろは四十八組"といわれる**町火消**(まちびけし)です。

　この流れをくむのが，現在"鳶職"といわれる人々で，出初式で行われる梯子乗りは，消火活動のための訓練だったのです。

七草粥（七日正月）

　正月七日を"七日正月"とか"七草の祝い"といって，朝食に7種類の野菜を入れたお粥を食べます。この祝いは，江戸時代には五節句(176頁参照)のひとつに数えられるほど重要なものでした。正月6日の夜から，7日の朝にかけては，"六日年越し"とか"六日年取り"とよんで，元旦から続いてきた正月行事の終わる日，つまり，松の内の最後の日として祝われていました。

　七草（春の七草）とは，芹・薺（ぺんぺん草）・御形(母子草)・繁縷(はこべ)・仏の座・菘（蕪）・蘿蔔(大根)の7種類です。これらは，どれも早春の野山に咲く若菜です。新年にこれらを食べることによって，自然界から新たな生命力を得ることができ，無病息災で長生きができるといわれていました。

　これらは，6日の昼に野山から摘んでくるのが普通で，これを"若菜迎え"といいます。そして，夜になってお粥に入れるために細かく刻まれるのですが，そのときは，できるだけ大きな音で叩くのがよいといわれてきました。そのときに「七草囃子」の歌をうたいます。「七草なずな　唐土の鳥が　日本の土地に　渡らぬさきに　ととんのとん」という歌詞からわかるように，七草の行事は，農作物を食い荒らす鳥を追い払うための鳥追い行事に結びついたものです。

　ちなみに秋の七草は，萩・尾花(すすき)・葛・撫子・女郎花・藤袴・桔梗(朝顔)をいいます。こちらは食用ではなく，おもに勧賞用です。

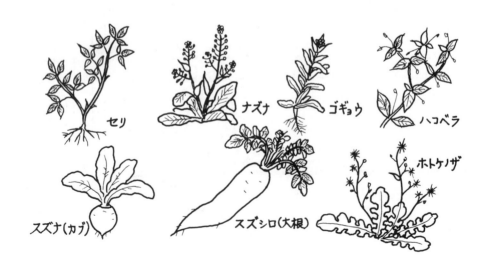

鏡開き
かがみびらき

　大小の丸いもちを重ね，ダイダイやユズリハ，昆布，裏白の葉(130頁参照)などで飾られる**鏡餅**(かがみもち)は年神の御神体であるとされていました。もちは，望月(もちづき)の望(もち)に通じ，丸い形から，円満を象徴しています。

　"かがみもち"という呼び名は，昔，神事などに使われた丸型の青銅の鏡に由来するといわれ，三種の神器(しんしゅのじんぎ)(歴代の天皇が継承する宝物)の一つである八咫鏡(やたのかがみ)を形どっているともいわれます。

　現在，普通に食べるもちは，関西では丸いもち，関東では角もちを用いますが，本来，もちは丸いのが当たり前であったということです。(関東で，角もちを雑煮に入れるときは，焼いて角を丸くしてから用います。)

　年神が宿る鏡もちは，神聖なものとして主たる場所に安置しなければなりませんでした。これを，普通は正月11日に下げて，家族みんなでお雑煮やお汁粉にして食べます。鏡開きは，**鏡割り**ともいい，鏡もちを刃物を用いずに手などで割り開いて食べます。そのときも切るとはいわないで，開くといいます。鏡もちが下げられ，崩されることにより，正月が終わったことを意味します。

小正月
{こ しょう がつ}

　1月1日を**大正月**（おおしょうがつ）というのに対して，1月15日を**小正月**（こしょうがつ）とよびます。昔は，月の満ち欠けによって，満月から次の満月までを1か月とよんでいました。満月というのはめでたいものの象徴でしたから，満月の日を月の初め（1日目）としていました。しかし，そこへ，新月から新月までを1か月とする新しい暦が中国から入ってきて，それが**公**（おおやけ）な暦として用いられるようになりました。

　新しい暦では1日を"**朔**（ついたち）"と書きます。15日は，満月であるために"**望**（もち）"と書きます。新しい暦が入ってきても庶民のあいだでは古い暦が生きていたために，1月15日を望の正月として，お祝いしていました。

　そのために，元日のほうを大正月，15日を小正月とよぶようになったのです。

　大正月が正式な正月になるにつれて，小正月では，豊作を占ったり，鬼追いなどの悪霊払いを行ったりというように，大正月とは違う特殊な行事を中心に行うようになりました。そのとき，柳などの木の枝に，小さなもちを丸めて色づけしたものをたくさんつけた"**餅花**（もちばな）"というものを飾ったりします。養蚕のさかんな地方では，これを"**繭玉飾り**（まゆだまかざり）"などとよんでいます。

　また，小正月は，お嫁さんが里帰りをしたり，大正月に忙しく働いた女性たちが一休みをすることができるので，**女正月**ともいわれています。

＜コラム＞　サルカニ合戦と"成木責め"（なりきぜめ）

　小正月のおもしろい行事として"成木責め"というものがあります。2人が一組になって，一方が果樹（桃，梨などもありますが，おもに柿）の幹に，ノコギリやナタで少し傷をつけながら「成るか成らぬか，成らねば切るぞ」と脅すと，もう一方が「成ります，成ります」といいながら，その傷に小豆粥（あずきがゆ）をぬりつけます。昔の人は，木にはそれぞれ精霊が宿っていると考え，その精霊に注意をうながすことによって，実を多くつけることを期待したのでしょう。

　科学的にみても，木の根元を傷つけることによって，幹の上部にデンプンが蓄積され，実をたくさんならせることに効果があるそうです。

　そこで思い出すのが昔話の「サルカニ合戦」です。サルにだまされて，握り飯と柿の種を交換したカニは，「早く芽を出せ」「早く実がなれ」と柿の木を脅します。こうした物語に託した昔の人の知恵には驚かされますね。

どんど焼き

どんどん焼きともいわれ，村人たちが共有している氏神の境内やどんど場で大きなたき火をして，大正月に飾った注連縄（しめなわ）や門松，書き初めなどを持ち寄って焼く，**火祭りの行事**です。火が勢いよく燃えるようすからこの名がつきました。

どんどの火にあたると若返るとか，どんどの火で焼いたもちを食べると病気をしないとか，どんどの燃え差しの木切れを家のまわりにさしておくと虫除けになるなどいろいろな言い伝えがあります。また，どんどの火に乗って，年神が山へ帰っていくともいわれてきました。この行事は，現在は15日に行われるところが多いのですが，昔は大正月の始まりを大晦日の日没からとしていたのと同様に，14日の日没から火をたき始めました。

どんど焼きは，**左義長**（さぎちょう）ともよばれています。これはもともと"三毬杖"（さぎちょう）といい，昔，宮中において，毬杖（ぎちょう）（まりを打つ道具）を3本立てて，陰陽師（おんようじ）が火を燃

やして行う悪魔払いの儀式で，それが民間に広まっていったものです。また，地方によって道祖神祭り，三九郎焼き，鬼火，オンベ焼き，セイト払いなど，さまざまな呼び名があります。

　この行事は，小正月の意義が衰退するにつれて，子どもの行事へと移っていきました。子どもたちは，専用の小屋を作り（ドンド小屋，セイト小屋），そこにこもって，子どもたちだけの生活をしながら，火祭りの準備をします。その小屋も，正月飾りや注連縄，書き初めとともに祭りの当日には燃やされます。

二十日正月

　1月20日を"二十日正月（はつかしょうがつ）"といいます。この日は，正月の終わり"祝い納め"として，仕事を休んで，物忌（ものい）みをするという風習があります。

　正月のお供えも，この日にすべて処分してしまうということで，とくに近畿以西では，年肴（としざかな）である鰤を骨まで食べつくすという意味で"骨の正月（ほねのしょうがつ）"といい，骨くずし，骨たたきなどというところもあります。

　東日本では，"棚探し""伏せ正月"などといって，やはり正月のご馳走やもちを食べつくす日としています。棚探しなどは，4日と20日の2回行うところもあり，最初を大正月の直会（なおらい）（神事が終わったあと，お供えをおろして行う酒宴）とし，20日を小正月の直会としたのではないかといわれていますが，いつしか20日を正月全体の終わりと考えるようになったようです。

　今では11日に行われる鏡開きも，もともとは20日に行われた行事で，武家では"具足開き"といって，具足に供えた"具足餅（ぐそくもち）"あるいは"鎧餅（よろいもち）"を雑煮にして食べることを"刃柄（はつか）を祝う"といい，婦人は鏡台に供えた鏡もちを"初顔祝（はつかおいわい）"として下げて祝いました。ともに二十日（はつか）にかけた名称です。

　1月1日の大正月が行事の中心となるにつれて，鏡開きも11日に移っていきましたが，京都などでは"初顔祝"を別の行事として20日に行うこともあったようです。

成人式 〈1月第2月曜日〉

　1948(昭和23)年の国民の祝日に関する法律によって,「おとなになったことを自覚し,みずから生き抜こうとする青年を祝いはげます」として,1月15日を**成人の日**と定めました(2000年より1月第2月曜に変更)。旧暦で1月15日は望(満月)の正月であり,この日に新年がくるといわれました。昔は,生まれた日ではなく,新年がくると1つ歳を取るとしていました(数え年,194頁参照)ので,新しい年に,成人になった人たちをお祝いするということです。

　本来,成人とは,現在のように年齢によって認められたわけではありませんでした。村や町に住む人たちが慣習的に決めた一人前と認められる労働や社会的な基準が設けられ,そうした基準に達した者が成人と認められていたのです。たとえば,1日に15貫(約60kg)の柴を刈って,3里(約12km)を売り歩けるのが一人前の男であるとか,1日に一反(10アール)の草取りができるのが一人前の女であるなどというものです。そのほか,きもだめし,力試しなどさまざまな成人になるための試験がありました。

　成人の日が定められる前は,こうした一人前と認められる式は**成年式,成女式**とよばれており,男子ではだいたい15歳ころ,女子は13歳ころに行われることが多かったということです。

　こうした儀式が済むと,若者組や娘組への加入が認められ,男子は前髪を切り落としたり,名前を成人名に替えるなどしました (195頁参照)。

　現代では,民法第4条で「年齢二十歳をもって,成年とする」とされていましたが,選挙権は2015(平成27)年の公職選挙法改正で18歳に引き下げられ,飲酒・喫煙などを除く成年年齢も2018年6月の民法改正で18歳に引き下げられました (2022年施行)。

全国学校給食週間 〈1月24～30日〉

　学校給食が国民の食生活の改善に関与することと，また学校給食の普及と充実をはかることを目的として，1947（昭和22）年から，この期間を"**全国学校給食週間**"として設け，毎年実施するようになりました。

　学校給食のなかで，もっとも古く，もっとも組織的に行われたのは，1889（明治22）年1月24日開始の山形県鶴岡の忠愛小学校で，鶴岡市にはわが国「学校給食発祥の地」記念碑が建てられています。全国学校給食週間は，この日を記念して設けられたのです。

　忠愛小学校は鶴岡周辺の貧困家庭の子弟を集めた各宗派の僧侶たちによる私立小学校で，児童の学用品や弁当などのすべてを学校が給与していました。明治22年の開校時の児童数は約50名で，米飯による弁当（副食は野菜・肴を主とする）は，小使さんが調理にあたったということです。資金源は佐藤霊山師を中心とする僧侶団の托鉢によってまかなわれ，鶴岡町沿革史によると，明治末期には基本金は2300円あまりになり，大正8年1か月だけでも児童に給与した学用品，弁当，衣服，雨具等の費用は655円（いまでいうと200万円ちかい金額）におよんだとのことです。この托鉢を資金とした給食は，その目的が宗教的な救済事業で，現在の学校給食の目的とは異なってはいるものの，教育のなかに給食を取り入れた先駆として評価され，今日に記録を残したのです。

　国（文部省）が正式に給食を始めたのは，ずっとのちの1946（昭和21）年12月24日のことでした。

TOPIC　全国一斉にカレーライスを食べた日！

　1982（昭和57）年に，学校給食創立35周年を記念して，学校給食試食会が開かれました。その際に子どもたちの大好きなカレーライスを年に一度一斉に献立にとりいれようと，「全国一斉献立カレーライスの日」が設けられました。
　しかし，「なぜ全国一斉にカレーライスを食べなければいけないのか」などの疑問の声があがり，結局この年の1月22日の1回のみ行われただけでした。

如月(きさらぎ)

如月の字をあてるのは古代中国の2月の異称に由来している。"キサラギ"は、2月はまだ寒さが残っており、衣を更に重ね着する"衣更着(きさらぎ)"からとする説が一般的である。また草木の芽が張り出す月で"草木張月(くききはりづき)"が転化したもの、旧暦2月は燕(つばめ)が来るころなので、雁(かり)が帰ったあとで、さらに燕がやって来るという"来更来(きさらぎ)"月とする説もある。("来"には"帰る"という意味もある)

〈異称〉
令月(れいげつ) 仲春(ちゅうしゅん)
木芽月(このめづき) 雪消月(ゆきげづき)
初花月(はつはなづき) など

〈英名〉
フェブラリー
(February)

古代ローマでは2月が死者の霊をまつる時期とされていたことから、ローマ神話の神で死の世界の王であるファブルウス(Fabruus)に由来する。

テレビ放送記念日 〈2月1日〉

　日本で初めてテレビ放送が行われたのが1953(昭和28)年のこの日です。これを記念して，この日が**「テレビ放送記念日」**とされるようになりました。この日の午後2時，NHKが千代田区内幸町の放送会館第一スタジオから，開局祝賀会のあと，菊五郎劇団の「道行初音旅」の舞台中継や映画などが放映されました。当時の受診契約数は866台，受信料は月額200円でした。また，国産の14インチのテレビが17万円もしたとのことです。(当時の大卒初任給が8,000円くらいでした)

　世界で初めてテレビの公開実験に成功したのは，1925年にイギリスのジョン・ベアードによってでした。ベアードは走査線の装置を作り，テレビ実験放送の基礎を築き上げました。1929年にイギリスでの実験放送を開始し，1937年のジョージ6世の戴冠式の模様の中継が，正式な世界初のテレビ放送です。

　日本では，1930(昭和5)年の後半から，テレビの開発に熱が入ってきました。1940(昭和15)年に開催予定だった東京オリンピックの影響からでしょう。社団法人の日本放送協会は高柳健次郎を迎え入れ，開発が進められていましたが，太平洋戦争の勃発により，テレビ研究は中断させられてしまいました。戦後，研究は再開され，1952(昭和27)年7月31日に**日本テレビ放送網**(NTV)に日本初の予備免許が公布され，同じ年の12月にやや遅れて，NHKにも免許が公布され，日本初のテレビ放送を迎えたのです。

　また，**カラーテレビ**の放送は1960(昭和35)年9月10日から始まり，これはアメリカに次いで世界2番目の記録でした。1964(昭和39)年の東京オリンピックの開催もあって，カラーテレビ主流の時代へと入っていったのです。

節分
せつぶん

　節分という言葉は，本来，季節の分かれ目であるということを意味しています。季節には，春夏秋冬の四季があり，それぞれの季節の分かれ目，つまり，立春，立夏，立秋，立冬（「二十四節気」179頁参照）の前日は，すべて節分であったわけです。そのなかで，すべてのものが生まれ出る春という季節は，新しい年の始まりであると考えられていましたので，立春（2月4日ごろ）は一年の最初の日であり，春の節分は一年の最後の日（大晦日）であったわけで，とりわけ重要視され，たんに節分というと春の節分を指すようになりました。

　そのために節分の行事は，12月31日の大晦日と同様に，年迎えのための行事であるということがいえます。いまでも節分のことを**年取り**とか**年越し**とよぶ地方があるのはこうした理由からです。また，年賀状に**迎春**とか**初春**というあいさつを書くのは，立春を新年にしていたころの名残りです。

節分の行事は，**豆をまく**ことが中心になっています。豆まきは**豆打ち**ともいい，新年を迎えるにあたって，家から悪霊や災難を追い払うための**追儺**という行事です。これは，中国から伝わったものです。疫病や陰気，災害は鬼にたとえられ，大豆で鬼の目を打つので，「まめ＝魔目」であるといわれ，また，「まめ」という言葉が"魔を滅する"に通じるともいわれています。豆まきのまめは，**福豆**といって，節分の夜に歳より1つ多く食べます。翌日の立春で1つ歳を重ねるので，来年の分も食べておくというわけです。また，節分の夜に大豆を焼いて新年の天候を占うというようなことも行われていました。

　豆のほかに霊力をもつといわれていたものは，**ヒイラギの葉**や，**鰯の頭**などです。ヒイラギの鋭いトゲは鬼の目を刺すといわれており，鰯は，臭いを嫌がって鬼がこないといわれています。同じように，ニンニク，ネギをぶらさげておく地方や，豆幹をぶらさげて，鬼が豆幹の音を嫌がるという言い伝えを残している地方もあります。

　豆まきを行うのは，一家の主人や長男の仕事で，升に入れた豆を，家の者が戸や障子を開けたときに，大声で「**福は内，鬼は外**」と叫びながらまきます。豆をまいたあとは，素早く戸や障子を音高くしめて，二度と鬼が入ってこないようにします。地方によっては，豆まき役のあとを，すりこぎをもった者が続いて，すりこぎを動かしながら「ごもっとも，ごもっとも」と唱えて歩いたり，「ごもっとも，押さえましょう」と，ほうきで鬼を押さえるまねをする地方もあります。

＜コラム＞ 節分と鬼

　節分（豆まき）の主役は，なんといっても"**鬼**"でしょう。鬼とは，人間の生活をおびやかすとされる空想上の怪物で，天の神に対して地上におりた悪神や邪神，成仏できない死者の霊魂などが鬼となると考えられていました。

　もともと，豆まきで家から追い出す鬼は"冬の寒気や疫病"のことであるように，鬼とは，"人に災いをもたらす，目に見えないもの"すなわち"隠"であったのです。

　陰陽五行説では，北東（丑寅）（184頁参照）をもっとも縁起の悪い方角と考えて"鬼門"とよび，この方向に鬼の棲家があるとしたのです。この"うしとら"をイメージ化したものが，"牛のような角と虎のような牙"をもち，"虎の皮のふんどし"をつけた，現在われわれのよく知る鬼の姿なのです。

雪と氷の祭り

　日本には，冬という季節ならではのさまざまな祭典があります。

　雪や氷という自然をうまく取り入れて行われる祭りのなかで，もっとも有名なのは北海道の**「さっぽろ雪まつり」**です。札幌市内の大通公園やすすきのでは2月の第1週と第2週のあいだの1週間，大きな雪の像が立ちならびます。この祭りでは「国際雪像コンテスト」も行われており，年々その規模も芸術性も高まってきています。

　このさっぽろ雪まつりのほかにも，北海道では，七飯町大沼国定公園広場で行われる**「大沼函館雪と氷の祭典」**（2月上旬）や，旭川の買物公園・石狩川河川敷で行われる**「旭川冬まつり」**（2月上旬），釧路の栄町公園の**「くしろ冬まつり」**（2月第1日曜日），紋別港での**「もんべつ流氷まつり」**（2月中旬）などが各地で開催されます。

　また北海道だけではなく，各地方でもさまざまな冬の祭典が催されます。青森県の弘前市では，弘前公園内で行われる**「雪灯籠まつり」**が人々の目を楽しませます。灯が雪に反射するさまは，不思議な幻想の世界といえるでしょう。岩手県雫石町の小岩井農場では**「岩手雪まつり」**が行われます。農場内でつくられる**かまくら**や雪中運動会などが，祭りをいっそうもりあげます。

　富山県下新川郡宇奈月町では，**「雪のカーニバル」**が催されます。スキー場で松明を持ったスキーヤーが600本以上のかがり火の間をすべりおりるさまは，雪と火の祭りの代表といえるでしょう。

　秋田県横手市などでは，**かまくら**をつくって，2月15日の夜に水神さまを拝む祭りが行われます。子どもたちは2～3日前から，雪室をつくりはじめ，15日の夜は甘酒を飲んだり，おもちを焼いたりして，大人たちがお参りに来るのをまちます。お参りの際に大人のくれるおもちなどを楽しみにしているのでしょう。

初午
　　（はつうま）

　2月最初の午の日（182頁参照）に行う，お稲荷さまの祭りを初午といいます。稲荷という名前は「稲生り」からきたといわれており，食物の神，農耕の神といわれています。初午の日に，京都伏見稲荷の祭神である"御食津神"が降臨されたということから，この日が稲荷祭りになりました。また，春の耕作の初めである初午の日に，田の神を山から里へお迎えするという意味もあります。

　お稲荷さまには，キツネが祭られています。昔，稲の実ったころに，キツネが山から降りてきて，子ギツネを育てるのを見た農民が，先駆け（物事のはじめ）を意味するミサキ，オサキといってあがめ，キツネは田の神の使いであるとして稲荷神社に祭られるようになりました。キツネの好物が油揚げだということで，初午には油揚げや稲荷寿司を奉納するようになったということです。この日，みんなで稲荷寿司を作って食べるのも楽しいことでしょうね。

　キツネによる神のお告げの信仰がさかんになり，村や町の神社だけでなく，商工業の守り神として，また，同族の神，個人の屋敷神として，全国さまざまな場所にお稲荷さまの祠が立てられるようになりました。ほこらだけでなく，全国にはキツネ塚とよばれる塚もたくさんあります。

　また，蚕産業を営む地方では，初午には蚕の神さまのお祭りが行われます。なぜ，蚕と馬が関係あるかといいますと，次のような昔話があります。

　おじいさんとおばあさんと娘が一頭の馬を飼っていました。娘は馬をとても可愛がり，年頃になると馬と夫婦になってしまいました。それを知ったおじいさんは，とても怒って馬を殺し，桑の木に吊して皮をはいでしまいました。ところが，馬の皮は，娘のところに飛んできて，娘をさらい天に昇っていきました。おじいさんはとても悲しみましたが，夢に娘が出てきて，土間の臼のなかに馬の形をした虫がいるから，桑の葉を食わせて，その繭から絹糸を紡ぎ，それを売って暮らしてくださいと告げました。

　蚕は馬によって生まれたという言い伝えから，初午には蚕の神さまの祭りを行うということです。

　また，初午には観音さまに厄除け詣でを行う風習がある地方もあります。

事始め

　事というのは，もともと，神事，祭事を表す言葉で，2月8日と12月8日の両方を，事の日，事八日，八日節句などといいます。2月8日を事始め，12月8日を事納め，あるいは逆に，2月8日を事納め，12月8日を事始めというなど，地方によって正反対の呼び方をします。2月8日を事始めというのは，一年の農作業の開始の日であるということで，農村を中心に広がっています。また，12月8日を事始めというのは，正月を中心とした一連の祭事の最初の日であり，それが終わる日として2月8日を事納めとよぶということです。この日には，味噌汁に芋，ゴボウ，大根，人参，こんにゃく，豆腐などを入れた"お事汁"というものを食べます。

　この日は，関東や中部地方では大眼，伊豆では一つ目小僧とよばれる**妖怪**が現れるという言い伝えがあります。その日は外にザルやカゴなどを出しておき，畑仕事などは休んで，一日中家のなかにこもっていなければなりません。ザル

やカゴを出すのは，目がたくさんあるので，妖怪が驚いて逃げていくと考えられていたからです。地方によっては，"ミカハリばあ""ミカリばあ"とよばれる妖怪がくるので戸口に団子をさしておいたり，焼き豆腐を串にさしたものを窓に飾ったりして，妖怪がくるのを防ぐところもあります。

針供養（はりくよう）

2月8日と12月8日の事の日に，あるいはどちらかの日に，**針供養**とよばれるものを行います。古い針や折れた針を，柔らかい豆腐やこんにゃくに刺して，長いあいだ堅い布を縫ってきてくれた針に感謝するとともに，裁縫の上達を願うものとして行われてきました。また，針を紙に包んで全国にある淡島神社に納めることも行います。淡島神社の本社は，和歌山市にあり，そこには，**婆利才女**（はりさいじょ）とよばれる女の神さまが祭られていて，ハリという同じ音から針供養を行うようになったということですが，もともとの淡島信仰とは関係がないようです。この女の神さまは，女性の病気を治してくれるということで有名です。

TOPIC　妖怪って幽霊とは違うの？

妖怪（ようかい）は，山や川，民家などさまざまな場所に住んでいるといわれ，ときどき人間社会に出てきて，いたずらや悪さをしたり，人間を驚かせたりします。ときには，幸福をもたらしたり，間抜けなことやこっけいなこともするので，なんとなく親しみがもてる者たちです。てんぐ，かっぱ，ばけねこ，九尾のきつねなどたくさんの妖怪がいます。

妖怪は"化物（ばけもの）""おばけ"ともいわれ，だんだんと"幽霊（ゆうれい）"と混同されるようになりましたが，幽霊が人の生前の姿で出てくるのに対して，他の姿に化けるなど人間以外のものとして現れること，出る場所がだいたい決まっていること，また時間も，たそがれどき，かわたれどきなどの薄暗いときにほぼ一定しており，人が避けようと思えば避けられることが特徴です。これは危険な場所や時間を避けるための"戒（いまし）め"として妖怪の話ができてきたからではないでしょうか。

ちなみに"たそがれ"は"黄昏"と書きますが，"誰（た）そ彼（か）れ"の意味で，夕方薄暗くなって向こうにいる人が見わけにくいことをいいます。"かわたれ"も同じで，明け方の薄暗いころ"彼（か）は誰（た）れ"時（どき）ということです。

建国記念の日 〈2月11日〉

　国民の祝日である**建国記念の日**は，「建国をしのび，国を愛する心を養う」日として制定されました。
　2月11日は，戦前は，**紀元節**（きげんせつ）として祝日にしていました。
　紀元節とは，『日本書記』に記された神武天皇（じんむ）即位の第1日を日本の紀元（建国された日）として，それを皇紀元年（西暦前660年にあたる）正月1日としたもので，その日が太陽暦の2月11日にあたるとして，1872(明治5)年に制定された日のことです。またこの日は，1889(明治22)年に大日本帝国憲法（22頁参照）が発布された日でもあります。
　戦後，占領軍の意向で祝祭日から消えました。紀元節として復活させることには反対も根強く残っていたので，1957(昭和32)年以来，自民党の議員や政府から8回も議会に提案されたのですが，成立はしませんでした。
　1966(昭和41)年に，建国記念の日として国会に提案されたところ，神武天皇の即位を歴史的事実とは認められないという考えが起こり，いつに定めるかということで議論は分かれ，実現には至りませんでした。
　その後審議会が設置され，2月11日にするという答申が12月8日に出され，9日に発布されました。翌1967年2月11日に，国民の祝日として儀式が執り行われました。
　文部省は各都道府県教育委員会，各国立学校長などに次官通達を出し，この日の意義を各学校に徹底させることを指示しました。しかしそのなかでは，学童にどのように説明するかについては触れられませんでした。文部省では，祝日の名称を「建国記念日」ではなく「建国記念の日」としたことについて，この日は「建国の日」ではなく「建国を記念する日」である（つまり，2月11日が建国された日であるかどうかは断定しない）という考え方に立っており，これが紀元節と建国記念の日との違いになります。

聖(セント)バレンタインデー〈2月14日〉

　この日は女性から男性に愛を打ち明けてもよい日とされ，日本では女性が愛のしるしにチョコレートを贈る習慣が広く定着しています。

　この始まりは古代ローマ時代，毎年2月15日のルペルカリア祭です。これは娘たちが愛の手紙を大きな"かめ"に入れ，男たちがそれを引くというもので，このクジでできたカップルが次の年まで恋人となるということでした。

　この祭は800年も続きましたが，厳格な教皇ゲラシウスがこれを禁止してしまいます。反発した若者たちは，前日の2月14日（愛の殉教者である聖ヴァレンティヌスの日）に，好きな娘に愛のカードを渡すことにしたのです。

　ヴァレンティヌスは，3世紀のローマ皇帝クラディウスによる，兵士たちの勇敢さを保つため結婚を禁じる政策に反対し，ひそかに結婚式をあげており，これが発覚し改宗も拒否したことで2月14日に処刑されました。この日が聖ヴァレンティヌス（英語読みでバレンタイン）の日となったのです。

　また，日本でチョコレートが贈られるようになったのは，1958（昭和33）年にメリーチョコレートが，東京・新宿の伊勢丹で販売促進を目的としてキャンペーンを展開したのが始まりといわれています。1枚50円で売り出されたハートチョコは，当初は3枚しか売れなかったそうです。その後，女性誌に取りあげられるようになり，現在のようなブームが続いているのです。

　一方，聖バレンタインデーのおかえしとして知られる3月14日の**ホワイトデー**は，日本でのみ行われている習慣で，1978（昭和53）年，福岡市の石村万盛堂の白いマシュマロがその始まりです。その後も各業種でギフト開発が行われていますが，聖バレンタインデーほどの関心には至ってはいないようです。

＜コラム＞　聖ヴァレンティヌスの愛の言葉

　ヴァレンティヌスは，監獄で看守の盲目の娘アリステリウスと恋に落ち，その深い愛で奇跡的に彼女の目を治したといわれます。彼が最後にアリステリウスに宛てた手紙に「あなたのヴァレンティヌスより」と書いたことから，その言葉がいまでもバレンタインカードの決まり文句となっています。

涅槃会

　涅槃会とは，お釈迦さまが亡くなった旧暦2月15日に行う，釈迦の入滅*を追悼する法会のことで，現在では新暦の3月15日に行われることもあります。涅槃会では，釈迦の死を描いた涅槃図をかかげ，釈迦が涅槃に入る前の最後の教えをまとめたお経である遺教経を読誦します。わが国では推古天皇のとき（西暦600年ころ），奈良の元興寺で行われたのが初めといわれます。
　涅槃とは，梵語（古代インド言語・サンスクリット語）で"ニルヴァーナ"の訳。もともとは「吹き消された」ということで生命の火が消えた，つまり，"死去"を意味します。仏教では"燃えさかる煩悩の火を完全に消滅して，悟りの智恵すなわち菩提を完成した境地"として，ここに至ることを最後の目的としていますが，これを具現したということで，とくに釈迦の死を表しています。
　*入滅　入寂，示寂ともいう。"滅度に入る"という意味で，一般に聖者や高僧の死をいう。滅度とは，煩悩を滅して生死の苦海を渡る（迷いを捨てて悟りの境地に入る）こと。
　民間でも涅槃講などといってこの日を祭るところが近畿地方でとくに多く，お供え物として，あられや団子を作ったりします。

このころが雪の降りじまいというところも多く，このとき降る雪を**涅槃雪**と
よんだり，この季節に西から吹く風を**涅槃西**とか**涅槃吹き**といったりします。

　もともと2月15日は，その年の2番目の望月（満月）の日で，重要な節日と
考えられ，祖霊にお供え物をする風習があったものが，仏教の涅槃会と結びつ
いて，だんだんこちらが主になっていったのではないかといわれています。

＜コラム＞　釈迦の死と涅槃図

　35歳で悟りを開いた釈迦は，その後45年にわたってインド各地で布教活動
を行いました。そのなかでとくに有名なのが**祇園精舎**です。これはインド中部
コーサラ国の須達という長者が，釈迦とその弟子たちのために建てた僧坊で，
釈迦の説法の多くがここでなされたといわれます。

　病を得た釈迦は最後の地クシナーラーの**沙羅双樹**の下で，夜半，弟子たちに
最後の説法をしたあと，80歳の生涯を閉じました。このとき，釈迦の死を悼ん
で沙羅双樹が突如として花を咲かせたとも，白く枯れてしまったとも伝えられ
ています。この様子が**涅槃図**となったのです。

沙羅双樹　沙羅はフラバガキ科の常緑高木。インド北部原産。高さ30mに達
し，小さな淡黄色の花を円錐状につけ，芳香を放つ。釈迦入滅の
とき，その四方に2本ずつの木があり，そのため沙羅双樹といわ
れるようになった。入滅を悲しんで，四方の双樹のうち1本ずつ
が枯れ，1本ずつが残った。これを四枯四栄または非枯非栄とい
い，東方の双樹を"常と無常"に，西方を"我と無我"に，南方
を"楽と無楽"に，北方を"浄と不浄"にたとえるという。

参考：『平家物語』の冒頭部分。「祇園精舎の鐘の声，諸行無常の響きあり。
沙羅双樹の花の色，盛者必衰の理をあらはす」は有名。

　涅槃図には，頭を北に向け右脇を下に（頭北面西）して臥した釈迦のまわりに
弟子や天竜・鬼畜など52類が嘆き悲しみ，諸菩薩や生母マーヤーも見守ってい
るさまが描かれています。この涅槃図が涅槃会の本尊として用いられます。

　わが国では，和歌山県高野山にある金剛峰寺のものが，最古（1086年の作）で
最高の作といわれています。京都東山にある泉涌寺の大涅槃図は縦16m，横8
mで日本最大ということです。同じ東山の東福寺のものも縦15m，横7.5mと
大型ですが，この図がとくに有名なのは，嘆き悲しんでいる動物のなかにネコ
が描かれていることです。ネコは魔性があるとして，十二支のなかにも入れら
れず，涅槃図にも描かれないのが普通ですが，東福寺の画僧明兆（兆殿司とも
よばれる）がこの絵を描いているとき，いつもネコが傍らに座って描いてほしそ
うな顔で鳴くので，哀れに思って描き入れたという話があります。

　なお，人が亡くなると，釈迦の涅槃の姿にあやかって頭を北向きに安置しま
す（北枕）。このため，北向きに寝ると死者のようで縁起が悪いといわれます。

天皇誕生日 〈2月23日〉

国民の祝日のひとつで「天皇の誕生日を祝う」日です。

この日は，皇居の二重橋の門が開放され，天皇は一般参賀者に答礼されます。

1948（昭和23）年に成立した，国民の祝日に関する法律の施行以前には，天皇の誕生日は**天長節**（てんちょうせつ）といって，生ける神としての天皇の誕生を祝う日でした。しかし，現在の日本国憲法第1条では，「天皇は日本国の象徴であり，日本国民統合の象徴であって，この地位は主権の存する日本国民の総意に基づく」と規定されています。

天長節は，奈良時代に初めて行われました。この天長節に対し，皇后の誕生日を**地久節**（ちきゅうせつ）として祝っていましたが，現在はともに廃止されています。

<今上天皇（きんじょうてんのう）について>

今上天皇（当代の天皇陛下のこと）は，1960（昭和35）年2月23日に当時の皇太子明仁親王（あきひと）（後の平成天皇）と美智子妃の第一子，浩宮徳仁親王（ひろのみやなるひと）として誕生されました。

皇太子夫妻の子育ては，それまでの皇室の慣例にとらわれず，たとえば懐妊に際しては母子手帳が発行され，皇居宮殿内の御産殿ではなく千代田区の宮内庁病院で出産され，また専任の養育係を置かずに，夫妻手ずから子育てを行うなど一般国民の感覚に近いもので，広く注目を集めました。

幼稚園から大学までを学習院で学び，1989（昭和64）年1月7日，昭和天皇が崩御され，父皇太子の天皇即位にともない皇太子となられました。

1993（平成5）年6月9日，かつて外務省に勤められていた小和田雅子様と結婚され，2001（平成13）年12月1日，愛子（あいこ）内親王が誕生されました。

それまで「終身在位」とされていた天皇の退位が2017（平成29）年の特例法によって認められ，2019年4月30日の平成天皇退位により，同年5月1日，第126代天皇として即位され，元号も平成から「令和」と改められました。

「令和」は「大化」から248番目で初めて国書の『万葉集』から「初春の令月（めでたい月）にして，気淑（よ）く風和ぎ（おだやかな風）」を引用しました。

弥生
やよい

このころになると草木がいよいよ生い茂るということで,"草木弥生(いやお)い茂る月"が詰まって"ヤヨイ"となったという説がある。これにはあまり異説がないようである。

〈異称〉
桜月(おうげつ) 桃月(とうげつ)
雛月(ひいなづき) 夢見月(ゆめみづき)
早花咲月(さはなさきづき) など

〈英名〉
マーチ
(March)

古代ローマ帝国ではこの季節から農業や戦争が再開されたことから,農業の守護神でもあり,軍神でもあるマルス(Mars)に由来する。

ひ な 祭 り

　3月3日は，華やかにひな(雛)人形を飾り，桃の花や菱餅を供えて，白酒やはまぐりのお吸い物をいただいたりしながらお祝いをする**ひな祭り**です。ひな祭りは，**上巳の節句**，**桃の節句**，**弥生の節句**ともよばれ，いまでは女の子の健康と成長を祝うお祭りとして知られています。しかし，このようなひな祭りが行われるようになったのは江戸時代になってからであるといわれています。

　昔の中国では，3月の一番始めの巳の日(182頁参照)を，上巳といい，川にいってみそぎを行い，お酒を飲んでけがれを払う風習がありました。これは，のちに，**「曲水の宴」**とよばれる行事に発展しました。「曲水の宴」とは，川や池のほとりに座って，上流から流れてくる盃が目の前を通り過ぎないうちに歌を詠み，また，盃も取り上げて酒を飲むという風情ある行事です。日本でも，平安時代に宮中や貴族のあいだでさかんに行われていたそうです。

　一方，日本でも固有の農耕儀礼の払えの行事として，3月の初めに海や山へ出て一日を過ごし，身のけがれを洗い流す習慣がありました。これは，田植えの始まりの季節に，田の神を迎えるためのもので，このときに，紙を人間の形に切り抜いた"**人形**"を作り，それでからだをなでて，けがれを落としたのち

に海や川に流していました。このようすは，源氏物語や栄華物語にも記されています。また，現在でも，このような風習を残すところがあり，鳥取県の因幡(いなば)地方や和歌山県の吉野川や紀ノ川流域で行われる流しびなが有名です。

このように，中国から伝わった上巳の行事と，日本固有の払えの行事とが結びついて根づいたものが3月3日のひな祭りです。人形(ひとがた)を川に流す習慣は，京都などでは，人口が増えるにしたがってむずかしくなってきました。また，初めは紙で作られていた人形も，技術の進歩にしたがい，しだいに美しく精巧なものが作られるようになりました。そうなりますと，そのときばかりで流してしまうのではもったいないということになり，保存され，愛玩(あいがん)や鑑賞の対象へと変わっていきました。

ひな人形が豪華になっていっても，人間の代わりとしての人形(ひとがた)の意味は失われませんでした。とくに女性は，旅や嫁入りの道中のわざわいを人形に代わってもらおうと，人形を抱いて輿(こし)に乗ることが習わしになりました。しだいに，上流階級の家では，婚礼の嫁入り道具のなかにひな人形を入れるようにもなりました。さらには，いつの時代でも女の子が夢見る嫁入りをまねた人形が作られるようになりました。そのため，初めは一体であった人形が，男女二体の**内裏雛**(だいりびな)になりました。ひな人形とともに飾られる調度品は，嫁入り道具をまねたミニチュアです。

江戸時代になると五節句のひとつとして，5月5日が男の子の節句になったのに対して，3月3日のひな祭りは女の子の節句と考えられるようになりました(176頁参照)。大名の家では女の子が嫁入りしたあとの初めての節句に内裏雛を飾り，公家では女の子の誕生を祝ってひな人形を贈るようになりました。

江戸時代の中ごろから，庶民のあいだでも女の子の初節句には，母方の里からひな人形を贈ってお祝いするようになり，しだいに女の子のお祭りとして定着したということです。

ひな祭りには，ひな人形の前で楽しく会食が行われます。これは，かつての山遊びの風習を伝えたものであるともいわれています。この会食も農耕の神を迎えて行う神と人の共食の礼儀と深くかかわっています。"セック"という言葉は，もともとは"節句"ではなく，神と一緒であるという意味"節供"と書くのが正しいのです。

この日のご馳走にはハマグリのお吸い物がつきますが，ハマグリは，どれを

合わせても一対以外にフタが合わないということから，良縁に巡り合うといわれています。また，お供えした菱餅（ひしもち）や草もちもこの日に食べますが，お供えした物を食べると器量がよくなるとか，口が小さくなるなどといわれています。

おひなさまは，飾るときはいくら早くてもよいが，3月3日を過ぎたらすぐにしまわないとお嫁に行き遅れるなどともいいます。

＜コラム＞ おひなさまの飾り方

内裏雛（だいりびな）（親王雛（しんのうびな））が最上段に飾られています。男雛（おびな）は右（向って左）に，女雛（めびな）は左に（向って右）に飾るのが主流ですが，関西では古式に習って男雛と女雛を逆に飾ります。左と右では，昔は右が上位でしたが，中国の唐の時代になって，左が上位になり，その後，逆転，さらに再逆転となりました。日本では，唐の時代の文化を引き継いでいるために，左が上位となっているといわれています。女雛を上位の左に飾るのは，ひな人形と縁の深い興子（おきこ）内親王が天皇になられたお方であり，女帝は上位であるために左に飾られるという理由からです。しかし，日本は普通は男性優位と考えられている社会でしたので，関西などでは男雛が左に飾られるということです。

2段目は，三人官女（さんにんかんじょ）で，宮仕えの女官（にょかん）です。中央は，三方（さんぼう）に盃を持つ座りびなで，向って右は長柄銚子（ながえのちょうし），左は加（くわえ）をもっています。古式のとおり，左上位になっています。

3段目は，五人囃子（ごにんばやし）。向って右から，謡（うたい），笛（ふえ），小鼓（こづつみ），大鼓（おおかわ），太鼓（たいこ）と，日本の能のはやし方をまねた構成をしています。

4段目は，随身（ずいじん）です。向って右が左大臣（さだいじん），左が右大臣（うだいじん）で，左大臣のほうが位が上で，老人です。

5段目は，三仕丁（さんじちょう）（衛士（えじ））で，使役，力役です。笑い顔，泣き顔，真面目顔をしているのが特徴です。

また，桃の花を飾るのは，桃がちょうどさかりであるので，ピンクの花を愛（め）でるということとともに，桃には古来，邪気を払い百鬼を制すという魔除けの力があるからです。また，三人官女のあいだに飾られる紅白の丸餅は，赤は魔除け，白は清浄を表しています。また，菱餅（ひしもち）は，インド仏典の説話のなかに，菱の実を竜に捧げることで娘を救った話があり，その説話から，子どもの命を救うためのものとして供えられるようになったという言い伝えがあったり，菱形は心臓の形に似ているために災厄を払おうとする気持ちや娘を思う気持ちの象徴であるともいわれています。菱餅の赤・白・緑の色は，桃の色，白酒，よもぎを表しているといわれています。よもぎも，邪気を払う力があるといわれています。

山遊び，磯遊び

　昔，人々は忙しい農耕や漁労の仕事に入る前に，春の一日を野山や海辺にでかけて遊んだり飲食したりする習わしがありました。この日は，労働を休まなければならない物忌み(不吉としてあることを慎しむこと)のひとつでした。温暖な地方では，3月3日に，寒い地方では4月8日ころに行われていました。遠足や花見の起源は，こうした**山遊び，磯遊び**であるともいわれています。

　春というのは，山から神さまがきて，田の神になり，農耕が順調にいくようにと見守ってくれる季節で，山へでかける**山遊び**は，山の神を迎えにいくための風習が形を変えたものです。山へ入って飲んだり食べたりするのは，神と人が一緒に食事をする**直会**という神人共食のことです。

　春に海岸に出て遊んだり食事をしたりする**磯遊び**も，山遊び同様に，激しい労働の前に一日中浜辺で遊ぶ風習です。現在行われている潮干狩りも，もとは磯遊びが起源です。またひな流しを行ったときに水辺でけがれを払った行事が形を変えたともいわれています。ひな祭りにハマグリやアサリのお節句料理を食べる風習などは，こうした磯遊びの名残りであるともいわれています。ひな祭りは，都では，ひな人形を飾る祭りとして発展しましたが，九州西部や沖縄の島々では，磯遊びを中心に行うことが最近まで残っていました。沖縄では，3月3日は家にいてはいけない日とされ，村中の人がお弁当を持って海辺に繰り出し，食べたり，飲んだり，踊ったりして一日を過ごしたのだそうです。

耳の日 〈3月3日〉

　1956 (昭和31) 年から実施された**「耳の日」**は，耳を守り，耳に関する人々の関心を高め，聴覚障害の予防と治療の徹底をはかることを趣旨としています。

　この日を耳の日にした理由は，いくつかあります。3月3日が耳 (みみ) に通ずる語呂合わせによるものが一般的に知られていますが，これだけの理由ではありません。1887年のこの日，アン・サリバン・ナーシー女史が，三重苦を背負ったヘレン・ケラーに献身的といえる指導を始めたとされています。また，耳や聴力について功績のあった電話の発明者，グラハム・ベルの誕生日 (1847年) ということもあります。

　日本耳鼻咽喉科学会の主催で，毎年，講演会や無料相談会，展示会などが行われています。これらの行事は，人間の重要な器官のひとつである聴覚について，より深く考えるために行われます。耳に関する関心が薄いため，このような行事をきっかけにもう一度耳について考えてみてはどうでしょうか。重要性を再認識するとともに，耳疾患の予防と聴覚障害の早期発見，早期治療を徹底させたいものです。

　この耳の日と同様に，8月7日には**「鼻の日」**があります。日本耳鼻咽喉科学会によって，1961 (昭和36) 年に制定されました。この日も，各地で専門医による鼻についての相談会が催されます。

　10月10日の**「目の愛護デー」**は，10と10を横にすると，眉毛と目の形に見えることから，1931 (昭和6) 年に，中央盲人福祉協会によって始められました。また，1952 (昭和27) 年には，厚生省や日本眼科医会も加わり，目に関する無料相談や検眼が行われています。

　このほかにも，ひげの形が八の字に似ていて，パパにもつながることから，8月8日が**「ヒゲの日」**や，1978 (昭和53) 年に全国理容連合会が定めた**「頭髪の日 (毎月18日)」**など，顔に関する記念日がいろいろあります。

二月堂お水取り

　"お水取り"は，テレビなどでも毎年報道されていますが，3月1日から2週間にわたって行われる東大寺二月堂の**修二会**のなかの行事です。752（天平勝宝4）年に始まり，21世紀の現在までも続いている奈良の代表的な行事です。

　修二会とは，二月堂開祖の実忠和尚が夢のなかで見た十一面観音悔過の行法（自分たちの犯した罪を，二月堂の本尊十一面観音に懺悔をして，魂を鍛錬すること）を人間界に移して国の安泰と万人の幸せを祈る法会です。1日から14日まで，さまざまな行事が行われます。そのなかで，12日の夜（13日の未明），呪師などが，**若狭井**に下って香水を汲み取って十一面観音に供えます。これを"**お水取り**"といいます。

　12日の夕方から，梵鐘（寺院の釣鐘）を合図に大きな籠松明が二月堂の廻廊でふりまわされます。これは，おたいまつともよばれており，この火の粉を浴びると厄除けになるといわれるので，人々は先を争って火の粉を浴びようとします。とくに，14日の行事の最後を飾る"**韃陀の妙法**"は8キロもある籠松明が内陣を激しく巡り，床板に投げつけられる荒行です。

　お水取りの水は，福井県の若狭から地中を通って二月堂の若狭井に送られるといわれており，水源地の福井県小浜市の神宮寺では3月2日に**お水送り**の儀礼が行われます。若狭の遠敷川の上流で，神事が行われ，竹筒の水が川に注がれます。二月堂の若狭井は，ふだんは枯れて水無しの井戸ですが，お水取りの日だけは水が満ちています。この水を飲めば，神力により病を癒すことができるともいわれます。お水取りの行事が済むと，春が来るといわれています。

お彼岸（春分の日）

　春分の日（3月20日ころ）と秋分の日（9月23日ころ，73頁参照）それぞれ前後3日間を彼岸といいます。つまり，彼岸は1週間続くわけで，それぞれ春彼岸，秋彼岸といいます。彼岸の1週間の始めの日を彼岸の入り，終わりの日を彼岸の明けといいます。春分の日も秋分の日も，太陽が真東から登って真西に沈み，昼と夜の長さが同じになることで知られていますが，実際には空気中を通る太陽の光の屈折率の関係で，その日には同じにならずに3，4日ずれて，春分では3月17日ころ，秋分では9月26日ころが昼夜同じになります。

　「暑さ寒さも彼岸まで」といわれるように，この日を過ぎると秋あるいは春へと季節が移っていきます。

　彼岸とは向こう岸という意味で極楽浄土のことを指し，それに対してこちら側は此岸といって現世のことを指します。彼岸の語源は梵語の波羅密多という言葉で，これには煩悩のある現世を離れて涅槃の世界に行くという意味があります。

　彼岸の中日，つまり春分の日と秋分の日には太陽が真西に沈むことから，仏教では西に極楽浄土があるとされているので，この日に彼岸に行ってしまった先祖を供養するようになったともいわれ，それと同時に自分も彼岸に行けるようにと祈るという意味あいがありました。しかし，現代の祝日法では秋分の日は「祖先をうやまい，なくなった人々をしのぶ」とされているのに対して，春分の日は「自然をたたえ，生物をいつくしむ」とされていて，本来の意味あいが少し変化しているようにも思われます。

　彼岸にはお墓参りに行き，"おはぎ"あるいは"ぼたもち"を食べます。おはぎとぼたもちの違いはというと，まわりに餡がついているのがぼたもちで，きな粉がついているのがおはぎだという説と，春の彼岸に作るのがぼたもち（牡丹もち）で秋の彼岸に作るのがおはぎ（萩のもち）だとする説などがありますが，実際には同じ物のようです。

イースター（復活祭）

　イースターは，主イエス・キリストが十字架にかけられて死んでから，3日目によみがえったことを喜び，祝うお祭り（**復活祭**）です。キリスト教会では，**クリスマス**（主イエスの生まれ日），**ペンテコステ**（聖霊が宿った日）と並ぶ，もっとも重要な三大行事のひとつとしてイースターを行います。

　イースターは，主イエスの復活を祝うお祭りだけではなく，**春の訪れ**を喜びあうお祭りでもあります。昔，人々は，冬が来ると太陽は死んで，春になると再び生まれてくると考えていました。冬は，寒く，夜も長く，人も動物も食べるものが少なくなります。そのような厳しい季節であっても，人々は神さまを喜ばすために，できる限りのことを行っていました。わざと食事を取らずにがまんをしたり，早く植物の芽が出るようにと，常緑樹の枝を飾ったりしたのです。冬もなかばをすぎると，日はしだいに長くなり，人々は，冬を無事に過ごせたことを神に感謝し，祈りを捧げるとともに，春の訪れを祝うようになりました。

春の訪れを，人々は，春をつかさどる神が寒さと暗闇をつかさどる神を打ち負かしたためであると考えていました。春をつかさどる神は，世界中の国々で信じられており，さまざまな呼び名がついていました。ギリシアや中近東の国々では，アドニスとよばれており，古代ローマ人は，アッティスとよんでいました。北ヨーロッパの国々では，春の女神をエストレとよんでおり，この名前がもとになってイースターという言葉ができたということです。
　キリスト教が広く伝わる以前は，人々はたくさんの神さまを信じ，あがめていました。春の神もその一人であり，太陽も大切な神の一人でした。昼と夜の

＜コラム＞　イースターバニーとイースターエッグ

　イースターのお祭りには，**野ウサギ**と**ニワトリの卵**がかかせません。
　野ウサギは，春をつかさどる女神エストレのお供であると信じられていました。子どもたちは，その野ウサギが春のプレゼントを運んでくれると信じているのです。野ウサギの運んでくるプレゼントは，きれいな絵や模様が描かれた卵でした。卵は春のシンボルです。新しい生命を宿している卵は，太陽がよみがえり，すべての物が新しく生まれ変わる春という季節と同じ意味を持っているのです。ヨーロッパだけでなく，中国やインド，ペルシア，エジプトなどでも，春のお祭りに卵を食べるということが伝えられています。
　卵に色をつける風習は，大変古くからありました。中国では，3000年以上も前から，春のお祭りに赤い卵を交換しあったということです。イースターの卵に複雑な模様が描かれるようになったのは，19世紀くらいからだったようです。卵には，さまざまな色彩が鮮やかに描かれていますが，とくに赤という色が目立つのは，主イエスが十字架で流した血の色を表しているといわれています。飾り卵は，初めのころは砂糖やアーモンド菓子で作られていましたが，最近ではチョコレートで作られることが多いようです。また，ボール紙で鮮やかな卵を作り，中にかわいいおもちゃやお菓子を入れたものも，19世紀から作られました。最近では，そうしたおもちゃ入りの卵がイースターの季節になりますと，デパートなどで盛大に売り出されます。
　子どもたちは，イースターが近づくと，野ウサギのために庭に巣を作ったり，ウサギの飾りのついた小さなバスケットを用意したりします。それに，イースターの卵やほかのプレゼントなどを入れてもらうのです。
　また，イースターの日には，子どもから大人まで楽しめる卵を使ったゲームを行います。「卵ころがし」「卵ぶっつけあい」「卵を高く投げる」などのゲームです。これらは，すべて春のお祭りに行われていたゲームが伝えられたものです。

長さが同じになる春分の日には，春の神や太陽の神をあがめるためのお祭りが盛大に行われていました。丘の上で大きなたき火をたいたり，パレードを行ったり，人間の生命を守る魔力を持つといわれている樫の木に飾りつけて牛や羊などの動物を生けにえにして捧げました。

　キリスト教が伝わり，その教えに従う人が多くなるにつれ，ただ一人の神だけを信じる人が増えてきました。しかし，人々は古くから伝わる自分たちの習慣をすべて捨ててしまうことは，なかなかできません。そのために，古い習慣をキリスト教の教えに合うような形で残していくことを考えました。春の神エストレをたたえるお祭りは，十字架にかけられて死んだ主イエスが3日目によみがえったことを祝うイースターという大切な祭りとして姿を変えたのです。

　イースターの日は，初めは教派によってまちまちでした。しかし，4世紀の初めに世界中のキリスト教の代表者が集まって，春分の日が終わって，初めて満月になった，すぐ後の日曜日をイースターとすることに決めました。

　春分の後の満月の日付は年ごとによって変動します。満月と満月の間は約1か月ほどありますし，その次の日曜日というと，イースターの日付は，年ごとにかなりずれることになり，3月中だったり4月末ころだったり，その差は1か月以上になることもあります。

　ちなみに2025年と2030年を計算してみると，両年とも春分の日は3月20日で，その次の満月は，2025年が3月25日の木曜日でその後の日曜は3月28日。2030年は満月が4月18日，たまたまこれも木曜で次の日曜は4月21日となり，これらがイースターとなります。ただしこれは当編集部で試算したもので，正式に決定したものではありませんが，このように日付が前後するということだけは確かです。

巻末資料

- ◇ 節句(せっく)
- ◇ 四季と二十四節気(にじゅうしせっき)
- ◇ 六曜(ろくよう)
- ◇ 十二支(じゅうにし)
- ◇ 暦の歴史
- ◇ 通過儀礼

節句

　節句といえば，現代では，"桃の節句""端午の節句"くらいしか思い浮かばないのではないかと思いますが，もともとは古く中国で，季節の変わり目を"節"として暦法で定められたものが日本に伝わり，各種の年中行事と結びついて節句（古くは節供と書く。節日ともいう）となったものです。

　日本古来のものとして，正月，盆などのほか，氏神さまの祭礼，各地の農耕儀礼や行事なども節句・節日となっています。

　「怠け者の節句働き」ということわざがあります。これは，みんなが休んでいるときに，ふだん怠けている者がことさらのように働き者ぶることを嘲って言った言葉ですが，節句は休日であり，農耕社会での共同生活では勝手なふるまいは許されず，節句には働いてはならない（ふだんの日に休んではならない）という戒めの言葉でしょう。

　前述したように，節句とはいろいろな日を指していますが，とくに有名なものが五節句です。中国の唐の時代に定められ，日本へ伝わって室町時代に宮中で行われたものを，江戸幕府が式日（一定の儀式のある日）として定めて一般に普及していったもので，次にあげる5つを指します。これらはともに，奇数とそれが重なることを尊ぶ中国の思想からきたものです。

人日（1月7日）
　古来，中国では人勝節ともいい，正月の1日から6日まで獣を占い，7日目に人を占ったというところからきています。1日は鶏，2日は狗，3日は猪，4日は羊，5日は牛，6日は馬で，その日にはその動物を殺さないようにし，7日には犯罪者の刑罰を行わないようにしたということです。
　わが国では，"七種の節句"ともいいます。（「七日正月」142頁参照）

上巳（3月3日）
　桃の節句，雛節句，重三の節句などともいわれます。（「ひな祭り」165頁参照）

端午（5月5日）
　菖蒲の節句ともいいます。（「端午の節句」24頁参照）

七夕（7月7日）
　たなばた，星祭り，乞巧奠などともいいます。（「七夕」50頁参照）

重陽（9月9日）
　菊の節句，重九などともいいます（「重陽の節句」67頁参照）

四季と二十四節気

　一年は"**春夏秋冬**"の四季に分けられます。また，それぞれの季節を"**初・仲・晩**（または**孟・仲・季**）"の三候に分けたりもします。"孟春の候""仲秋の名月""初冬"などという言い方はこれによります。

　春という読み方は，万物が"発る（発する）"からという説が有力ですが，草木の芽が"張る"，天候の"晴る"，田畑を"墾る"などの説もあります。

　夏は，"暑"の転化といわれますが，"生る""熱"からとする説も有力です。

　秋は，"黄熱（稲が成熟する）"からとする説が一般的ですが，秋空が"あきらか（清明）"である，収穫が"飽き満る"から，また，草木の葉が"紅く"なるからとの説もあります。

　冬は，"冷ゆ"からといわれますが，一説には，寒さが威力を"振るう"，寒さに"震う"，また動物の出産の時期である"殖ゆ"の意味からともいわれます。

　四季には，別表のようないろいろな区分法があります。**太陽暦による月切り**の（気候学上の）区分が，現在の私たちが普通に使っている四季です。**天文学上の四季**は，太陽の動きによって決めるもので，春分は太陽が黄経0度（春分点）を通過するとき，夏至は90度，秋分は180度（秋分点），冬至は270度をそれぞ

四季の区分法

	春	夏	秋	冬
太陽暦による月切りの四季	3〜5月	6〜8月	9〜11月	12〜2月
天文学上の四季	春分〜夏至前日 （3月20日頃〜 6月20日頃）	夏至〜秋分前日 （6月21日頃〜 9月22日頃）	秋分〜冬至前日 （9月23日頃〜 12月21日頃）	冬至〜春分前日 （12月22日頃〜 3月19日頃）
旧暦による月切りの四季	旧暦1〜3月 （2〜4月頃）	旧暦4〜6月 （5〜7月頃）	旧暦7〜9月 （8〜10月頃）	旧暦10〜12月 （11〜1月頃）
二十四節気による四季（節切り）	立春〜立夏前日 （2月4日頃〜 5月4日頃）	立夏〜立秋前日 （5月5日頃〜 8月6日頃）	立秋〜立冬前日 （8月7日頃〜 11月6日頃）	立冬〜立春前日 （11月7日頃〜 2月3日頃）

れ通過するときです(73頁参照)。春分と秋分は昼・夜の長さが同じで，夏至は昼がもっとも長く，冬至は夜がもっとも長くなります。

　旧暦による月切りの区分は現在ではほとんど使われませんが，**二十四節気による区分**は，実際の季節感とはかなりのずれがあるにもかかわらず，たとえば，立春のとき「暦の上では春ですが，まだ風も冷たく」などといったり，立秋の前日（8月6日ころ）までは"暑中見舞い"を出すが，立秋以後は"残暑見舞い"にするなど，現代の生活のなかでもよく使われています。

　太陰暦を使っていた古代中国では，暦の日付と太陽の位置が無関係であるため，実際上の気候と日付が年によって変動し，はなはだしい場合には1か月以上も季節がずれるということが起きます。これでは，農作業や一般の生活に大変不便ですので，暦上の日付とは別に太陽の動きをもとにして気候を示す24の基準点が考え出されました。これが二十四節気です。（次頁表参照）

　二十四節気は中国の黄河中・下流域の気候にもとづいて作られたため，日本の実際の気候とはずれが生じることになります。また，歳時記の季語を決める基準ともなりましたので，現在の四季（太陽暦の月切りの四季）と俳句の季語が異なったりします。

　しかし，毎年同じ季節に同じ節気が来ること，節気の間隔が約15日で一定しており，半月ごとの季節変化に対応できることから，農作業などには非常に便利であり，広く使われるようになりました。

　この二十四節気のそれぞれをさらに細かく3等分して，1年を5日ごとに区切ったものが"七十二候"です。これには，それぞれの時候のようすを短い言葉で表した名称がつけられ，いわば動植物・自然界の実態カレンダーのようなものです。ここでは全部を紹介はできませんが，たとえば，立春から始まる一候は"東風解凍（東風が吹き始め，厚い氷を解かす）"，二候は，"蟄虫始振（土のなかで冬籠りしていた虫が動き始める）"，三候は"魚上氷（水がぬるんで割れた氷のあいだから魚が飛び出してくる）"といった具合で，詩的な表現も多く，読んでいてなかなか楽しいものです。しかし，二十四節気と同じく黄河流域で作られたため，またその表現がより具体的であったため，日本の気候には合わず，日本の風土に合わせて表現を変えた"本朝七十二候"などが作られましたが，あまり一般には普及しなかったようです。

二十四節気

節気	日付	意味
立春（りっしゅん）	2月 4日	春の気が初めて立つ
雨水（うすい）	2月19日	雪氷がとけて雨水となる
啓蟄（けいちつ）	3月 5日	土のなかでちぢこまっていた虫（蟄）が穴を啓いて動き出す
春分（しゅんぶん）	3月20日	昼夜が等しく分かれる
清明（せいめい）	4月 5日	万物が清浄明潔である
穀雨（こくう）	4月20日	春雨が百穀を潤す
立夏（りっか）	5月 5日	夏の気が立つ
小満（しょうまん）	5月21日	万物が長じて天地に満ち始める
芒種（ぼうしゅ）	6月 6日	芒（稲や麦などについているトゲ）のある穀物を植えつける
夏至（げし）	6月21日	日の長きに至る（昼がもっとも長くなる）
小暑（しょうしょ）	7月 7日	暑さが日増しに加わってくる（この日から暑中見舞いを出し始める）
大暑（たいしょ）	7月23日	暑さがもっとも激しくなる
立秋（りっしゅう）	8月 7日	秋の気が立つ（暑中見舞いがこの日から残暑見舞いとなる）
処暑（しょしょ）	8月23日	暑さが止む（"処"は"とどまる"の意）
白露（はくろ）	9月 8日	秋気も加わり，野草に白露が宿る
秋分（しゅうぶん）	9月23日	春分と同じく昼夜が等しく分かれる（ただし，気温でみると，秋分のほうが平均で10度くらい高い）
寒露（かんろ）	10月 8日	野草に冷たい露が宿る
霜降（そうこう）	10月23日	晩秋となり冷たい霜が降りる
立冬（りっとう）	11月 7日	冬の気配がうかがえる
小雪（しょうせつ）	11月22日	寒さもまだ厳しくなく，雪もまだ多くはない
大雪（たいせつ）	12月 7日	寒さがだんだん厳しくなり雪も多くなる
冬至（とうじ）	12月22日	日の短きに至る（夜がもっとも長くなる）
小寒（しょうかん）	1月 5日	寒気がだんだん加わってくる（この日をもって"寒の入り"として寒中見舞いを出し始める）
大寒（だいかん）	1月20日	寒気がもっとも激しくなる

（日付は太陽暦のおおよその日付）

六曜

「今日は大安だから結婚式が多い」とか「友引だからお葬式を出せない」などとよくいいます。この大安・友引などを"六曜"とよび，先勝・友引・先負・仏滅・大安・赤口の6つをいい，別表のようにそれぞれ意味をもっています。「本日はお日柄も良く」などという場合の"お日柄"とは，その日の吉凶のことであり，現代ではこの六曜の意味で判断することが多くなっています。

六曜は六曜星の略で，本来は"りくよう"と読むのが正しいようです。六輝，孔明六曜ともよばれ，『三国志』で有名な諸葛孔明が発案したともいわれます。孔明が六曜を用いて作戦を立てたところ，ことごとく勝利をおさめたということですが，これはどうも定かではなく，後世の人のこじつけのようです。

ともあれ中国で生まれたもので，もともとは日の吉凶を占うものではなく，1か月(30日)を指の数である5つに分けて6日ずつの単位で日を数えたのではないか，つまり現代のカレンダーの七曜と同じようなものだったといわれています。日本には鎌倉時代末期から室町時代にかけて伝わり，その後だんだんと名称，順序，解釈が日本式に変化して，日の占いとなっていったようです。

これがさかんに用いられるようになったのは，皮肉なことに，1873(明治6)年の太陽暦への改暦のときからです。これまでの太陰暦(旧暦)を廃止し，日の吉凶も"デタラメで，たんなる迷信である"として禁止してから，かえって六曜が記された暦が"おばけ暦(秘密出版の暦)"として流行するようになりました。現在では，たいていのカレンダーの日付の下に六曜が記されています。

〈六曜の順序〉

六曜は，先勝・友引・先負・仏滅・大安・赤口の順序で繰り返されますが，カレンダーをよく見ると，ときどきこの順番がくるっていることがあります。これは，もともと旧暦の月ごとに六曜の順序が定まっているからで，旧暦での月の変わり目には順番が変わることになります。

　　　旧暦の　1月1日と7月1日は　先勝　　4月1日と10月1日は　仏滅
　　　　　　 2月1日と8月1日は　友引　　5月1日と11月1日は　大安
　　　　　　 3月1日と9月1日は　先負　　6月1日と12月1日は　赤口

このように定まっているので，旧暦では何月何日は何の日というように，日付と六曜がつねに一致しています。たとえば，3月1日が先負ですので，ひな祭りの3月3日はかならず大安であるとか，お釈迦さまの命日である旧暦2月15日は，もともとの六曜の意味ではまったく関係がないとされている仏滅であるといった具合です。

六曜の読み方と意味

六曜	他の読み方	意　　味
先勝（せんかち）	せんしょう さきかち	先んずればすなわち勝つ。 早ければ吉。万事に急ぐことがよい。 午前中は吉で，午後は凶。
友引（ともびき）	ゆういん	凶事に友を引く，凶禍が友に及ぶということで，葬儀は厳に慎む日とされている。逆に婚礼には吉。 もともとは何事も引き分けで勝負のつかない日。 朝晩は吉，正午のみ凶。
先負（せんまけ）	せんぷ さきまけ	先勝の逆で，先んずればすなわち負ける。 勝負事や急用はなるべく避け，万事控えめにしているのがよい。 午前中は凶，午後は吉。
仏滅（ぶつめつ）		仏も滅亡するような最悪日。もともとはすべてがむなしい日として物滅（もつめつ）といったのが転じて仏滅となったもので，お釈迦さまの命日とは関係がない。 すべてに凶。とくに婚礼などの祝儀は忌む日。
大安（たいあん）	だいあん	大いに安しの意味で，万事に用いて吉。 大安吉日などといわれる。 婚礼などの祝儀にはとくによいとされる。
赤口（しゃっく）	しゃっこう じゃっく じゃっこう せきぐち	正午のみ吉で，他は凶。とくに祝い事には大凶。 火の元に気をつけよともいわれ，赤が血を連想させることから，大工，板前など刃物を使う人の要注意日とされた。

十二支

　十二支とは，子（ね）・丑（うし）・寅（とら）・卯（う）・辰（たつ）・巳（み）・午（うま）・未（ひつじ）・申（さる）・酉（とり）・戌（いぬ）・亥（い）の12をいいます。

　十二支がいつごろできたかは，はっきりしませんが，古代中国の殷の時代（紀元前16C～11Cころ）には使われており，もともとは1年の12か月の順序を示すための符号であったと考えられています。正月は子，2月は丑といった具合です。古くは冬至を正月（子の月）と考えていたのが，その後だんだん立春を正月と考えるようになり，旧暦では，立春のある月（寅の月）を正月としています。

　この十二支は，もともと動物との関連はまったくなく，たとえば"子"は"孳"（ふえるの意）で新しい命が種子のなかに萌し始める状態，"丑"は"紐"（ひも・からむの意）で種子のなかで萌芽がまだ伸びきれない状態というように，季節による草木の成長の状態を表した語を記号として用いたものです。

　このように，初めはたんに月を表す記号であった十二支を，のちには年や日にも当てはめるようになり，毎年毎年，一日一日が十二支のうちのどれかに定まることになりました。それが広く行われるようになると，文字を読めない当時の一般の人々に，子・丑・寅……などとむずかしい言い方をしてもわかりにくいので，中国の戦国時代（紀元前480～247年）のころ，一般に普及するように，それぞれに動物を当てはめるようになりました。

　　　子—鼠　　丑—牛　　寅—虎　　卯—兎　　辰—竜　　巳—蛇
　　　午—馬　　未—羊　　申—猿　　酉—鶏　　戌—犬　　亥—猪

　このなかにネコが入っていない理由については，昔話に，神さまが十二支を決めるために，動物たちに早く来たもの順にすると知らせたとき，ネズミがネコを騙して来られないようにしたので，それ以来，ネコはネズミを取るようになったとか，また，ネズミがウシの頭に飛び乗って，ウシが一番で神さまの前に着く寸前にピョンと飛び降りて自分が一番になったなどという話がありますが，実際のところはよくわかっていません。ただ，古代からネコは魔性があると思われており，それで敬遠されたのではないかといわれています。

十二支と時刻

十二支は年月日だけでなく，いろいろなものに使われるようになりました。

まず時刻では，夜中の12時（0時）を中心にその前後2時間を"**子の刻**"として，十二支の順に1日を12等分する数え方があります（図参照）。この2時間の前半を"**初刻**"，後半を"**正刻**"とよび，昼の12時は**午の正刻**（正午の刻）に当たるので，いまでも12時を"**正午**"といい，それ以前を"**午前**"，以後を"**午後**"とよびます。

このそれぞれの2時間をさらに4等分して，**一つ**，**二つ**とよぶ数え方もあります。「草木も眠るうしみつどき」という場合の**うしみつどき**（丑三つ時・丑満刻とも書く）は"**丑の（刻の）三つ刻**"のことで，午前2時に当たります。

また別に，夜中の12時と昼の12時をそれぞれ"**九つ**"として，2時間ずつ順に数を減らして"**四つ**"まで数え，また"**九つ**"に戻るという数え方もあります。"**明け六つ**""**暮れ六つの鐘**"などの言い方や，午後3時ころに一服してお茶やお菓子をとることを"**お八つ**"というのは，このことに由来しています。

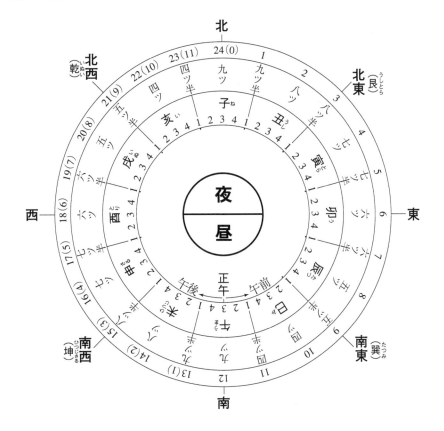

十二支と方位

　方位では，真北を"子(ね)"として，十二支を順に当てはめます。(前頁図参照)
　地球上の一点と北極・南極を結ぶ線を"子午線(しごせん)"といいますが，これは，真北が"子(し)"，真南が"午(ご)"であることからきています。
　また，とくに東西南北の中間，北東を丑と寅の間であることから"艮(うしとら)"，南東は辰と巳の間で"巽(たつみ)"，南西は未と申の間で"坤(ひつじさる)"，北西は戌と亥で"乾(いぬい)"とよび，お城によくある"乾門(いぬいもん)(城の北西にある門)"だとか，"艮(うしとら)(北東)は鬼門だ"(153頁参照)などという言い方，東京の深川を"巽(たつみ)(江戸城の南東にあたる)"という呼び方などとして，いまでも使われています。
　"艮(ごん)""巽(そん)""坤(こん)""乾(けん)"の字を当てはめるのは，八卦(はっけ)の8つの図形の名称で，これらが自然界・人事界のすべての現象を象徴するとして，方位にも当てはめられたものです。ちなみに，北は"坎(かん)"，南は"離(り)"，東は"震(しん)"，西は"兌(だ)"です。これら8つが"八卦"で占いにも使われます。

十干十二支(じゅっかんじゅうにし)（干支(えと)）

　十二支(じゅうにし)で年や日を数えると，12で一巡してしまうので，さらに十干(じゅっかん)と組み合わせて，その最小公倍数60で一巡する数え方が生み出されました。60というと，日では約2か月間，年では昔の人のほぼ一生にあたる60年ということになり，西洋暦のように通した数え方がなかった昔においては非常に便利なものでした。(なにしろ，日本における年号を考えても，最初の年号である大化(たいか)(645〜650年)から現在までで60年を超えた年号は"昭和"だけなのですから)
　十干とは，もともとは1か月を3つに分けた一旬(じゅん)(10日間)を示す記号で，甲(こう)・乙(おつ)・丙(へい)・丁(てい)・戊(ぼ)・己(き)・庚(こう)・辛(しん)・壬(じん)・癸(き)の10をいい，十二支と同じく，たとえば，"甲(こう)"は甲冑(かっちゅう)の"甲(かぶと)"の意味で，種子を厚皮が覆っている状態，"戊(ぼ)"は"茂(しげる)"の意味で草木が繁茂している状態など，草木の成長過程を表す文字を記号として用いたものです。
　これらは，昔の学校で成績を良い順から"甲・乙・丙……"とつけたり(のちの優良可，ABCなど)，いまでも契約書で「○○を甲とし，△△を乙とする」などのように，あまり数が多くないものの符号に使われたりします。

この十干と**陰陽五行思想**が結びついて，たんなる記号ではなく，さまざまな暦法的・占い的意味を帯びるようになりました。五行とは"**木・火・土・金・水**"の5つで，これらと**陰・陽**の二気が森羅万象，宇宙のあらゆるものを形づくっていると考えたのです。

　日本では，陽を"**兄**"，陰を"**弟**"に当て，右のような組み合わせを考えました。この十干と十二支の組み合わせ，十干十二支"**干支**"を，兄と弟から"**えと**"とよぶようになったのです。（次頁十干十二支の表参照）

```
木の兄→甲（きのえ）
〃 弟→乙（きのと）
火の兄→丙（ひのえ）
〃 弟→丁（ひのと）
土の兄→戊（つちのえ）
〃 弟→己（つちのと）
金の兄→庚（かのえ）
〃 弟→辛（かのと）
水の兄→壬（みずのえ）
〃 弟→癸（みずのと）
```

　この60の組み合わせは，前に述べたように年号がすぐ変わる日本では，日を表すことよりも，年を数えることにより多く利用されることになりました。

　年齢では，"**丙申の生まれ**"といえば，平成28（2016）年か昭和31（1956）年生まれと（本人かその状況をみれば，どちらかは一目瞭然）すぐわかるし，その年が**丁未の年**（2027年）ならば満11歳か71歳ということです。

　また，大きな事件や出来事に干支をつけていえば，いつ起こったことかがわかるというわけです。たとえば，奈良時代，天智天皇の死後，大友皇子に対して起こした大海皇子の反乱を"**壬申の乱**"というのは，この年（西暦672年）が**壬申の年**だったからですし，明治維新の官軍と幕府軍の戦いを"**戊辰戦争**"というのも1868年・**戊辰の年**の出来事だということです。また，高校野球で有名な"**甲子園**"は，1924（大正13）年・**甲子の年**に建設されたので，こう命名されました。

　干支は60年で一巡するので，61年目には自分の生まれた干支に戻ります。このため数え年61歳（満60歳）を"**還暦**"として祝います。昔は60歳というと長寿でしたので，自分の干支に還ることを"子どもに還る"などといい，赤いチャンチャンコなどを着て祝いました。現在では平均寿命も延び，60歳ではまだまだ働き盛りということもあり，あまり盛大なお祝いはしなくなりましたが，赤い帽子やブレザーなどを着たりすることがあります。（202頁参照）

十干十二支

十二支：子（シ）・丑（チュウ）・寅（イン）・卯（ボウ）・辰（シン）・巳（シ）・午（ゴ）・未（ビ）・申（シン）・酉（ユウ）・戌（ジュツ）・亥（ガイ）

十干：甲（コウ／カツ）・乙（オツ／イツ）・丙（ヘイ）・丁（テイ）・戊（ボ）・己（キ）・庚（コウ）・辛（シン）・壬（ジン）・癸（キ）

甲	(1) 甲子（きのえね・コウシ／カッシ） 大正13年／昭和59年	(11) 甲戌（きのえいぬ・コウジュツ）	(21) 甲申（きのえさる・コウシン）	(31) 甲午（きのえうま・コウゴ）	(41) 甲辰（きのえたつ・コウシン）	(51) 甲寅（きのえとら・コウイン）
乙	(2) 乙丑（きのとうし・イツチュウ） 昭和60年／1985年	(12) 乙亥（きのとい・イツガイ） 昭和10年／1995年	(22) 乙酉（きのととり・イツユウ） 昭和20年／2005年	(32) 乙未（きのとひつじ・イツビ） 昭和30年／2015年	(42) 乙巳（きのとみ・イツシ） 昭和40年／2025年	(52) 乙卯（きのとう・イツボウ） 昭和50年／2035年
丙	(3) 丙寅（ひのえとら・ヘイイン） 昭和元年	(13) 丙子（ひのえね・ヘイシ）	(23) 丙戌（ひのえいぬ・ヘイジュツ）	(33) 丙申（ひのえさる・ヘイシン）	(43) 丙午（ひのえうま・ヘイゴ）	(53) 丙辰（ひのえたつ・ヘイシン）
丁	(4) 丁卯（ひのとう・テイボウ）	(14) 丁丑（ひのとうし・テイチュウ）	(24) 丁亥（ひのとい・テイガイ）	(34) 丁酉（ひのととり・テイユウ）	(44) 丁未（ひのとひつじ・テイビ）	(54) 丁巳（ひのとみ・テイシ）
戊	(5) 戊辰（つちのえたつ・ボシン） 明治元年	(15) 戊寅（つちのえとら・ボイン） 平成10年	(25) 戊子（つちのえね・ボシ） 平成20年	(35) 戊戌（つちのえいぬ・ボジュツ） 平成30年	(45) 戊申（つちのえさる・ボシン） 令和10年	(55) 戊午（つちのえうま・ボゴ） 令和20年
己	(6) 己巳（つちのとみ・キシ） 平成元年	(16) 己卯（つちのとう・キボウ）	(26) 己丑（つちのとうし・キチュウ）	(36) 己亥（つちのとい・キガイ） 令和元年	(46) 己酉（つちのととり・キユウ）	(56) 己未（つちのとひつじ・キビ）
庚	(7) 庚午（かのえうま・コウゴ）	(17) 庚辰（かのえたつ・コウシン）	(27) 庚寅（かのえとら・コウイン）	(37) 庚子（かのえね・コウシ）	(47) 庚戌（かのえいぬ・コウジュツ）	(57) 庚申（かのえさる・コウシン）
辛	(8) 辛未（かのとひつじ・シンビ） 1990年／昭和5年	(18) 辛巳（かのとみ・シンシ） 2000年／昭和15年 2001年	(28) 辛卯（かのとう・シンボウ） 2010年／昭和25年	(38) 辛丑（かのとうし・シンチュウ） 2020年／昭和35年	(48) 辛亥（かのとい・シンガイ） 2030年／昭和45年	(58) 辛酉（かのととり・シンユウ） 2040年／昭和55年
壬	(9) 壬申（みずのえさる・ジンシン）	(19) 壬午（みずのえうま・ジンゴ）	(29) 壬辰（みずのえたつ・ジンシン）	(39) 壬寅（みずのえとら・ジンイン）	(49) 壬子（みずのえね・ジンシ） 大正元年	(59) 壬戌（みずのえいぬ・ジンジュツ）
癸	(10) 癸酉（みずのととり・キユウ） 平成5年	(20) 癸未（みずのとひつじ・キビ） 平成15年	(30) 癸巳（みずのとみ・キシ） 平成25年	(40) 癸卯（みずのとう・キボウ） 令和5年	(50) 癸丑（みずのとうし・キチュウ） 令和15年	(60) 癸亥（みずのとい・キガイ） 令和25年

各元号の元年の西暦年は，明治1868年，大正1912年，昭和1926年，平成1989年，令和2019年である。

暦の歴史

　人類の発生以来，農・漁業に従事したり社会生活を営むうえで，**暦**はなくてはならないものです。春夏秋冬の気候の変化を，年・月・日で，あるいは旬や週などの単位で考えることは古くから行われていました。
　原始的な社会においては，その土地土地の気候風土，狩猟採集の移り変わりを目安とした，いわば"自然暦"といったものでした。たとえば"○○の木の実がなる月"とか"○○の魚(獣)のとれる月""大雨の降る月"などというもので，月の数も一定ではなく，1か月の日数もさまざまでした。
　社会が発達するにつれて暦も進歩していきました。
　現在の暦になるまでの暦の種類は，次の3つに大きく分類できます。すなわち，**太陰暦，太陰太陽暦，太陽暦**です。

太 陰 暦

　太陰暦は，太陰すなわち"月"の満ち欠けを基準とした暦で，新月から新月(あるいは満月から満月)を1か月としたものです。
　この1か月は約29日半にあたり，小の月(29日)と大の月(30日)を交互に置いて，12か月を1年としますが，これだと1年は354日となり，実際の1年(太陽年)より11日短くなります。
　しかし，面倒な規則もなく簡単にだれにでも理解できることから，四季の変化の少ない地方，農業にあまり依存していない地方，単純で素朴な社会にあっては，非常に便利なものとして使われていました。

〈イスラム暦〉

　太陰暦で有名なものに"**イスラム暦**"があります。**マホメット暦，回教暦**ともよばれ，イスラム教の開祖マホメットによって制定されたものです。
　前述したように毎年11日ずつ短いので，イスラム教徒の60歳は現代の人なら58歳ということになります。また，現在では太陽暦(グレゴリオ暦)を採用し

ていますが，宗教的儀式などはイスラム暦で行っていますので，たとえばメッカへの巡礼やラマダン（断食月）の時期など毎年11日ずつ早くなっています。

太陰太陽暦

　この11日の差を，何らかの方法によって調整しようとしたものが**太陰太陽暦**です。世界各地でさまざまな工夫がなされていますが，約3年ごとに1か月の**閏月**（うるうづき）（12か月のほかに途分に加えた1か月）を挿入するのが一般的です。

　わが国で"**旧暦**（きゅうれき）"とか"**陰暦**（いんれき）"とよばれているものも，この太陰太陽暦で，当時もっとも発達していた中国暦を輸入したものです。

太　陽　暦

　太陽暦とは，太陽の運行を基準とした暦で，季節とのずれはありませんが，月の満ち欠けとは一致しません。

　太陽暦の歴史も古く，中央アメリカで古代に栄えたマヤ文明では，紀元前7〜6世紀には，1年を365.2420日と計算しており，月や金星などの周期も正確に観測し，これらにもとづいた精密な暦を作っていたといわれています。

　古代エジプトでは紀元前2900年ころ，1か月を30日として，12か月で360日，年頭に5日の祭日を加えて，1年を365日としていました。

　これはもともと，ナイル河がある一定の時期に氾濫をおこし，そのとき**大犬**（おおいぬ）座のシリウスがいつも決まった場所にいることを発見して，シリウスの運行によって1年を定めたものです。シリウスの運行は太陽年と等しかったため，結果的には太陽暦となりましたが，むしろ"**恒星暦**（こうせいれき）"というべきものでした。

〈ユリウス暦〉

　エジプトのプトレマイオス3世が制定した暦法を参考にして，現代の暦にほぼ近いものを定めたのが，古代ローマのユリウス・カエサル（ジュリアス・シーザー）です。これが"**ユリウス暦**"とよばれるもので，1年を365.25日と計算して，4年ごとに**閏年**（うるうどし）を設けました。また，各月の日数も定め，それが現代までそのまま使われています。

この日数については，なぜ現行のように定めたのかよくわかっていません。一説には，カエサルが定めたときは，大の月（31日）と小の月（30日）を交互に置き，2月は死者の霊をまつる月であったので，その霊を悼むために1日を取って29日としたが，その後，カエサルの養子オクタビアヌスの名を8月の月名にしたとき，カエサルの名をつけた7月と同じ日数になるように2月からもう1日もってきて31日とした，それで2月は28日となり，7月，8月と31日の月が続くことになったということですが，これもさだかではありません。

また，今日，欧米各国で使われている毎月の呼び方も，ユリウス暦の月名がもとになっています。（各月の月名参照）

〈グレゴリオ暦〉

ユリウス暦では，1年を365.25日と計算しましたが，それでは実際の1年に比べて11分14秒長くなってしまいます。このため128年に1日の誤差が出て，16世紀になると，その差は10日以上にもなりました。

そのため，1582年，ローマ法王グレゴリオ13世が，「100で割り切れる年で，400で割り切れない年は閏年にしない」という改革を行いました。これが現在われわれの使っている "**グレゴリオ暦**" です。

改暦の歴史

グレゴリオ暦は正確・簡便ですが，欠点もあります。

まず，各月の日数が一定ではない，四季の日数や1年の前半・後半の日数が一致しない，そして，年によって曜日が移動する，などです。

そのため現代まで，いろいろな改暦の動きがありました。その大きな実験ともいうべきものが "**フランス革命暦**" です。

〈フランス革命暦（共和暦）〉

1789年7月14日，バスチーユ監獄の襲撃に始まったフランス革命では，1792年9月21日に王政が廃止され，その4か月後には国王であったルイ16世が断頭台の露と消えました。その年（1793年）の11月24日，改暦案が国民公会で可決され公布されました。

革命暦のおもな内容は，次のようなものでした。
- 新年（1月1日）を秋分の日とする。
- 各月の日数を30日として，年末に5日（閏年は6日）の祭日を設ける。
- 7日ごとの週を廃して，10日ごとの旬(じゅん)（デカート）に分け，10日，20日，30日を休日とする。
- 1日を10時間，1時間を100分，1分を100秒とする。

　革命暦は，従来の暦法・時刻法をまったく否定したものであり，他のヨーロッパ諸国とは完全に異なった暦となったため，いちいち暦日対照表を使わなければ話が通じないということになりました。

　時刻法を十進法にしたことにいたっては，いかにもメートル法の国フランスらしい合理主義ではありましたが，第一，時計の製造が間に合わず，全国の時計をすべて取り替えることなど，とうてい不可能なことでした。

　1801年，当時執政官であったナポレオンは，まず週と宗教上の聖日を公認し，5年後，グレゴリオ暦を復活し，時刻法も元に戻しました。かくして革命暦はわずか12年で廃止されたのです。

　このように壮大な実験は失敗に終わりましたが，このとき制定された月名はフランスの風物や自然をとりいれた詩的なもので，いまでも文学作品などに使われています。参考までに次にあげておきましょう。各季節3か月ずつ韻(いん)をふんであったりして，なかなかおしゃれなものです。

第 1 月	ヴァンデミエール	（ぶどうの月）	9/23〜10/22（西暦の日付）
第 2 月	ブリュメール	（霧の月）	10/23〜11/21
第 3 月	フリメール	（霜の月）	11/22〜12/21
第 4 月	ニヴォーズ	（雪の月）	12/22〜 1/20
第 5 月	プリュヴィオーズ	（雨の月）	1/21〜 2/19
第 6 月	ヴァントーズ	（風の月）	2/20〜 3/21
第 7 月	ジェルミナル	（芽生えの月）	3/22〜 4/20
第 8 月	フロレアル	（花の月）	4/21〜 5/20
第 9 月	プリーリアル	（草の月）	5/21〜 6/19
第 10 月	メッシドール	（収穫の月）	6/20〜 7/19
第 11 月	テルミドール	（熱さの月）	7/20〜 8/18
第 12 月	フリュクティドール	（果実の月）	8/19〜 9/17

〈世界暦(せかいれき)〉

19世紀に入ると，科学者や実業家たちから「グレゴリオ暦を改革すべきだ」という声がしだいに高まり，改暦案がいろいろと提唱されました。

1837年，イタリアの僧マストロフィニは，"**固定暦**"という，のちの世界暦に近いものを提唱し，1849年には，フランスの哲学者オーギュスト・コントが，毎月を28日間とし，13か月からなる"**実証暦**"というものを提案しました。

その後，多くの国際会議が開かれ，検討が重ねられましたが，"固定暦派"と"実証暦派"の論争が平行線をたどるだけでした。

第一次大戦後，国際連盟が成立すると，ただちに改暦のための特別委員会において，次の3種類の改暦案が検討されることとなりました。

① 四季の日数を同じにするため，各月は30日・30日・31日の順で繰り返す。曜日については現行のまま。

② 各月の日数は①案と同じ。日付と曜日を固定するため，平年は1日，閏年は2日の，曜日のつかない日（無曜日）を置く。

③ 1か月を28日とし，1年を13か月とする。無曜日を置いて，曜日は固定する。

②案が**世界暦**といわれるもので，世界暦協会の会長であるアケリス女史が熱烈に提唱し，③案にはコダック社の社長ジョージ・イーストマン氏の熱心な後援がありました。しかし，無曜日を置くことには，カトリック教会，ユダヤ教会など宗教団体の猛烈な反対もあり，結局，議論はまとまらないまま終わりました。

第二次大戦後も，国際連合において，世界暦を採択すべきかどうかの議論がなされましたが，協会会長のアケリス女史が老齢のため引退したことなどもあり，改暦の気運はもりあがらず，審議も棚上げとなってしまいました。

世界暦は，現行のグレゴリオ暦をほんのわずか修正することによって，毎年の曜日が固定され，しかも3か月ごとに同じ曜日が繰り返されるので，たった3枚のカレンダーがあれば未来永劫使用できるという簡便至極なものですが，これでは少々味気ないようにも思われますね。

通過儀礼(つうかぎれい)

人生においては，誕生，成長，結婚，死亡など，年齢の変化に伴ういろいろな儀礼(儀式)があります。これを**通過儀礼**あるいは**人生儀礼**といいます。

よくいわれる"**冠婚葬祭**(かんこんそうさい)"の"冠"とは元服(げんぷく)のときにかぶる冠(かんむり)で成年式のこと，"婚"は婚礼で，"葬"は葬儀，"祭"は祭祀(さいし)で祖先をまつることです。

成長の儀礼

〈帯祝い(おびいわい)〉

着帯祝い(ちゃくたい)ともいい，妊娠5か月目ころの戌(いぬ)の日に，安産を祈って岩田帯(いわたおび)を巻く儀礼です。岩田帯は，さらし木綿か白い綿ネルを，七五三にちなんで7尺5寸3分(約2.3m)の長さに断って作った帯で，胎児を保護し，その位置を安定させる効果があるといいます。戌の日に行うのは，犬が安産であることにあやかってのことです。

〈産着の祝い(うぶぎ)〉

赤ちゃんが初めて産衣(うぶぎ)を着るのを祝う儀式で，**着衣の祝い**(ちゃくい)ともいいます。

〈産養(うぶやしない)〉

産夜(うぶや)，**産立**(うぶたて)ともいい，とくに平安時代の貴族の家などで，子どもが生まれた当日を初夜として，三夜，五夜，七夜，九夜と，親戚や知人が誕生祝いの品(産婦や子どもの衣類，器具，飲食物など)を贈って祝宴を開くことです。

その後，民間でも行われるようになり，ほかはしだいにすたれていって，七夜のみが残っていきました。

〈お七夜(しちや)〉

お七夜の祝い，**名付け祝い**(なづ)，**命名式**(めいめいしき)ともいい，誕生後7日目(生まれた日も入れて)に，赤ちゃんに名前をつけ，白紙に書いて神棚や仏壇などに貼ってお祝いをします。

昔は，出産直後の新生児の死亡率は非常に高く，7日経ったということは，人間としてある程度存在できるようになったということで，名前をつけて社会の一員となったことを**産神（産土神）**さまに報告し，感謝する儀式です。

　また，出産7日目を産婦の床上げの日とするところも多く，父親の"産の忌み"が明ける日でもあります。

　現在では，戸籍法にもとづき，生後14日目までに役所へ出生届を提出し，同時に名前も届け出ることになっています。

〈お宮参り〉

　子どもが，生まれて初めて**産土神（氏神）**に参詣し，氏子の一員となったことを認めてもらい，子どもの健康と長寿を祈る行事です。普通，男子は31日目，女子は33日目となっていますが，7日目から100日目まで地方によっていろいろです。一般に30日目くらいが選ばれるのは，産婦の"産の忌み"がこのころ明けるからで，それまでは氏神との対面が許されないからです。

　"忌み"とは，けがれをさけて身を慎むことで，わが国では古来より"死"や"出産"をけがれとして一定の忌み期間を設け，神詣でをしてはならないなどとしました。

〈お食い初め〉

箸初め，箸揃え，箸立て，真名初め，百日などともいい，生後100日か120日目（地方によっては110日目）に子どもに初めてご飯を食べさせる祝いの行事で，子どもが一生食べるものに不自由しないように祈り，健やかな成長を願う儀式です。食い初め椀という鶴亀や松竹梅などおめでたい蒔絵模様の描かれたお椀などを用いた祝い膳を整えたり，赤飯や尾頭つきの魚を用意したりしますが，実際には食べるまねをさせるだけです。

〈初節句〉

誕生後初めての節句のことで，男子は5月5日の端午の節句，女子は3月3日のひな祭り（上巳の節句）を祝います。ただし誕生後すぐに（普通は21日以内のようです）節句がくる場合には，翌年に行うようです。

現在では，母親の実家から女の子にはひな人形，男の子には武者人形やこいのぼりなどを贈るのが一般的になっています。

〈初誕生〉

生後1年目の初めての誕生祝いです。昔は数え年（旧暦）で年齢を数えましたので，生まれた日を祝うのは満1歳の誕生日だけで，以後の年祝い（還暦，古稀など）は，その年齢になった正月に祝うのが普通でした。

というわけで，初誕生だけは特別で，祝いもちをついたり，赤飯を炊いて祝います。地方によっては，一升もちや一升のお米を背負わせたりします。また誕生日前に歩く子どもは，大きくなって家から遠くへ離れてしまうなどといって，わざと転ばせたりする風習もあります。このように満1歳の誕生日だけ特別に祝うのは，歩き出すほどに成長したことを喜び，以後の健やかな育ちを祈るということでしょう。

ちなみに，"数え年"とは，昔の日本では零（ゼロ）という概念が無かったので，生まれたときを"1歳"とし，初めてのお正月が来たとき"2歳"となり，以後は，お正月のたびに1つずつ歳をとっていく数え方をしました。ですから，大晦日に生まれた人は，次の日には2歳になっているわけです。

昔はすべてこのような数え方をしていたので，とくに個々人の誕生日を祝うという習慣はなく，お正月になると日本人全体が1つ歳をとるという，考えよ

うによっては、はなはだ便利な仕組みになっていました。大晦日からお正月にかけての行事を"年取り"というのはこのためです。

〈七五三（髪置きの祝い・袴着の祝い・帯解きの祝い）〉　　98頁参照。

〈成年式〉

子ども社会から大人の仲間入りをする儀式で、現代では20歳で**成人式**(147頁参照)が行われていましたが、2018(平成30)年の民法改正で成人年齢が18歳に引き下げられました。

かつては、男子が15歳ころ、女子は13歳ころに**成年式**が行われることが多く、それ以後は一人前の社会人とみなされました。

公家や武家の社会での**烏帽子着**や**元服**の儀式が有名ですが、一般庶民のあいだでも、時代により、地方により、いろいろな形の成年式が行われました。

たとえば、山登りや寺社へ詣るとか、重い物を持ったり、一定基準の農作業を課すなど、体力や労働力を測って一人前とみなすことがよく行われました。

儀式としては、髪を一定の形に結ったり剃ったり、烏帽子や褌・腰巻きを着用したり、鉄漿(お歯黒)をつけたり、入墨を入れるなどいろいろです。これらは、**兵児祝い**、**褌祝い**、**ゆもじ祝い**、**鉄漿付祝い**などとよばれます。

〈厄年〉

人間の一生のうちで、とくに災厄の多いとする年齢のことで、その年齢は地方により、また時代により、さまざまにいわれていますが、今日では、おおむね次の年齢（数え年）を**厄年**とするのが普通です。

　　男性　　10歳・25歳・42歳・61歳
　　女性　　19歳・33歳・37歳

このうち、男性の42歳は、「死に」、女性の33歳は「散々」などと語呂合わせをして生涯の**大厄**とされ、その前後の年も**前厄・後厄**として忌み慎まなければならないとされています。

厄年には、**厄除け**の寺社へお参りに行ったり、"**厄払い**"として親戚縁者に大盤振舞いをしたり、"**厄落し**"と称して、身につけたものやお金をわざと落としてきたりと、いろいろな厄難のがれの行事や呪いが行われます。

婚姻の儀礼

　結婚は人生における一大事業です。
　現代においては，憲法第24条において，「婚姻は，両性の合意のみに基いて成立し，夫婦が同等の権利を有することを基本として，相互の協力により，維持されなければならない。」として，"個人の尊厳と両性の平等"が謳われています。
　つまり，結婚は当人同士の意志によって成り立つものであり，結婚生活においては夫も妻も平等であるということですが，戦前の旧民法における家父長制のもとでは，"家"同士の結びつきが重要視され，個々人の意志が無視される場合も少なくなかったようです。結婚が家と家との結びつきとされることで，婚姻の儀礼も厳しく守られていましたが，制度が変わった現代においては，かなり簡略化されたり，省略される場合もあります。それでも地方によって，または各家々によって，さまざまな儀礼が行われています。

〈仲人〉

　現代においては，挙式当日の媒酌人の役目を果たす，いわゆる"頼まれ仲人"が多いようですが，本来は，両家を仲介して婚姻を成立させる役目です。
　すなわち，家と家との格や家風，両人の相性や年回りなどを考えて縁談を両家へ取り次ぎ，見合いなどで両人を引き合わせ，結婚話がまとまれば，新家庭に必要な両家の経済的負担を調整し，結納と結納金の調整とその交換，結婚式の日取り，形式などについての両家の調整と決定，挙式当日は媒酌人を努め，婚姻届には証人として署名し，新生活が始まれば若夫婦の相談役となるなど，その役割は，広範囲にわたります。
　結婚相手を限られた地域内で選ばざるをえなかった古い時代においては，むしろ，結婚は当人同士の意志が前提で，仲人の役目もそれほど複雑なものではなく，仲人親，盃親などといわれるように，結婚後の生活を親代わりとなって後見するというものであったようです。
　中世以降，"家"というものが重視されるにしたがって，仲人の役割も重要なものとなってきたのです。

⟨結納(ゆいのう)（婚約(こんやく)）⟩

　縁談がととのったとき，婚約の成立を確認する意味で，両家で金品を取り交わすのが**結納**です。もともとは"**結(ゆ)いの物(もの)**"といわれ，両家が結びついて新たに姻戚(いんせき)関係となることを祝って共に飲食するための酒肴のことでした。

　昔は本物のこんぶ，するめなどが使われましたが，しだいに様式化され，現在では"御帯地料(おんおびじりょう)""御袴地料(おんはかまじりょう)"などとして現金を包み，それに目録(もくろく)，熨斗(のし)，末広(すえひろ)，寿留女(するめ)などを祝い台にのせて交換します。

　この品目や交換の仕方には，その地方ごと，また家ごとの古くから伝わるしきたりがあり，かなり煩雑(はんざつ)なものです。

　たとえば，結納金にしても，関東地方では，"半返(はんがえ)し"といって，女性側が受け取った金額の半分を男性側に返しますが，関西地方ではそれをしないようです。交換の仕方でも，まず仲人が男性宅へ行き，結納の品を預かって女性宅へ持っていき，それを渡して受書(うけしょ)（受領書）と女性側からの結納の品を預かり，男性宅へ持っていって，その受書を持って，また女性宅へ行く，その度ごとに"口上(こうじょう)"を述べ，受け取る方もあいさつをして祝膳(いわいぜん)を用意するなど，まことに面倒なものです。

　現在では簡略化されて，ホテルや料亭などに集まって一括ですませるような形が多くなってきているようです。

　また，結納の代わりに**婚約披露パーティー**を開いたり，もっと簡単に，お互い同士で**婚約指輪**を交換してすますという人も増えています。

〈婚約指輪・結婚指輪〉

　婚約指輪はエンゲージ・リングとよばれ，婚約が成立したとき，男性から女性へ贈る誕生石などの宝石のついた指輪，結婚指輪はウェディング・リング，マリッジ・リングとよばれ，式当日にお互いで交換しあう金かプラチナのかまぼこ型か平打ちの指輪です。現在では，このように別々のものと考えられていますが，古くはとくに区別はなく，約束の履行を誓約するしるしとして交わされたものです。

　もともと日本では指輪をするという習慣はなく，結婚指輪もキリスト教徒の風習であるといわれています。古代ローマの時代から始められ，初めは鉄製の粗末なもので，これを左薬指にはめるのも，略奪婚の手鎖の名残りであるという説もあります。一般的には，左手の薬指が心臓につながっているという民間信仰からといわれます。

　誕生石の一覧と，参考までに誕生花をあげておきます。

月	誕生石	誕生石の意味	誕生花	花言葉
1月	ガーネット	友愛，貞節，忠実	スイセン	自らを思う心
2月	アメジスト	清らかな愛，誠実	スイートピー	ほのかな愛
3月	アクアマリン	勇気，沈着，知恵	チューリップ	愛の宣言
4月	ダイヤモンド	純潔，貞操，清浄	マーガレット	真実の愛
5月	エメラルド	幸福，愛，高潔	カーネーション	誠実な愛
6月	パール	健康，長寿，富	ガーベラ	神秘
7月	ルビー	情熱，自由，威厳	カラー	無垢な美しさ
8月	メノウ	夫婦和合，友愛	グラジオラス	愛を受け入れる
9月	サファイヤ	誠実，慈愛，徳望	コスモス	真心
10月	オパール	希望，潔白，安心	ブバリア	エレガンス
11月	トパーズ	忠誠，友情	デンファレ	魅惑
12月	トルコ石	成功，繁栄	フリージア	純粋

〈結婚式〉

　一般的に"婚礼""祝言"などといわれ，この儀式によって社会的に婚姻が成立することになります。現在では，ホテルや結婚式場のなかに設けられた**神前**で式をあげ，すぐ披露宴にうつる形式が普通に行われています。また，有名な神社や氏神さまで式だけあげ，披露は別に会場を設ける場合もあります。
　このような**神前結婚式**のほかに，あまり数は多くありませんが**仏前結婚式**，最近多くなってきた**キリスト教式**などがあります。
　また，ふだんあまり縁のない宗教にわずらわされるより，友人・知人を証人として，その人たちの前で自分たちだけの式をあげようとする"**人前結婚式**"も見られるようになってきました。
　もともと，神前結婚式が行われるようになったのは，そう古いことではなく，明治時代に入って"廃仏毀釈"といわれる仏教を排斥し，神道を擁護しようとする風潮によるもので，さかんになったのは，明治30年ころ，皇太子（のちの大正天皇）の結婚式が神前で行われてからのことです。
　それ以前には，自宅に親戚縁者が集まって，**女夫盃（三三九度）**を取り交わすというのが普通の形式でした。これには地方により，また家々により，数々の"しきたり"があり，現在でも，地方の旧家などではこれを守っているところもあるようです。

〈披露宴〉

　結婚した二人が，周囲の人々にその報告をし，新しい生活への力添えをお願いするために一席を設けるのが**披露宴**です。親戚，恩師，友人，仕事上でお世話になっている方などを招くのが普通で，招待された側も二人の門出を祝福するということで出席します。
　これはもともと，二人の結婚を文字通り"**披露**"して，地域社会の"**承認を受ける**"ということが重要なことでした。古い村社会の時代においては，地域社会に受け入れてもらえなければ暮らしていけませんでした。とくに村外の者との婚姻では，宴席への招待のほかに，手みやげをもって，あいさつまわりをしたり，若者組へ酒を出したりなどと，彼らの承認を得るためのいろいろなしきたりがありました。

〈新婚旅行〉

　英語で**ハネムーン**（honey moon），日本語に訳して"**蜜月旅行**"などといいます。日本で最初に新婚旅行をしたのは，幕末の志士，坂本竜馬だということで，妻のお龍を連れて九州の霧島へ湯治に行ったそうです。

　明治時代には上流階級で行う者もあったようですが，一般化しはじめたのは大正から昭和にかけてのことで，当時のモボ・モガ（モダンボーイ，モダンガール）が熱海へ一泊という光景がみられました。

　一般的に行われるようになったのは，やはり戦後の昭和25，26年ころからで，東京から関西へ3泊4日で，34,500円という，当時（大学卒の国家公務員の初任給が5〜6千円でした）としてはかなり高価な旅行案内が残っています。

　その後，新幹線，飛行機と乗り物もデラックスになり，別府，宮崎など九州への旅行が流行した時期もありました。

　現在では1週間から10日間の海外旅行というのがよくみられます。

〈結婚記念日〉

　結婚した日を祝うという習慣はもともと日本にはなく，イギリスで始まったといわれています。初めは，5年，15年，25年，50年，60年目の5回を祝うとされていました。

　その後この習慣がアメリカに伝わり，今世紀の始めころには，1年，5年，10年，25年，50年目を祝うのが普通とされ，とくに25年目，50年目を重要なものとし，記念日の名称と，お互い同士で交換しあう贈り物も現在のものとほとんど同じになってきました。

　わが国では，1887（明治20）年，宮城県の千葉泰蔵という人の**金婚式**を友人たちが祝ったというのが記録に残っている最初で，1894（明治27）年，明治天皇の**銀婚式**が行われてから一般にも知られるようになりました。

　現在では，銀婚式，金婚式に子どもたちが両親をお祝いし，プレゼントを贈るということが多く行われているようです。

結婚記念日と贈り物

年　数	名　　称	贈　り　物
1年目	紙　婚　式	手帳，アルバム，紙人形など
2年目	綿　婚　式	ハンカチ，スカーフ，ジーンズなど
3年目	革　婚　式	靴，バッグ，財布，ベルトなど
4年目	書籍婚式（花婚式）	本，花
5年目	木　婚　式	箸，木製の物入れ，アクセサリーなど
6年目	鉄　婚　式	フライパンなどの台所用品，文鎮など
7年目	銅　婚　式	銅の茶器，銘々皿，ティーポットなど
8年目	電気器具婚式（青銅婚式）	家庭電気器具，青銅の置物など
9年目	陶　器　婚　式	花瓶，ペアカップ，湯飲み茶わんなど
10年目	錫婚式（アルミ婚式）	茶器，銘々皿，ケトルなど
11年目	鋼　鉄　婚　式	ゴルフ用品，台所用品，日曜大工用具など
12年目	絹婚式（麻婚式）	ブラウス，ランジェリー，ネクタイなど
13年目	レース婚式	ハンカチ，ブラウス，テーブルクロスなど
14年目	象　牙　婚　式	印鑑，アクセサリー，箸など
15年目	水　晶　婚　式	クリスタル製品，水晶の置物，水晶時計など
20年目	磁　器　婚　式	茶器，酒器，夫婦茶碗など
25年目	銀　婚　式	銀のアクセサリー，食器，帯留めなど
30年目	真　珠　婚　式	真珠の指輪，ネックレス，イヤリングなど
35年目	さんご婚式（ひすい婚式）	さんご，ひすいのアクセサリー，帯留めなど
40年目	ルビー婚式	ルビーのアクセサリー
45年目	サファイア婚式	サファイアのアクセサリー
50年目	金　婚　式	金製品，アクセサリー
55年目	エメラルド婚式	エメラルドのアクセサリー
60年目（75年目）	ダイヤモンド婚式	ダイヤモンド

年祝い（長寿の祝い）

特定の年齢になると、長寿を祝って宴を催します。

これは親類縁者が高齢者を祝福するとともに、長寿にあやかりたいとの願いも込められたお祝いです。

これには、厄払いで大盤振舞いをするのと同様に、高齢者の息災を祈る厄落しの意味をもつところもあります。

平均寿命が短かった昔では、長寿の祝いはかなり盛大だったようですが、現代でも下記のような祝いが行われます。（年齢はすべて数え年です）

年祝い	年齢	
還暦（かんれき）	61歳	自分の生まれた干支に還ることから。本卦還りともいう。（十干十二支185頁参照）
古希（こき）	70歳	「人生七十古来稀」（杜甫『曲江詩』）から。
喜寿（きじゅ）	77歳	草書体で"喜"を"㐂"と書くことから。
傘寿（さんじゅ）	80歳	"傘"の略字が"仐"であることから。
半寿（はんじゅ）	81歳	"半"の字を分解すると八十一になることから。
米寿（べいじゅ）	88歳	"米"の字を分解すると八十八になることから。
卒寿（そつじゅ）	90歳	"卒"の略字"卆"が"九十"と読めることから。
白寿（はくじゅ）	99歳	"百"の字から一を引くと"白"になることから。
上寿（じょうじゅ）	100歳	長寿を上・中・下と3段階に分けた最高で100歳のこと。一説には120歳を指すともいわれる。ちなみに、下寿は60歳（80歳とも）、中寿は80歳（100歳とも）をいう。

###〈年齢の別称〉

　年祝いとは別に，成長過程におけるいろいろな年齢を次のような別称でよぶことがあります。これも人生の折々に来し方を振り返り，生き方を考える機会とするということでしょう。

　年齢の数え方は年祝いと同様，数え年です。

別称	年齢	意味・語源
三尺（さんせき）の童子	7～8歳	"尺"は年齢で2歳半の意味。2.5×3で7～8歳。一説には背が3尺ぐらいの子どもをいう。
幼（よう）	10歳	「人生十年曰幼（じんせいじゅうねんいわくよう）」（『礼記』）より。
志学（しがく）	15歳	「吾十有五而志於学（われじゅうごにしてがくにこころざす）」（『論語』）より。「私（孔子）は15歳のとき，学問の道に志を立てた。」以下『論語』は，すべて孔子の言葉。
笄年（けいねん）	女子の15歳	女の子が初めて笄（かんざし）をさす年。20歳をいうこともある。
破瓜（はか）	女子の16歳 男子の64歳	"瓜"の字をタテに2分すると2つの"八"になることから，8＋8で16歳，8×8で64歳。
弱冠（じゃっかん）	男子の20歳	「二十曰弱冠」（『礼記』）より。"弱"は，中国の周の時代の制度で男子の20歳のこと。"冠"は成年式でかぶる冠。"若冠"とも書かれるが，これは当て字。現代では20歳とかぎらずに年の若いことに使う場合もある。
而立（じりつ）	30歳	「三十而立（さんじゅうにしてたつ）」（『論語』）より。「30歳にして学問の基礎もでき，自立することができた。」
壮（そう）	男子の30歳	「三十曰壮」（『礼記』）より。30歳または30～40歳の血気さかんな年頃。

不惑（ふわく）	40歳	「四十而不惑」（『論語』）より。 「40歳になると，物の道理が明らかになって心に迷うことがなくなる。」
桑年（そうねん）	48歳	"桑"は"槡"とも書き，分解すると"十"の字4つと"八"の字1つになることから。
知命（ちめい）	50歳	「五十而知天命」（『論語』）より。 「50歳になると，天が自分に与えた使命を自覚する。」
耳順（じじゅん）	60歳	「六十而耳順」（『論語』）より。 「修養がますます進み，人の言うことがすなおに理解できるようになる。」
耆（き）	60歳	「六十曰耆」（『礼記』）より。 "耆"とは"老いる"という意味。
華甲（かこう）	61歳	"華"の字を分解すると"十"が6つと"一"が1つになることから。"甲"は"甲子"の略で，干支の第一番目にあたり，"還暦"と同じく干支が一巡する意味を表す。"華甲子"ともいう。
従心（じゅうしん）	70歳	「七十而従心所欲不踰矩」（『論語』）より。 「70歳になると，自分の欲するところに従って事をなしても，人の道を踏みはずすことがなくなった。」
老（ろう）	70歳	「七十曰老」（『礼記』）より。
耄（ぼう）	90歳	"耄"は年老いて心がくらく，物事をよく忘れること。80歳あるいは70歳のことをいう場合もある。
期（き）	100歳	「百年曰期」（『礼記』）より

死の儀礼

"死"はかならず誰にでもやってくる最後の時です。"死"あるいは"死後の世界"をどのように考えるかは，各民族，宗教の違いによってさまざまです。その考え方によって葬儀の形式も千差万別となります。

日本においては，古くからある**祖霊信仰**と**仏教**が結びつき，死んだ人の**魂**(霊)は供養することによって**成仏**して**仏**となる，それがある期間を経たのち，個々の区別がなくなって，**祖霊**(いわゆる"ご先祖さま")という大きな集団に吸収され，その祖霊が，あるときは田の神となり，また山の神となり，年神となるなどして，われわれの生活を見守り，助けてくれると考えたのです。

この，人の死から祖霊になるまでの手順が，広い意味での**葬儀の形式**ということになります。

〈通夜〉

夜伽，**伴夜**ともいい，かつては，遺体を布団に寝かせた状態で，遺族や近親者，とくに故人に縁の深かった友人・知人だけが夜通し付き添って，故人をしのび冥福を祈るものでした。これは，大昔，遺体を野獣などから守るため，一晩中火をたいて起きていた名残りだということです。

最近では，一応**枕飾り**をして**枕経**を終えると，すぐに納棺して祭壇をつくり，通夜となり，時間的にも1〜2時間で終わる"**半通夜**"とする場合が多いようです。通夜を死亡当日に行わず，次の日にする場合，近親者だけで遺体を守ることを"**仮通夜**"といいますが，実はこれが本来の通夜の姿なのです。

ですから本来的にいえば，あまり親しくない人は通夜は遠慮すべきなのですが，最近とくに都会などにおいては，仕事上の関係などで列席することも多くなり，日中に行われる**告別式**には出席しにくいので「せめて通夜だけには行こう」という人が多くなってきています。

通夜では，まず僧侶の読経のあと，喪主から順に**焼香**をします。一般参列者は焼香のあと"**通夜振る舞い**"というもてなしを受けます。本来は肉や魚などの生臭物を避けた精進料理ですが，最近ではあまりこだわらず，寿司や刺身も出されます。これは故人との最後の食事を共にするという意味がありますので，遠慮せずに一口でもいただくのが礼儀です。

一般参列者の服装は，正式な喪服は弔事をあらかじめ予想し用意していたようでかえって失礼にあたり，突然の知らせに取るものも取りあえず駆けつけたというようすを表すため，普通の服装でネクタイと靴下を黒にするくらいがよいといわれていますが，これも最近はそれほど気にされなくなったようです。

〈葬儀・告別式〉

　葬儀（葬式）とは，遺族や近親者，とくに故人と親しかった友人・知人，すなわち，本来の意味での通夜に列席する人々によって行われる，故人の成仏を祈る儀式であり，告別式とは，一般参列者も加わって故人に最後の別れを告げる儀式です。

　これらはもともと別々の日に行われていたものですが，現在では同じ日に続けて行われるようになり，両方ともほとんど同じような意味で使われる場合も多くなりました。

〈戒名〉

　戒名とは，仏の弟子としての名前で，宗派によっては，法名，法号などともよびます。本来は，仏門に入った人や仏教に帰依した人が生前に与えられるものでした。

　現在では，葬儀の際に故人を仏弟子としてあの世へ送ろうということで，"授戒会"という儀式を行って戒名をつけるようになりました。

　名付け方や格付けも宗派によってさまざまですが，参考までにおもなものをあげると，次のようになります。

　　　院殿号　△△院殿〇〇〇〇大居士（女性なら清大姉）　最高位の戒名で，昔は天皇，大名，その夫人などに限られた。現在では，寺院の興隆にとくに貢献した人，とくに社会に尽くした人などにつけられる。
　　　院　号　△△院〇〇〇〇居士（大姉）　院殿号に次ぐもので，やはり寺院や社会に貢献した人につけられる。
　　　信　士　〇〇〇〇信士（信女）　一般庶民につけられる戒名で，これがもっとも多い。
　　　童　子　〇〇〇〇童子（童女）　子どもの場合の戒名。

〈忌　服〉

　身内に不幸があった場合，一定期間の喪に服しますが，その喪の期間（喪中）は忌と服に分けられます。

　忌とは，人の死はけがれたものであるので，日常の行為を慎み，身を清めなければならないということで，昔は門を堅く閉ざし，外出はもちろん人に会うことも許されませんでした。服とは，その間喪服を着て身を慎み，慶事は控えるということです。

　わが国には，古くから忌服の制度があり，明治7年には太政官布告として「忌服令」が出されています。

　つまり忌服はたんなる慣習ではなく，法律でもあったのです。

　これによると，たとえば父母が死亡した場合，忌が50日，服が13か月，夫の場合，忌が30日，服が13か月など，妻，子，祖父母，おじ・おばの場合など，それぞれ細かく定めており，これを厳格に守っていたようです。

　現代では，一般に**忌は49日間，服は1年間**とされており，その内容も昔ほど厳格なものではありませんが，喪中には神社への参拝（神詣で），祭りへの参加を遠慮するとか，正月行事は行わないなどとされています。

〈忌　日〉

　忌日（きじつ）とは，その人の死んだ日と同じ日付，いわゆる"命日"のこともいいますが，亡くなってから7日目ごとの法要をする日のことです。

　亡くなった日も入れて7日目に行うのが初七日（しょなのか，しょしちにち）です。その後，二七日（14日目），三七日（21日目），四七日（28日目），五七日（35日目），六七日（42日目）と法要を行い，七七日（四十九日）で忌明け（いみあけ）となり，自宅に安置しておいたお骨を墓に納める納骨式をしたり，香典のお返し（香典返し）やあいさつ状を送ったりします。

　人が亡くなると，魂（精霊）は49日間その家の屋根にいるといわれます。仏教ではその間を中陰といって，7日目ごとに，初七日には不動明王，二七日に釈迦如来，三七日に文殊菩薩，四七日に普賢菩薩，五七日に地蔵菩薩，六七日に弥勒菩薩，七七日に薬師如来と，それぞれの仏さまと接触して，その度ごとに精霊が生まれ変わり，ついには仏になるとしています。つまり7日目ごとに面接試験があり，それに合格すれば進級していって最後には仏になれる，落

第するといつまでたっても成仏できないというわけです。その試験に合格するように、お経を唱えて応援するというのが、それぞれの法要なのです。

また、香典の表書きに、四十九日までは「御霊前」と書き、それ以後は「御仏前」と書くのも、この"霊が仏になる"ということのためです。

〈年忌〉

年忌とは、死者を供養するために年ごとに行う法要です。

死亡した翌年の**祥月命日**（死亡した日と同月同日）に行うのが**一周忌**で、その翌年（満2年目）に**三回忌**を行います。以後、七回忌、十三回忌、十七回忌、二十三回忌、二十七回忌、三十三回忌と行います。場合によっては五十回忌、百回忌、それ以後も50年ごとに行うこともありますが、普通は早くて十三回忌か十七回忌、たいていは三十三回忌で年忌法要を終えます。

この最後の年忌を**弔い上げ**、**問い切り**、**まつり終い**などといい、それまで家の仏壇にあった**位牌**を寺や墓に納めたりして、これ以後は個人としての死者の供養はしないということになります。これは、死者の霊がけがれを払拭して**祖霊**という集合霊に同化した、いわば仏が神になったと考えるからです。

〈神式の葬儀とキリスト教式葬儀〉

葬儀には、仏式葬儀のほかに、あまり数は多くありませんが、**神式**と**キリスト教式**の葬儀があります。

神式の葬儀は**神葬祭**とよばれ、焼香をするかわりに**玉串**をささげます（**玉串奉奠**）。玉串とは、**榊**の枝に**四手**とよばれる白い紙を下げたものです。

玉串をささげたあと、**拝礼**をして**柏手**を打ちますが、この場合には、音のしないように打ち合わせます。これを**忍び手**といいます。

神式では、初七日や四十九日は行わず、十日祭、二十日祭、三十日祭、五十日祭、百日祭などを行います。

キリスト教式葬儀では、祈りと讃美歌が中心の儀式となります。最後に、参列者全員で**献花**が行われます。

香典の表書きは、「御霊前」はどの場合でも共通でかまいませんが、とくに、神式では、「御玉串料」「御榊料」などと書き、キリスト教式では「御花料」と書きます。

今日は何の日？

<年中行事・記念日一覧表>

<4月>

- 1　エープリル・フール　<⇒ 5 頁>
- 1　エネルギーの日（毎月 1 日）　地球の化石資源節約のため 1980（昭 55）年 3 月，政府の省エネルギー・省資源対策推進会議が制定。
- 2　アンデルセン誕生　1805 年，『みにくいアヒルの子』『人魚姫』などのデンマークの童話作家ハンス・クリスチャン・アンデルセン誕生。この日は後に「国際子どもの本の日」となり，わが国では 1999（平 11）年から，絵本文化の定着と発展を目指す「絵本週間」<⇒ 222 頁>を，この日を含む 3 月 27 日〜4 月 9 日に変更。
- 3　いんげん豆の日　いんげん豆を中国より伝えた隠元禅師の命日にちなむ。
- 4　交通反戦デー　4 を死とかけて交通事故をなくそうとの願いから，1981（昭 56）年 4 月 4 日，交通遺児を励ます会が制定。
- 4　ヨーヨーの日　4 と 4 で「ヨーヨー」。ヨーヨー日本一を決めるヨーヨーフェスティバルなどが行われる。
- 4　ピアノ調律の日　日本ピアノ調律師協会が 1994（平 6）年に制定。「April」の頭文字が調律の基準音「A」（ラの音）と同じで，周波数が 440 ヘルツであることに由来。
- 4　沖縄県誕生の日　1879（明 12）年，琉球藩を廃し，沖縄県とすることを布告したことから制定。
- 6〜　春の交通安全運動（〜15 日）　<⇒ 6 頁>
- 7　世界保健デー　<⇒ 7 頁>
- 8　**花まつり（灌仏会）**　<⇒ 8 頁>
- 8　二輪・自転車安全日（毎月 8 の日）　1977（昭 52）年 10 月 8 日警視庁は全国交通安全運動を機にこの日を「自転車安全日」とした。翌年それを「二輪・自転車安全日」と改め，8 の字が二輪車に似ていることから毎月 8 の日を当てることとした。
- 8　米の日（毎月 8 日）　米の字を分解すると八十八になることから，1978（昭 53）年 6 月 6 日，全国農業協同組合が決めた。
- 8　参考書の日　入学式の多いこの日を選んで学習書協会が 1984（昭 59）年より実施。
- 8　ビーナスの日　1820 年，ギリシアのミロス島で大理石のアフロディーテ（ビーナス）が発掘されたことによる。
- 10　女性の日（〜16 日　女性週間）　<⇒ 11 頁>
- 第 2 金曜日　全国一斉ラブウォークの日　発展途上国の子どもたちの救援のアピールとして，ユニセフを通じて寄金をつのるというもの。1986（昭 61）年 4 月より，第 2 金曜日を全国統一デーとしている。
- 11　メートル法公布記念日　<⇒ 92 頁>
- 12　世界宇宙飛行の日　<⇒ 12 頁>

12　パンの日（毎月12日）　＜⇒14頁＞
14〜　科学技術週間（〜20日）
14〜　ポスト愛護週間（〜20日）
15　お菓子の日（毎月15日）　お菓子の神さまを祭る神社の例大祭が15日に開かれていたとのことから，全国菓子工業組合連合会が1981(昭56)年に定めた。
15　ヘリコプターの日　レオナルド・ダ・ヴィンチが1452年のこの日誕生した。彼の残したデッサンのなかにヘリコプターの原案があったことから，1986(昭61)年，全日本航空事業連合会が定めた。
18　発明の日　特許法の前身「専売特許条例」が，1885(明18)年のこの日に公布されたことを記念し，1954(昭29)年に制定。
18　米食の日（毎月18日）　米の字を分解すると十と八になるとして，1978(昭53)年10月，三重県が制定。
18　頭髪の日（毎月18日）　＜⇒169頁＞
19　トークの日（毎月19日）　10と9で「トーク」。NTTが制定。
20　郵政記念日（逓信記念日）（〜26日　郵便週間・切手趣味週間）　＜⇒15頁＞
21　民放の日（〜27日　民放週間）　1951(昭26)年のこの日，電波管理委員会が民間の放送会社16社に放送の予備免許を与えたことを記念。翌年のこの日，民放各社は社団法人日本民間放送連盟を発足し，この日を定めた。
22　アース・デー（地球の日）　＜⇒16頁＞
22　夫婦の日（毎月22日）　2と2で「ふうふ」。1987(昭62)年，毎日新聞社などの呼びかけで決められた。
22　ショートケーキの日（毎月22日）　カレンダーで必ず上に15(イチゴ)が乗るので。
23　サン・ジョルディの日　＜⇒16頁＞
23　シェークスピア生誕祭　1564年，シェークスピアが誕生した日（1616年没）。
23　ふみの日（毎月23日）　「ふみ」とは文，手紙のこと。23をフミと語呂合わせ。
26　ふろの日（毎月26日）　26で「フロ」。1985(昭60)年5月，東京ガスが制定。
27　婦人警官記念日　1946(昭21)年，東京警視庁に婦人警官が採用されたことに由来。
28　にわとりの日（毎月28日）　2と8で「ニワ」。日本養鶏協会など養鶏関係者が1978(昭53)年6月に定めた。
28　盲導犬の日　1992(平4)年，日本盲導犬協会が盲導犬の普及のために制定。
29　昭和の日（23日〜　みどりの週間）　＜⇒17頁＞
29　肉の日（毎月29日）　29を「ニク(肉)」と語呂合わせ。
30　図書館記念日　＜⇒18頁＞
30　みその日（毎月30日）　1982(昭57)年9月，全国味噌工業協同組合連合会が制定。
30　そばの日（毎月末）　わが国では，古くから毎月の晦日（みそか）に蕎麦を食べる風習があったことから。＜⇒120頁＞

＜5月＞
1　メーデー　＜⇒21頁＞
1〜　子供の読書週間（〜14日）

1〜	憲法週間（〜7日） <⇒22頁>	
1〜	赤十字運動　白い羽根募金 <⇒77頁>	
2頃	**八十八夜** <⇒23頁>	
2頃	緑茶の日　日本茶業中央会が毎年，八十八夜の日に定めている。	
2	エンピツ記念日　1886(明19)年，東京・新宿で真崎仁六が初の国産鉛筆の製造を始めたことによる。のちの三菱鉛筆。	
3	憲法記念日 <⇒22頁>	
4	みどりの日 <⇒17頁>	
4	ラムネの日　1872(明5)年，東京の千葉勝五郎がラムネの製造販売の許可を初めて得たことに由来。	
5	**端午の節句**　こどもの日（〜11日児童福祉週間） <⇒24頁, 26頁>	
5	わかめの日　日本わかめ協会が1982(昭57)年にこどもの日にちなみ，子どもたちに新わかめをたっぷり食べてもらおうと定めた。	
5頃	**立夏** <⇒179頁>	
8	世界赤十字デー <⇒30頁>	
9	アイスクリームの日 <⇒27頁>	
10	鉄道唱歌発表の日 <⇒83頁>	
10〜	愛鳥週間（〜16日）	
12	看護の日（ナイチンゲール・デー） <⇒29頁>	
第2土曜日	東京都みどりの日　21世紀までに緑の倍増を願って，東京都が1985(昭60)年3月に，5月の第2土曜日と定めた。	
第2日曜日	母の日 <⇒28頁>	
15	沖縄復帰記念日　太平洋戦争の激戦地となった沖縄は，敗戦後はずっとアメリカに施政権を奪われていたが，1972(昭47)年のこの日，27年ぶりにわが国に返還され，沖縄県が発足。それを祝っての記念日。	
16	旅の日　1689(元禄2)年の旧暦3月27日，芭蕉が「奥の細道」へ旅だったことに由来。新暦に直すとこの日にあたる。	
17	世界電気通信記念日　1865(慶応1)年，国際電気通信連合(ITU)の前身である万国電信連合が発足。それを記念してITUが制定。日本は1949(昭24)年に加入。	
18	ことばの日　5(こ)と18(とば)から，言葉を正しく使えるように心がける日。	
中旬	全国交通安全週間	
20	ローマ字の日　1952(昭27)年5月21日，日本式のローマ字綴りを発案し，日本の国字をローマ字に変えようと主張した田中館愛橘が没した。その日付をきりよく20日とし，ローマ字化推進の記念日とした。	
22	ガールスカウトの日　1948(昭23)年のこの日，戦争中に解散されたガールスカウトを復活させようと準備委員会が行われた。その結果，翌年，ガールスカウト日本連盟が結成，きっかけとなったこの日を記念して同連盟が定めた。	
27	百人一首の日　1235年に藤原定家の撰による『百人一首』が発表されたことに由来。	
29	呉服の日　5・29で「ゴフク」。	
29	こんにゃくの日　5・29で「こんにゃく」。	

30		ゴミゼロの日（〜6月5日 ごみ減量化推進週間）　「掃除の日」ともいい，関東地方知事会の空き缶対策推進委員会が1982(昭57)年1月に制定。5・30で「ゴミゼロ」にちなむ。
30		消費者の日　1968(昭43)年，消費者保護基本法が施行され，その10周年を記念して1978(昭53)年に経済企画庁が制定。
31		世界禁煙デー　世界保健機関(WHO)が決議した国際デー。1回目は1988年4月7日に実施されたが，1989(平元)年以降は5月31日に実施。

<6月>

1		**衣替え**　<⇨ 33頁>
1		気象記念日　<⇨ 34頁>
1		写真の日　1841(天保12)年，上野俊之丞が島津斉彬の肖像を撮影したのを記念。
1		"第九"初演の日　1918(大7)年のこの日，徳島県鳴門のドイツ人捕虜収容所において，わが国で初めてベートーベンの第九交響曲が，ドイツ人捕虜たちによって演奏された。
1		麦茶の日　全国麦茶工業協同組合が，大麦の収穫時期にあたるこの日に制定。
1		氷の日　1985(昭60)年，日本冷凍事業協会が，6月1日を氷の朔日とした故事に由来し，夏の初まりでもあるこの日に定めた。
2		横浜，下田，長崎開港記念日　1859(安政6)年，日米和親条約にもとづいて開港したことを記念。
4		虫歯予防デー（〜10日 歯と口の健康週間）　<⇨ 35頁>
5		世界環境デー　1972(昭47)年，国連人間環境会議は人間環境宣言を採択し，これを記念し，1973(昭48)年に国連が設定。
6		楽器の日　昔から歌や三味線などの芸事は，6歳のこの日，6月6日に始めると上達するという言い伝えがあることから。PRのために全国楽器協会が制定。
10		時の記念日　<⇨ 36頁>
10		ミルクキャラメルの日　1913(大2)年のこの日に森永製菓がミルクキャラメルを初めて発売したことに由来。
10		路面電車の日　1995(平7)年のこの日，全国の路面電車を持つ自治体が「路面電車サミット」を開催。ちなみにわが国最初の路面電車は1895(明28)年の京都市電。
上旬	田植え	<⇨ 39頁>
11頃	入梅	<⇨ 37頁>
11		かさの日　入梅のころのこの日を選んで，日本洋傘振興協議会が決めた。
12		恋人の日　聖人アントニウスが没する前日のこの日に，ブラジルでは恋人たちが写真立てに写真を入れ，交換する習慣があることに由来し，日本でも1988(昭63)年より全国額縁組合連合会が定めた。
第2日曜	花の日	1856年，アメリカの牧師レオナードによって始められた，教会を花で飾り，子どもの成長を祈る日。
14		日記の日　1942(昭17)年のこの日から，多くの人に感動を与えた『アンネの日記』が後にナチの強制収容所で死亡したアンネ・フランクによって書き始められた。

第3日曜　父の日　<⇒ 41 頁>
16　和菓子の日　　848(嘉祥1)年の旧暦6月16日，疫病を追い払ってもらおうと神前に16個の菓子を供えたという故事があり，それにちなんで新暦の日に行ったもの。この嘉祥菓子の故事は武家の間で受け継がれ，江戸時代まで，病気除けのためと称して，この日に饅頭などの菓子を16個食べる風習があった。
18　海外移住の日　　1908(明41)年のこの日，本格的ブラジル移民の第1団(約780人)がサントスに到着。それを記念し，1966(昭41)年，国際協力事業団が制定。
19　ベースボール記念日　　1846(弘化3)年，ニッカーボッカー・ベースボールクラブ(ニューヨーク)がほぼ現行に近いルールで初の野球試合をした。それを記念したもの。このクラブのリーダーはアレキサンダー・カートライトⅡ世という人で，彼が野球ルールの発案者とされている。
19　桜桃忌　　太宰治(1909-1948)の忌日。彼の誕生日のこの日，玉川上水で遺体が見つかった。「桜桃」は彼の作品の題名にちなむ。
21　冷蔵庫の日　　夏至を迎えるこのころは，ものが腐りやすく冷蔵庫に入れたからといって安心していられない。そこで，冷蔵庫の中身を見直してみようと1985(昭60)年日本電機工業会が提唱。
21頃　夏至　<⇒ 179 頁>
22　ボウリングの日　　1861(文久1)年，長崎・出島の外国人居留地にインターナショナル・ボウリングセンターというサロンが開場した。それを記念して，日本ボウリング場協会が制定。当時は今と違い，ピンが10本ではなく9本だったという。
23　沖縄慰霊の日　　1945(昭20)年，米軍の総攻撃により，沖縄の守備隊が全滅。陸軍約8万，海軍1万人が戦死，非戦闘員の住民10万人が犠牲となった。
23　オリンピック・デー　　1894(明27)年，国際オリンピック委員会(IOC)が創立。
24　UFOの日　　1947(昭22)年，アメリカ・テキサス州で，世界で初めてUFO(未確認飛行物体)を目撃したという報告が記録された。
24　ドレミの日　　イタリアの僧侶ギドー・ダレッツオが1024年に，唱歌指導の際にドレミの音階を作ったことに由来。
26　国連憲章調印記念日　　1945(昭20)年，国連憲章調印。
26　露天風呂の日　　6・26で「ろてんふろ」。
28　芙美子忌　　1951(昭26)年，小説家・林芙美子が47歳で没した。『放浪記』など。
30　夏越し　<⇒ 42 頁>
この頃　虫送り　<⇒ 44 頁>

<7月>
1　国民安全の日（〜7日 全国安全週間）　　総理府が1960(昭35)年に，日常生活の災害防止を目的に制定。
1　富士山山開き（山開き，海開き，プール開き）　<⇒ 47 頁>
1　童謡の日　<⇒ 49 頁>
2　うどんの日　　農繁期がすんだこのころ，労をねぎらうためにうどんを食べた香川県の風習から，1980(昭55)年，香川県生麺事業協同組合がPRに設けた。

2	たわしの日	1915(大4)年，西尾正左衛門が「亀の子たわし」の特許権を取得。
2	MID DAY	1年を2つに割ると，この日がちょうど真ん中の日(MID DAY)にあたる。これを記念して半新年会を催すなどが，近年はやっている。
3	ソフトクリームの日	1951(昭26)年のこの日，神宮外苑で進駐軍が初めて販売。
4	アメリカ独立記念日	1776(安永5)年のこの日，アメリカ東部13州の代表がフィラデルフィアで独立宣言に署名。
6〜	入谷朝顔市（〜8日）	台東区入谷，鬼子母神で鉢植え朝顔の屋台が立ち並ぶ。
7	七夕	＜⇨50頁＞
7	ゆかたの日	七夕は衣類に感謝する日だった中国の風習から日本ゆかた連合会が1981(昭56)年に設けた。
7	そうめんの日	七夕に麺類を食べる習慣から全国乾麺協同組合連合会が制定。
7	竹，タケノコの日	1986(昭61)年，全日本竹産業連合会が七夕にちなんで設けた。
8	質屋の日	7と8で「シチヤ」。全国質屋協同組合が設けた。
9	**浅草寺・四万六千日（ほうずき市，〜10日）**	1日だけで四万六千日分の功徳。
9	ジェットコースター記念日	1955(昭30)年のこの日，日本で初めて，東京・後楽園遊園地にジェットコースターができたことに由来。
10	納豆の日	7と10の語呂合わせから，1981(昭56)年に関西納豆工場協同組合が定めた。その後，全国的な記念日となる。
11	世界人口デー	1987(昭62)年のこの日に世界人口が50億を超えた。人口問題啓発の日として，1990(平2)年，国連人口基金が国連デーに制定。
13	日本標準時制定記念日	1886(明19)年のこの日，明治天皇が標準時を定める勅令を公布。1889(明22)年1月1日から東経135度の兵庫県明石を日本の時刻の基本とした。 ＜⇨36頁＞
14	フランス革命記念日（パリ祭）	1789(寛政1)年，パリ市民がバスチーユ監獄を襲撃，政治犯を開放した日を記念。建国記念日。日本でのみパリ祭といわれる。
15	**盂蘭盆会（お盆）** ＜⇨60頁＞	
中旬	お中元 ＜⇨52頁＞	
17	**京都・祇園祭**	京都市東山区，八坂神社の祭礼。山鉾の巡行などが行われる。
第3土曜	勤労青少年の日	1970(昭45)年公布の「勤労青年福祉法」により制定された日。
19	女性大臣の日	初の女性大臣中山マサが，1960(昭35)年のこの日，池田勇人内閣の厚生大臣として誕生したことに由来。
19	『青い山脈』の日	1949(昭24)年のこの日，戦後民主主義の到来を謳った，石坂洋次郎原作・今井正監督の映画『青い山脈』が封切られた。
第3月曜	海の日 ＜⇨53頁＞	
下旬	土用（丑の日） ＜⇨54頁＞	
21	神前結婚記念日	日本で初めての神前結婚式が，1897(明30)年，東京日比谷大神宮であげられたといわれることに由来。
21	自然公園の日・自然に親しむ運動（〜8月20日）	1957(昭32)年6月1日，優れた自然の風景地を保護するという趣旨で制定された自然公園法を記念して，同法が施行された7月21日を環境庁が制定。

22	下駄の日	男物の下駄の丈が7寸7分なので7月,「初雪や二の字二の字の下駄の跡」で足跡が二の字に見えることから22日。全国はきもの業組合連合会が制定。
24	**地蔵盆**	<⇨ 62頁>
26	幽霊の日	お岩さんの幽霊で有名な日本の代表的な怪談,「東海道四谷怪談」が1825(文政8)年のこの日に初演されたことに由来。

<8月>

1	水の日	1977(昭52)年「限りある水質源を大切に」と国土庁が制定。
1	花火の日	1948(昭23)年,戦時中禁止されていた花火が解禁された日。
1	観光の日・観光週間(〜7日)	観光の美化,観光資源の保護などを目的として1965(昭40)年,総理府により制定。
1〜	道路ふれあい月間	国土交通省が道路の役割や重要性を認識する啓発活動を推進。
1〜	食品衛生月間	食品衛生管理の徹底を図るため,厚生労働省が実施。
2	パンツの日	8と2で「パンツ」。下着製造会社などが提唱。
3	はちみつの日	8と3で「ハチミツ」。1985(昭60)年に全日本はちみつ共同組合と日本養蜂はちみつ協会が設けた。
3	ハサミの日	8と3で「ハサミ」。1977(昭52)年,美容家の山野愛子が提唱。翌年,芝増上寺にハサミ観音を建立,ハサミ供養を行う。
4	箸の日	「箸文化を守ろう」というので,1975(昭50)年に始められた。日本の箸は,最初は細枝を折り曲げたピンセットのようなものだったらしい。それが鳥のクチバシに似ていたので「ハシ」とよばれたという。
4	橋の日	8と4で「ハシ」。宮崎県「橋の日実行委員会」が制定。全国に広がる。
4	ビアホールの日	現在,銀座ライオンなどを展開しているサッポロライオンが,1899(明32)年,日本初のビアホール「恵比寿ビアホール」開店。
5	タクシーの日	1912(明45)年,日本で初めてタクシー会社が営業を始めたことを記念。1984(昭59)年から,東京乗用旅客自動車組合が実施。
6	広島平和祈念日	<⇨ 57頁>
6	ハムの日	8と6で「ハム」。日本ハム・ソーセージ工業協同組合が定める。
7頃	**立秋**	<⇨ 179頁>
7	鼻の日	<⇨ 169頁>
7	バナナの日	8と7で「バナナ」。夏バテ予防のため,日本バナナ輸入組合が制定。
8	そろばんの日	8・8でパチパチ。この日「そろばん日本一」が決まる。1968(昭43)年12月に全国珠算教育連盟が策定。
8	屋根の日	全国陶器瓦工業組合連合会が策定。
8	ヒゲの日	<⇨ 169頁>
8	親孝行の日	1989(平元)年に父母を大切にしようということから,親孝行全国推進運動本部が制定。由来は「ハハ」や「パパ」の語呂合わせ。
9	長崎原爆忌	<⇨ 57頁>
9	ムーミンの日	トーベ・ヤンソンの名作『ムーミン』を愛する人たちによって2005(平17)年,作品発表60周年を記念して,作者の誕生日のこの日に制定。

9	野球の日	8と9で「ヤキュウ」。スポーツ用品メーカーのミズノが制定。
10	道の日	1920(大9)年のこの日,日本で最初の近代的道路整備計画が始まったことを記念。1986(昭61)年に建設省が制定。
10	帽子の日	8と10で「ハット」。全日本帽子協会によって制定。
10	健康ハートの日	日本心臓財団の創立を記念して制定。8と10で「ハート」。
11	**山の日**	<⇨58頁>
12〜	**徳島・阿波踊り**(〜15日)	<⇨62頁>
13	函館夜景の日	8はヤ,13はトランプのKで「ヤケイ」。1991(平3)年から実施。
15	**旧盆**	<⇨60頁>
15	**終戦記念日**	<⇨58頁>
16	**京都・大文字焼き**	<⇨62頁>
19	俳句の日	8と19で「ハイク」。松尾芭蕉の生まれ故郷の三重県上野市(現・伊賀市)や,正岡子規の生まれた愛媛県松山市などが提唱。
19	バイクの日	8と19で「バイク」。1989(平元)年,交通安全対策本部が制定。
20	交通信号の日	1931(昭6)年,東京に初の交通信号機が設置されたことに由来。
21	献血記念日	献血を推進するための閣議決定が,1964(昭39)年にされたことに由来。
25	ラーメン記念日	1958(昭33)年,日清食品が即席チキンラーメンを発売。
26	人権宣言記念日	1789(寛政1)年8月26日,フランス革命での国民会議は,17条からなる「人権および市民権の宣言」を採択した。「人間は生まれながらにして,自由であり,権利において平等である。」が,その第1条冒頭。
29	文化財保護法施行記念日	1950(昭25)年のこの日に施行。国宝保存法,史跡名勝天然記念物保存法,重要美術品等保存法を統合。
30〜	防災週間(〜9月5日)	<⇨66頁>
31	野菜の日	8・31で「ヤサイ」。1983(昭58)年,全国青果物商業共同組合連合会などが決めた。

<9月>

1	**二百十日(風祭り)・防災の日**	<⇨65頁>
1	レビュー記念日	日本ではじめてのレビュー「モン・パリ」が宝塚大劇場で演じられたことを記念して,1989(平元)年に宝塚歌劇団によって制定。
2	宝くじの日	9と2で「くじ」の語呂合わせ。1967(昭42)年,第一勧銀(現みずほ銀行)が宝くじの無効防止キャンペーンの一環として始めた。
3	ドラえもん誕生日	藤子・F・不二雄の代表作『ドラえもん』は22世紀から20世紀にタイムマシンでやってきたネコ型ロボット。このドラえもんの誕生日がこの日。
4	くしの日	9と4で「クシ」。美容週間実行委員会が実施。
6	黒の日	9と6で「クロ」。京都黒染工業共同組合が1989(平元)年に創立40周年を記念し,定めた。
7	国際青年デー	世界中の青年たちがよりよい国際社会を築くことを目的とし,制定。
8	平和条約記念日	1951(昭26)年に結ばれた,日本と連合軍間の「日本国との平和条約」を記念して制定。

<9月> 217

8	国際識字デー（国連）	1965(昭40)年にイラン国王パーレビが軍事費の一部を識字教育にまわすことを提案したことを記念し，制定。
9	**重陽の節句**	＜⇒67頁＞
9	救急の日	9と9で「キュウキュウ」。消防庁，厚生省が1982(昭57)年に制定。
12	宇宙の日	1992(平4)年に日本国際宇宙年協議会らが制定。またこの日は，日本人宇宙飛行士の1人でもある毛利衛さんの飛び立った日でもある。＜⇒13頁＞
13	世界法の日	1965(昭40)年，ワシントンで開催された国際間での法支配を徹底させることを目的とした「法による世界平和」会議を記念し，制定。
旧8月15日	**十五夜**	＜⇒69頁＞
第3月曜	**敬老の日**	＜⇒68頁＞
15	スカウトの日（ボーイスカウト日本連盟）	奉仕活動で地域へ貢献する日。
15	ひじきの日	日本ひじき協会により定められた。
15	シルバーシート記念日	1973(昭48)年，国鉄中央線に日本で初めてのお年寄り専用座席が設けられたことに由来。
16	国際オゾン層保護デー	1994(平成6)年，国連総会で定められた記念日。
18	かいわれ大根の日	1968(昭43)年に日本かいわれ協会が設けたPRデー。18の「8」を横にし，その下に縦に1の字を配するとかいわれの姿にみえることから18日。9月は日本かいわれ協会の会合が開かれたことによる。
19	子規忌	1902(明35)年，俳人の正岡子規が35歳で没する。
20	空の日（～30日 空の旬間）	12月19日の航空記念日をこの日に移行。航空記念日は1910(明43)年に日野，徳川の2人が初飛行したのを記念し，1940(昭15)年に制定。それを「空の日」と改称したのは，1992(平4)年。日付も，もっと気候のいい時期というので，1911(明44)年に山田猪三郎の山田式飛行船が東京上空を初飛行したこの日に変更された。
20	バスの日	1903(明36)年，日本で初めてバス会社が誕生したことを記念し，1987(昭62)年，全国バス事業者大会で制定。
20～	動物愛護週間（～26日）	＜⇒74頁＞
21	宮沢賢治忌	1933(昭8)年，詩人で童話作家であった宮沢賢治が37歳で没した日。代表作は『注文の多い料理店』『銀河鉄道の夜』『風の又三郎』など。
22	救世軍日本伝道記念日	1895(明28)年に救世軍の日本支部が発足したことに由来。
23頃	**秋分の日（お彼岸）**	＜⇒73，179頁＞
23頃	愛馬の日	動物愛護週間内の祝日を選んで，1968(昭43)年に日本中央競馬会と馬事公苑が制定。
24	清掃の日	1971(昭46)年，「廃棄物の処理及び清掃に関する法律」が施行されたことにちなみ厚生省が制定。
24	結核予防週間（～30日）	厚生労働省が毎年この時期，結核の予防に努めている。
28	プライバシー・デー	1964(昭39)年，東京地裁で，日本で初めてプライバシーの権利を認めた判決が出たことに由来。
29	クリーニングの日	9・29で「クリーニング」，全国クリーニング環境衛生同業組合連合会によって定められた。

<10月>

1〜	たすけあい共同募金（赤い羽根）（〜31日）	<⇨77頁>
1	法の日（〜7日 法の週間）	1910(明43)年，裁判所が開設され，1950(昭25)年，最高裁判所が開設された。それを記念して1960(昭35)年に制定。10月1日から1週間は「法の週間」とされ，全国無料法律相談会などの催しが行われる。
1	国際高齢者デー	1990(平2)年，国連が制定した国際デー。
1	国勢調査（5年ごとに実施）	人口動態把握のため全国一斉に行う全数調査。
1	印章の日	1873(明6)年，公式書類に実印を押すことが定められたことにちなみ，全日本印章業組合連合会が定めた。
1	デザインの日	1959(昭34)年にデザイン奨励審議会が発足したことを記念し，1952(昭27)年に制定。
1	国際音楽の日	1994(平成6)年，「音楽文化の振興に関する法律」の成立による。
1	日本酒の日	この日から新しい酒造年度が始まる。全国酒造組合中央会が清酒のPRデーとして1978(昭53)年にスタート。
1	コーヒーの日	新しいコーヒー年度が始まる日。全日本コーヒー協会によって1983(昭58)年から実施。
1	ネクタイの日	1884(明17)年，小山梅吉が初めて国産ネクタイの製造を開始。日本ネクタイ組合連合会が1971(昭46)年にスタート。
4	イワシの日	10・4を「イワシ」と読む語呂合わせ。1985(昭60)年，大阪府の多獲性魚有効利用検討会の提唱。
4	里親デー	1950(昭25)年に厚生省が，里親制度を普及させることを目的として制定。
6	国際協力の日	1987(昭62)年，外務省によって制定。1954(昭29)年にコロンボ・プランに日本が加盟したことに由来。
6	国際ボランティア貯金の日	1991(平3)年に郵政省が始めた制度。NGO（民間ベースの公益団体）を通じて郵便貯金の利子の一部（2割）を寄付してもらい，発展途上国の援助に役立てようというもの。
8	木の日	木の字を分解すると十と八になるので10月8日。1977(昭52)年，日本木材青壮年団体連合会が提唱。
8	骨と関節の日	ホネのホは十と八。日本整形外科学会が1994(平6)年に制定。
8	足袋の日	日本足袋工業会が1988(昭63)年，末広がりで8日に定めた。
9	世界郵便デー・国際文通週間（6〜12日）	1874(明7)年10月9日，万国郵便連合（UPU）が発足。1969(昭44)年にその日を「UPUの日」として，1984(昭59)年にそれが世界郵便デーと改称。また，9日を含む1週間が，文通による相互理解を深めることで世界平和に貢献しようという，国際的週間とされている。
9	塾の日	10と9で「ジュク」。全国学習塾協会により定められる。
第2月曜	体育の日	<⇨78頁>
亥の日	亥の子（十日夜）	<⇨80頁>
10	目の愛護デー	<⇨169頁>

10	アイメイト・デー（盲導犬の日）	1972(昭47)年，東京盲導犬協会が制定。
10	釣りの日	10と10で「トト」。全日本釣り団体協議会と日本釣振興会が設置。

旧9月13日　十三夜　＜⇨70頁＞

- 11　オクトーバーウインク　10月11日を横にならべると，ウインクしているように見えるところから。女子中学生の間にはやったおまじないで，この日にウインクをすると，好きな人に思いが伝わるという。
- 13　サツマイモの日　1987(昭62)年，川越いも友の会が定めた。収穫期である10月と，栗(9里)より(4里)うまいで13日。
- 14　鉄道記念日・鉄道の日　＜⇨82頁＞
- 14　PTA結成の日　1952(昭27)年のこの日，「日本父母と先生全国協議会」が結成。
- 15〜　新聞週間（〜21日）　＜⇨84頁＞
- 15　助け合いの日　1965(昭40)年に全国社会福祉会議で制定。
- 16　世界食糧デー　1945(昭20)年，FAO(国連食糧農業機関)が設立したことを記念して，1981(昭56)年に制定。
- 16　ボスの日　アメリカで始まったもので，ボス（上司）に感謝して，日頃の労をねぎらおうという日。
- 17　貯蓄の日　戦前なら神嘗祭という祝日。これは，伊勢神宮で行われる収穫の大祭で，その年に収穫された穀物で神饌や神酒をつくって神前に捧げて五穀豊穣を感謝するというもの。その気持ちは貯蓄に通じるというので，1952(昭27)年，貯蓄増強中央委員会の提唱によって設けられた。
- 18　統計の日　1870(明3)年9月24日（新暦ではこの日にあたる）に，府県物産表に関する太政官布告が公布されたことにちなみ，1973(昭48)年に制定。
- 18　冷凍食品の日　凍は10で，貯蔵適温が−18℃なので，1986(昭61)年，日本冷凍食品協会がPRデーとした。
- 18　フラフープ記念日　1958(昭33)年に日本で初めて，フラフープが販売されたことに由来。値段は当時1本270円。
- 20　えびす講（誓文払い）　＜⇨85頁＞
- 20　リサイクルの日　1990(平2)年，日本リサイクルネットワーク会議で制定。10月20日は，ひとまわり(10)ふたまわり(20)の語呂合わせ。
- 21　国際反戦デー　1967(昭42)年のこの日に行われた全米反戦大集会を記念。
- 21　あかりの日　1879(明12)年10月21日，エジソンが白熱電球の実用化に成功。1981(昭56)年，日本電気協会がこの日を記念して制定。エジソンが電球でもっとも苦労したのはフィラメントの素材だった。何を試してもすぐ燃えてしまう。ありとあらゆるものを試し，やっと合格したのが日本(京都)の竹だった。
- 23　電信電話記念日　1869(明2)年の9月19日（旧暦。新暦に転換すると，この日にあたる），わが国初の公衆電信線の工事が始められ，1950(昭25)年，日本電信電話公社（現・NTT）が制定。この日を中心に前後の3日間を電信電話週間とし，さまざまなイベントが行われる。
- 24　国連の日　＜⇨86頁＞
- 26　原子力の日　1963(昭38)年，茨城県東海村の日本原子力研究所で，原子力発電のテス

		トに成功。原子力の火がともされたのは世界では11番目だが，日本ではこれが初めて。そのことを記念して1964(昭39)年，科学技術庁が制定。
26	サーカスの日	1871(明4)年，日本ではじめてフランス人のスリエによって，サーカスの興行が行われたことに由来。
27〜	読書週間（〜11月9日）	<⇒93頁>
28	速記記念日	1882(明15)年，日本で初めての速記教室が東京・日本橋で開かれた。「日本傍聴筆記法講習会」というもので，主催者は田鎖式速記という日本初の速記法を考案した田鎖綱紀。この講習会こそ日本速記の原点だというので，日本速記協会がこの日を記念日に制定。
31	ハロウィーン	<⇒88頁>

<11月>

1	灯台記念日	1868(明元)年のこの日，日本最古の洋式灯台である観音崎灯台(神奈川県横須賀市)がフランス人技術者レオンス・ヴェルニーらによって着工されたことを記念して，1949(昭24)年に海上保安庁によって制定。
1	計量記念日	<⇒91頁>
1	犬の日	111で「ワン，ワン，ワン」。1987(昭62)年ペットフード工業会が制定。
1	すしの日	1961(昭36)年，全国すし商環境衛生同業組合連合会により定められた。
1	紅茶の日	ロシアに漂着した大黒屋光太夫が1791(寛政3)年，エカテリーナ女帝から紅茶を贈られた。日本紅茶協会が制定。
3	文化の日（〜文化財保護強調週間）	<⇒93頁>
3	文具の日	「文具」は「文化」であるとの考えから，1987(昭62)年，東京都文具事務用品商業組合らが「文化の日」と同日に定めた。
3	手塚治虫誕生	1928(昭3)年，手塚治虫が生まれた日。『鉄腕アトム』『ジャングル大帝』など多くの作品を残し，1989(平元)年2月9日，60歳にて没。
3	ゴジラ封切の日	1954(昭29)年，東宝のSF大作として『ゴジラ』第1作が封切られた。本多猪四郎監督，円谷英二特殊技術監督。
3	レコードの日	1957(昭32)年に日本レコード協会により制定。
3	ハンカチの日	フランス革命でギロチンに消えたマリー・アントワネット（ルイ16世の妃）は1755年の11月2日に生まれた。彼女は現在の正方形のハンカチを好み，定着させた人とされていて，その誕生日にもっとも近い祝日というので，日本ハンカチーフ連合会がこの日をPRデーにした。
4	ユネスコ憲章記念日	<⇒94頁>
6	お見合い記念日	1947(昭22)年に東京で集団見合いが行われたことに由来。
7頃	立冬	<⇒179頁>
7頃	あられ・せんべいの日	新米の取れるこの時期，こたつに入って食べてほしいと，1985(昭60)年，全国米菓工業組合が立冬の日に制定(立冬に合わせて変更)。
8	世界都市計画の日	アルゼンチンのパオレラという都市計画学者が，1949(昭24)年に「11月8日を世界都市計画の日に」と提唱したことに始まる。日本の都市計画協会もこれに追随し，1965(昭40)年から実施。

9	太陽暦採用記念日	<⇒96頁>
9	119番の日	119にちなみ，1987(昭62)年，自治省消防庁が制定。
9〜	秋の全国火災予防運動（〜15日）	火災発生防止を目的に，消防庁が制定。

酉の日　酉の市　<⇒97頁>

- 10　トイレの日　11・10を「いい・トイレ」と語呂合わせ。1986(昭61)年，「公衆トイレを工夫し快適に」と，日本トイレ協会が始めた。
- 10　エレベーターの日　1890(明23)年のこの日，完成(13日開業)した浅草凌雲閣に初めて設けられたことから，1979(昭54)年，日本エレベーター協会が定めた。
- 11　世界平和記念日　1918(大7)年のこの日，ドイツとアメリカが停戦協定に調印し，第一次世界大戦が終結したことを記念して制定。
- 11　電池の日　十一を電池の＋－と見て，1987(昭62)年，日本電池協会が設けた。
- 11　ピーナツの日　1985(昭60)年，全国落花生協会が新豆の出回る11月に制定。11日は当時人気だった双子のザ・ピーナッツにあやかり，同じ数字を並べたもの。
- 11　ジュエリーデー　1909(明42)年，国際重量単位に「カラット」が定められた日。
- 12　洋服記念日　1872(明5)年のこの日，「礼服ニハ洋服ヲ採用ス」との太政官布告が出された。これにちなみ，1972(昭47)年に全日本洋服協同組合連合会が設けた。
- 14　ウーマンリブの日　1970(昭45)年に，女性解放，男女差別をなくそうと開かれた，ウーマンリブの大会に由来。
- 15　七五三　<⇒98頁>
- 15　こんぶの日　子どもたちにミネラルの多い昆布を食べてもらいたいと，七五三の日を選び，1982(昭57)年，日本昆布協会が設けた。
- 15　かまぼこの日　1115(永久3)年に蒲鉾が初めて文献に登場する。その西暦年1115を日付にして，1983(昭58)年に設けられた。
- 17　将棋の日　徳川8代将軍吉宗が，この日を御城将棋の日としたことにちなんで，1975(昭50)年に日本将棋連盟が設けた。
- 18　ミッキーマウス誕生日　1928(昭3)年のこの日，ウォルト・ディズニーの「蒸気船ウィリー」がニューヨークで封切られた。これはトーキー初のアニメ映画として知られるが，もうひとつ，この映画で初めてミッキーマウスが世にでたということでも有名。だからこの日は，彼の誕生日とされている。
- 19　鉄道電化の日　1956(昭31)年，米原―京都間が電化して，東海道本線が全線電化。
- 20　世界児童権利宣言記念日　1959(昭34)年11月20日，国連総会において「児童の権利に関する宣言」が採択された。
- 21　一休忌　1481(文明13)年，禅僧一休宗純（一休さん）が87歳で死去。幼いころから仏門に入り，大徳寺の住持となるが，僧侶の腐敗を憤り，奇行を続けた。「正月は冥土の旅の一里塚目出度くもあり目出度くもなし」が有名。
- 22　いい夫婦の日　1988(昭63)年に，通産省と余暇開発センターによって制定。11・22を「いいふうふ」とよむ語呂合わせ。
- 22　ボタンの日　1870(明3)年に，金ボタンが初めて作られたことを記念し，1987(昭62)年に全国ボタン工業連合会が制定。
- 23　勤労感謝の日　<⇒100頁>

23	一葉忌	1896(明29)年のこの日，小説家・樋口一葉没(24歳)。作品，『たけくらべ』『にごりえ』など。
24	オペラ記念日	1894(明27)年のこの日，日本初のオペラ「ファウスト」が上演。
26	ペンの日	1935(昭10)年のこの日，日本ペンクラブが創立(初代会長は島崎藤村)。これを記念して1965(昭40)年に設けられた。ペンクラブは1921(大10)年に英の女流作家ドーソン・スコットが提唱，ロンドンに設立されたのが始まりで，ペン(PEN)とは，Poets Playwrights Editors, Essayists and Novelists (詩人，脚本家，編集者，随筆家，小説家)の略。
第4木曜	収穫感謝祭(アメリカ)	Thanksgiving Day。1年間の神の恵みに感謝するために定められた祝日。カナダでは10月の第2月曜日に行われる。

＜12月＞

1	映画の日	1896(明29)年12月，神戸で初めてエジソンのキネトスコープが公開。これにちなんで，1956(昭31)年，日本映画連合会が月初めを記念日とした。この日，日本映画に貢献した人々への記念式典や入場料金割引などが行われる。
1	鉄の記念日	1857(安政4)年の今日，釜石高炉が操業(近代製鉄の始まり)。
1	世界エイズデー	1988(昭63)年，WHOがエイズに関するさまざまな問題に対して，人々の意識を高めるために，制定。
1～	歳末たすけあい運動	＜⇒103頁＞
1～	絵本週間(～14日)	1977(昭52)年，全国学校図書館協議会他が主催。＜⇒209頁＞
2	全国防火デー	消防庁によって，火災の多くなる季節を前に防火活動を推進。
2	日本人宇宙飛行記念日	1990(平2)年，ソユーズ号にTBSの秋山豊寛記者が搭乗し，日本人初の宇宙飛行をしたことに由来。＜⇒13頁＞
3	国際障害者デー	1982(昭57)年，国連総会で「障害者に関する世界行動計画」採択。
3	カレンダーの日	1872(明5)年12月3日となるはずだった日が，太陽暦への切替えで，1873(明6)年1月1日となった。この日を記念して，1987(昭62)年に全国団扇扇子カレンダー協議会が設けた。＜⇒96頁＞
3	奇術の日	日本奇術協会によって制定。12・3をワン・ツー・スリーという掛け声にかけている。
5	国際ボランティア・デー	国連によって制定された国際デーのひとつ。
5	モーツァルト忌	1791年，オーストリアの作曲家モーツァルトが35歳で没した。
6	シンフォニー記念日	日本人作曲初の交響曲「かちどきと平和」が山田耕筰によって発表されたことに由来。
8	**成道会**	＜⇒104頁＞
8	**事始め　針供養**	＜⇒156頁＞
8	開戦記念日	1941(昭16)年，日本はアメリカに宣戦を布告し，真珠湾(パールハーバー)を奇襲した。太平洋戦争の始まり。
9	障害者の日(～15日　身体障害者福祉週間)	＜⇒105頁＞
10	世界人権デー(4～10日　人権週間)	＜⇒106頁＞
10	ノーベル賞授与式	アルフレッド・ノーベルの遺言で設置されたことから，1901(明

34)年の第1回以来,毎年,彼の命日のこの日に,ストクホルムのコンサートホールで行われている。

12	児童福祉法公布記念日	1947(昭22)年のこの日,公布された。
14	義士祭	1702(元禄15)年,赤穂浪士が吉良邸に討ち入った日。
中旬	**お歳暮**	<⇨107頁>
15	年賀郵便特別扱い	全国でこの日より受けつけられた年賀ハガキは25日までに投函すると翌年の1月1日に配達される。
16	電話創業の日	1890(明23)年に日本で初めて電話が開通したことに由来。
22頃	**冬至**	<⇨108頁>
23	**平成天皇誕生日**	<⇨110頁>
23	テレホンカードの日	1982(昭57)年,緑の「カード公衆電話」1号機が東京・数寄屋橋公園に設置(NTT)。
25	**クリスマス**	<⇨111頁>
26	プロ野球誕生の日	1934(昭9)年,日本初のプロ野球チーム「大日本東京野球倶楽部」(現在の東京読売巨人軍)が誕生したことに由来。
27	**歳の市**	<⇨118頁>
27	ピーターパンの日	1904(明37)年のこの日,ロンドンで童話劇「ピーター・パン」が初演されたことに由来。原作者は,ジェームス・バリー。
28	**御用納め**	行政機関の休日は法律で29日からと決まっているため,28日が終業日。
28	身体検査の日	1888(明21)年,文部省が身体検査の実施を訓示したことに由来。
31	**大晦日**	<⇨119頁>
31	シンデレラ・デー	シンデレラのように,日付のかわる午前0時をもっとも気にする日であることから。

<1月>

1	**元日**	<⇨125頁>
1	少年法施行の日	1949(昭24)年に,「少年法」と「少年院法」が施行された。
2	**初荷・初夢・書き初め**	<⇨140頁>
4	**御用始め・仕事始め**	<⇨140頁>
5	いちごの日	1・5で「いちご」。
5	囲碁の日	1・5で「いご」。日本棋院が制定。この日「打ち初め式」が行われる。
6	**出初め式**	<⇨141頁>
7	**七草・七日正月**	<⇨142頁>
7	ツメ切りの日	古くから,新しい年を迎えてはじめてツメを切る日は「七草爪」とよばれ,この日に決まっていたことに由来。
10	**十日戎**	<⇨85頁>
10	110番の日	110番とは,警察への緊急通報専用の電話番号。市民生活の安全に欠かせぬものだが,いたずら電話が多かった。その対策のために発案されたもので,1986(昭61)年に始まった。なお,110番の設置は1948(昭23)年10月1日のこと。
11	**鏡開き・蔵開き**	<⇨143頁>

12	スキー記念日	新潟県高田で1911(明44)年に日本で初めてのスキー指導が，オーストリア人のレルビ少佐によって行われたことに由来。
第2月曜	成人の日	＜⇨147頁＞
15	**小正月・どんど焼き（左義長）**	＜⇨144頁＞
20	二十日正月	＜⇨146頁＞
22	カレーの日	＜⇨148頁＞
24〜	全国学校給食週間（〜30日）	＜⇨148頁＞
26	文化財防火デー	1949(昭24)年，当時現存の日本最古の木造建築だった法隆寺金堂から出火，これを反省し，文化財を守ろうと1955年制定され，文化庁と消防庁で実施されている。
27	国旗制定の日	1870(明3)年1月27日，日の丸が商船の国旗に制定されたことに由来。

＜**2月**＞

1	テレビ放送記念日	＜⇨151頁＞
1〜	生活習慣病予防月間	2008(平20)年以降，日本生活習慣病予防協会が主催。
3頃	**節分**	＜⇨152頁＞
3頃	のり巻きの日	節分の夜に恵方(吉の方向)に向かって太巻を食べると幸せになれるという言い伝えから，1987(昭62)年に全国海苔貝類漁業協同組合連合会が制定。
4頃	**立春**	＜⇨152, 179頁＞
6	海苔の日	702(大宝1)年，藤原不比等らの編纂による大宝律令が施行された。これ以後のわが国の律令政治の基本となるものだが，ここで，租，庸，調の税制が定められ，海苔を年貢とする旨が記されており，それにちなんだもの。
7	北方領土の日	第二次世界大戦でソ連に占領された，国後，択捉，歯舞，色丹の北方4島の返還要求の声が強まっている。それを受け，1981(昭56)年，鈴木善幸内閣はこの日を北方領土の日と決めた。1855(安政2)年，北方領土が日本のものと認められた日露和親条約が締結された日にちなんだもの。
第一午の日	**初午**	＜⇨155頁＞
8	事始め・針供養	＜⇨156頁＞
8	〒マークの日	1887(明20)年，逓信省のマークが「丁」に決定したことに由来。「丁」の字ではまぎらわしいとのことで6日後にカタカナの「テ」を図案化した「〒」印に変更された。
9	ふく（フグ）の日	2と9で「フク」。河豚はもともとは「ふぐ」と濁らずに「ふく」といった。下関ふく連盟が制定。
10	ニットの日	2と10で「ニット」。
11	建国記念の日	＜⇨158頁＞
11	文化勲章制定記念日	1937(昭12)年，文化勲章が定められ，文化発展にすぐれた業績をあげた人々に贈るようになった日。第1回の受賞者は本多光太郎(物理学)，幸田露伴(文学)ら9名。
12	ボブスレーの日	1938(昭13)年，日本で初めての全日本ボブスレー選手権大会が開

		催されたことに由来。
14	聖バレンタイン・デー	<⇨ 159 頁>
15	**涅槃会**	<⇨ 160 頁>
16	天気図記念日	1883(明 16)年,ドイツ人気象学者エルヴィン・クニッピング指導のもと,日本で初めての 7 色刷りの天気図が作られたことに由来。正式なものは同年の 3 月 1 日に発行されたという説もある。
22	ワシントン生誕記念日(アメリカ)	1732 年,アメリカ初代大統領ジョージ・ワシントンが誕生。ヴァージニア州出身。「建国の父」とされている。
22	猫の日	222 をニャン・ニャン・ニャンともじった。
22	世界友情の日(ボーイスカウト)	1963(昭 38)年,ボーイスカウトの創始者ベーデン・パウエルの誕生日にちなみ,ボーイスカウト世界会議で制定。日本では,1965(昭 40)年より,ボーイスカウト日本連盟がおもに行っている。
23	**天皇誕生日**	<⇨ 162 頁>
25	茂吉忌	1953(昭 28)年,歌人・斉藤茂吉没(70 歳)。小説家・北杜夫の父。
28	ビスケットの日	1981(昭 56)年に日本ビスケット協会が定めた。水戸藩の蘭医・柴田方庵の『方庵日記』の 1855(安政 2)年のこの日の日付に「パン・ビスコイト製法書を荻信之助宛に出状」という記述があることから。

<3 月>

1	ビキニデー	1954(昭 29)年,アメリカがビキニ環礁で世界最初の水爆実験を行った。焼津のマグロ漁船「第 5 福竜丸」が死の灰を被り,乗組員 23 人が被爆し,9 月 23 日,無線長の久保山愛吉さんが死亡した。
1〜	春の全国火災予防運動(〜7 日)	ちなみに,秋の運動は 11 月 9 日から。
1〜	全国緑化運動(〜5 月)	国土緑化推進委員会が推進母体。全国的な自然保護を行う社会的運動。緑化週間,植樹祭,緑の羽根募金など行う。
3	ひな祭り	<⇨ 165 頁>
3	耳の日	<⇨ 169 頁>
3	闘鶏の節句	五穀豊穣を祈って,鎌倉時代から行われてきた。
4	ミシンの日	3 と 4 で「ミシン」。
4	サッシの日	3 と 4 で「サッシ」。
7	消防記念日	1948(昭 23)年,消防組織法が施行され,消防は自治体の組織として独立。そのことを記念して制定。
8	国際婦人デー	1910(明 43)年の第 2 回国際社会主義婦人会議で,ドイツのクララ・ツェトキーンが「国際的な,婦人の日をつくろう」といったのが発端。その 7 年後の 1917(大 6)年,ロシアの圧政に対して婦人労働者が立ち上がった。それを記念して 1921(大 10)年に決められた。
8	ミツバチの日	3 と 8 で「ミツバチ」。全日本はちみつ協同組合と日本養蜂はちみつ協会が制定。
9	記念切手記念日	1894(明 27)年,日本最初の記念切手が発行されたことに由来。明治天皇の結婚 25 周年を祝って 2 種類発行された。

9	エスカレーター記念日	1914(大3)年，日本で初めてのエスカレーターが，東京・日本橋の三越に登場したことを記念して設けられた日。
10	東京都平和の日(東京大空襲の日)	1945(昭20)年3月10日，午前0時8分，米軍のB29爆撃機344機が東京を爆撃。下町を中心に大火災となり，死者は10万人を超え，第二次世界大戦で最大級の被害を出した。1990(平2)年より東京都ではこの日を「東京都平和の日」とし，一人一人が，平和を考える日としている。
11	パンダの日	1869(明2)年にダヴィッド神父が中国で白と黒の動物（パンダ）を発見したことに由来。
12	**東大寺二月堂お水取り**	<⇨ 170 頁>
14	ホワイトデー	<⇨ 159 頁>
15	靴の記念日	1870(明3)年に日本初の西洋靴製造工場が開設。
19	ミュージックの日	3・19をミー・イチ・クと読んだ語呂合わせ。1991(平3)年，日本音楽家ユニオンが定めた。
20	動物愛護デー	<⇨ 74 頁>
20頃	**春分の日（お彼岸）**	<⇨ 171, 179 頁>
20頃	卵の日	1989年，卵の殻を使用するエッグアート教室カリフォルニア・ファンシー・エッグが制定。イースターエッグにちなんで，イースターの日の始まりである春分の日に定めた。卵は欧米では，家庭に幸せをよぶシンボルとされている。
21	国際人種差別撤廃デー	人種差別をなくそうと運動する国連の制定した国際デー。
22	放送記念日	1925(大14)年，東京放送局(現・NHK)がラジオの仮放送を始めたことを記念。このときは，東京・芝浦の東京高等工芸学校の仮スタジオから放送。まもなく，港区・芝の愛宕山(現・NHK放送博物館)へ移り，本放送の開始。
22	世界水の日	国連の制定した国際デーのひとつ。
23	世界気象デー	1873(明6)年に発足した国際気象機関をその前身として，1951(昭26)年のこの日，国連の専門機関のひとつとして世界気象機関（WMO）が発足。1961(昭36)年に10周年を記念して定められた。正確な気象観測には各国のデータ交換が重要で，これはその円滑な協力体制を築くための機関。
25	電気記念日	1878(明11)年，日本で初めて電灯が灯されたのを記念し，日本電気協会が1955(昭30)年に制定。場所は工部大学校（現・東大工学部）のホール。ここで東京中央電信局開局祝賀会が行われ，工部卿・伊藤博文の命令で英人教授エルトンが50個のアーク灯を灯した。
26	楽聖忌	1827年，多くの交響曲を残した作曲家のベートーベンが没したことに由来。生前ベートーベンは「楽聖」とよばれていた。
27	仏壇の日	『日本書紀』に686(天武14)年，天武天皇が「諸国の家毎に仏舎を作り仏像及び経を書き，以て礼拝供養せよ」との詔（みことのり）を発したとある。そのことにちなみ，全日本宗教用具協同組合がこの日を決めた。
27	さくらの日	1992(平4)年に日本さくらの会によって制定された日。日本を代表する花であるさくらへの関心を高めることを目的とし，(さくらさく)3×9＝27であることに由来して27日，さくらの花が咲くこの時期に定めた。
春分の後の満月の次の日曜	イースター（復活祭）	<⇨ 172 頁>

さくいん

<ア 行>

- アースデー …………………………16
- アイオーシー（IOC）……………79, 213
- アイスクリームの日 ………………27
- アウグストゥス ………………56, 189
- あかいとり（『赤い鳥』）…………49
- あかいはね（赤い羽根）……………77
- あかざ堂 ………………………………8
- あかりの日 …………………………219
- あきのななくさ（秋の七草）……142
- あきひがん（秋彼岸）……………171
- あきまつり（秋祭り）………………72
- あさひかわふゆまつり（旭川冬まつり）……154
- アドベント …………………………114
- あとやく（後厄）…………………195
- アフロディーテ ………………………2
- アポロ計画 …………………………12
- あまちゃ（甘茶）……………………8
- ありあけのつき（有明の月）………71
- あわおどり（阿波踊り）……………62
- 安全保障理事会 ……………………87
- アンデルセン ………………………209

- い（亥）……………………………182
- イースター …………………………172
- イースターエッグ …………………173
- イースターバニー …………………173
- イエス・キリスト …………………112
- いざよい（十六夜）…………………71
- イスラム暦 …………………………187
- いそあそび（磯遊び）……………168
- いちやまつ（一夜松）……………117
- いちやもち（一夜餅）……………118
- いっきゅう（一休）………………221
- いっしゅうき（一周忌）…………208
- いなり（稲荷）……………………155
- いぬ（戌）…………………………182
- いぬい（乾）………………………184
- 犬の日 ………………………………220
- いのこ（亥の子）……………………80
- いまちづき（居待月）………………71
- いみ（忌み）………………………193
- いもめいげつ（芋名月）……………69
- いろどりづき（色取月）……………64
- いろはカルタ ………………………138
- いわいざかな（祝い肴）…………127
- いわいづき（祝月）………………122
- いわたおび（岩田帯）……………192
- いわてゆきまつり（岩手雪まつり）……154
- いんごう（院号）…………………206
- いんでんごう（院殿号）…………206
- いんようごぎょうしそう（陰陽五行思想）……………………54, 185
- いんれき（陰暦）…………………188

- う（卯）……………………………182
- うえきいち（植木市）………………48
- ウェディング・リング ……………198
- 上野動物園 …………………………74
- 上野図書館 …………………………18
- うげつ（雨月）………………………20
- うし（丑）…………………………182
- うじがみ（氏神）………………72, 193
- うしとら（艮）……………………184
- うしのひ（丑の日）…………………54
- うしみつどき（丑満刻）…………183
- うすい（雨水）……………………179
- うづき（卯月）………………………2
- うづきようか（卯月八日）…………10
- うのはなづき（卯花月）……………2
- うぶがみ（産神）…………………193

うぶぎのいわい（産着の祝い）………192
うぶすながみ（産土神）……………193
うぶたて（産立）……………………192
うぶのいみ（産の忌み）……………193
うぶや（産夜）………………………192
うぶやしない（産養）………………192
うま（午）……………………………182
うみのきねんび（海の記念日）………53
うみのひ（海の日）……………………53
うみびらき（海開き）…………………47
うらぼんえ（盂蘭盆会）…………60,61
うるうづき（閏月）…………………188
うるうどし（閏年）…………………188
うんすんカルタ………………………138

えいがのひ（映画の日）……………222
エープリル………………………………2
エープリル・フール……………………5
えじ（衛士）…………………………167
エジソン………………………………219
えっちゅうおわらかぜのぼん
　　（越中おわら風の盆）……………65
えと（干支）…………………………184
えび（海老）…………………………128
えびす（恵比須）……………………133
えびすこう（えびす講）………………85
えほう（恵方）…………………124,131
えほうだな（恵方棚）……………119,124
えぼしおや（烏帽子親）……………107
えぼしぎ（烏帽子着）………………195
えほんしゅうかん（絵本週間）……209,222
エレベーターの日……………………221
エンゲージ・リング…………………198

おうげつ（桜月）……………………164
おおいこ（大子）……………………109
オーガスト………………………………56
おおくにぬしのみこと（大国主の命）…132
おおしょうがつ（大正月）…………144
おおつごもり（大晦）………………119

おおはらえ（大祓）……………………42
おおみそか（大晦日）………………119
オール・フールズ・デイ………………5
お菓子の日……………………………210
おかじょうき（陸蒸気）………………82
おくいぞめ（お食い初め）…………194
オクタビアヌス…………………56,189
オクトーバー……………………………76
おくりび（送り火）……………………62
おくんち（お九日）……………………67
おことじる（お事汁）………………156
おしえはごいた（押し絵羽子板）……137
おしちや（お七夜）…………………192
おせちりょうり（お節料理）………127
おそじも（遅霜）………………………23
おたびしょ（御旅所）…………………74
おつ（乙）……………………………184
おつきみ（お月見）……………………69
おとしだま（お年玉）…………118,130
おとづき（弟月）……………………102
おとりさま（お酉さま）………………97
おに（鬼）……………………………153
おはぎ…………………………………171
おばけ暦………………………………180
おはなみ（お花見）……………………3
おびいわい（帯祝い）………………192
おびおや（帯親）………………………99
おひがら（お日柄）…………………180
おびとき（帯解）………………………99
おびな（男雛）………………………167
おみき（御神酒）………………………48
おみずおくり（お水送り）…………170
おみずとり（お水取り）……………170
おみなえしづき（女郎花月）…………46
おみやまいり（お宮参り）…………193
おやかた・こかた（親方・子方）…107
おりひめ（織り姫）……………………51
オリンピック……………………………79
おわら節…………………………………65
おんなしょうがつ（女正月）………144

おんなのいえ（女の家）……………24

＜カ 行＞

カーネーション ………………………28
ガールスカウトの日 ……………211
かいきょうれき（回教暦）……………187
海上安全週間 ……………………53
かいすいよく（海水浴）………………47
かいせんきねんび（開戦記念日）………222
かいみょう（戒名）……………………206
カエサル ……………………46,56,188
ガガーリン，ユーリ ………………12
かかし（案山子）………………………81
かがみびらき（鏡開き）…………143,146
かがみもち（鏡餅）……………119,143
かきぞめ（書き初め）………………140
かくめいれき（革命暦）………………189
かぐら（神楽）…………………………72
かぐらづき（神楽月）…………………90
かげん（下元）…………………………52
かげん（下弦）…………………………71
かこう（華甲）…………………………204
ガサ市 ……………………………118
かざごもり（風籠り）…………………65
かざひまち（風日待ち）………………65
かざまつり（風祭り）…………………65
かじゅ（下寿）…………………………202
かしわで（拍手）………………………131
かしわもち（柏餅）……………………24
かずのこ（数の子）……………………127
かすみそめづき（霞初月）……………122
かぜまちづき（風待月）………………32
かぞえどし（数え年）………147,194,202
かたつきみ（片月見）…………………70
かどまつ（門松）……………117,126
かねつけいわい（鉄漿付祝い）………195
かねつけおや（鉄漿付親）……………107
がび（蛾眉）……………………………71
かふちょうせい（家父長制）…………196
かぼちゃ（南瓜）………………………109

かまくら ………………………154
かまぼこ（蒲鉾）……………128,221
かみおき（髪置）………………………99
かみおきおや（髪置親）………………99
かみさりづき（神去月）………………76
かみなかりづき（雷無月）……………76
カミナリ ……………………………32
カラーテレビ ………………………151
かりきづき（雁来月）…………………56
かりつや（仮通夜）……………………205
カルタ ………………………………138
カレーライス ………………………148
カレンダーの日 ……………96,222
かわたれどき（彼は誰れ時）…………157
かわびらき（川開き）…………………47
かんげいこ（寒稽古）…………………140
かんごし（看護師）……………………30
かんごのひ（看護の日）………………29
かんこんそうさい（冠婚葬祭）………192
かんし（干支）………………………185
がんじつ（元日）……………123,125
がんじつもうで（元日詣）……………131
がんたん（元旦）……………………125
かんちゅうみまい（寒中見舞い）……179
かんづき（乾月）………………………2
かんとうだいしんさい（関東大震災）……66
かんなづき（神無月）………………72,76
かんのうち（寒の内）………………140
かんぱんバタビアしんぶん
　　（官板バタビア新聞）……………84
かんぶつえ（灌仏会）…………………8
かんれき（還暦）……………185,202
かんろ（寒露）………………………179

き（己）………………………………184
き（癸）………………………………184
き（耆）………………………………204
き（期）………………………………204
き（忌）………………………………207
きあけ（忌明け）……………………207

ぎおんしょうじゃ（祇園精舎）……161
きくざけ（菊酒）……………………67
きくづき（菊月）……………………64
きくのせっく（菊の節句）…………67
きげんせつ（紀元節）……………158
きさらぎ（如月）…………………150
ぎしさい（義士祭）………………222
きじゅ（喜寿）……………………202
きじゅつのひ（奇術の日）………222
きしょうきねんび（気象記念日）……34
きせわた（被せ綿）…………………67
きたまくら（北枕）………………161
きっこうでん（乞巧奠）……………50
きって（切手）………………………15
切手趣味週間…………………………15
きにち（忌日）……………………207
きぬぬぎついたち（衣脱ぎ朔日）……33
きぶく（忌服）……………………207
きゅうしょく（給食）……………148
きゅうせいぐん（救世軍）………103
きゅうれき（旧暦）………………188
教育・文化週間………………………93
きょうどうぼきん（共同募金）……77
きょうわれき（共和暦）…………189
ぎょくおんほうそう（玉音放送）……58
きょくすいのえん（曲水の宴）…165
きよめ（清め・浄め）………………48
キリスト教式葬儀…………………208
きんこんしき（金婚式）…………201
きんじょうてんのう（今上天皇）……162
近代オリンピック……………………79
きんたろう（金太郎）………………26
きんとん（金団）…………………128
きんろうかんしゃのひ（勤労感謝の日）　100

くいぞめわん（食い初め椀）……194
クーベルタン…………………………79
くしおき（櫛置）……………………99
ぐじょうおどり（郡上踊り）………62
ぐそくびらき（具足開き）………146

くつげん（屈原）……………………24
くまつ（苦松）……………………117
くまで（熊手）………………………97
くもち（苦餅）……………………118
クリスマス…………………………111
クリスマスツリー…………………114
グリニッジ時…………………………36
クリミアの天使………………………29
くりめいげつ（栗名月）……………70
グレゴリオ暦………………………189
くろまめ（黒豆）…………………127

ケ（褻）……………………………116
けいちつ（啓蟄）…………………179
けいねん（笄年）…………………203
けいりょうきねんび（計量記念日）……91
けいろうのひ（敬老の日）…………68
げし（夏至）………………………179
けしいん（消印）……………………15
けっこん（結婚）…………………196
けっこんきねんび（結婚記念日）……200
けっこんしき（結婚式）…………199
けっこんゆびわ（結婚指輪）……198
けんか（献花）……………………208
けんぎゅうせい（牽牛星）…………50
げんげつ（厳月）…………………102
けんこくきねんのひ（建国記念の日）……158
げんしばくだん（原子爆弾）………57
げんしりょくのひ（原子力の日）……219
げんすいばくきんしせかいたいかい
　　　（原水爆禁止世界大会）………57
げんぷく（元服）…………………195
けんぽうきねんび（憲法記念日）……22

こいのたきのぼり（鯉の滝登り）……24
こいのぼり……………………………24
こう（甲）…………………………184
こう（庚）…………………………184
こうい（更衣）………………………33
こうくうきねんび（航空記念日）……217

こうけい（黄経） … 73	こんにゃくの日 … 211
こうちゃのひ（紅茶の日） … 220	こんぶの日 … 221
交通安全運動 … 6	こんやく（婚約） … 197
こうでん（香典） … 208	こんやくゆびわ（婚約指輪） … 198
こうどう（黄道） … 73	こんれい（婚礼） … 199
ごがつにんぎょう（五月人形） … 24	
こき（古希） … 202	＜サ　行＞
こぎいた（胡鬼板） … 137	サーカスの日 … 219
こくう（穀雨） … 179	さいせん（賽銭） … 131
国際オリンピック委員会 … 79	さいとうべっとうさねもり
国際連合 … 86	（斎藤別当実盛） … 44
こくべつしき（告別式） … 206	さいまつたすけあいうんどう
国民体育大会 … 79	（歳末助け合い運動） … 103
こくみんのしゅくじつ（国民の祝日） … 53	さおとめ（早乙女） … 40
国連教育科学文化機関 … 94	さかき（榊） … 208
国連の日 … 86	さかずきおや（盃親） … 107, 196
ごご（午後） … 183	さきかち（先勝） … 181
ごこうすい（五香水） … 8	さぎちょう（左義長） … 145
ごしきすい（五色水） … 8	さきまけ（先負） … 181
こしょうがつ（小正月） … 144	さくぼうげつ（朔望月） … 70
ごせっく（五節句） … 67, 176	さくらぜんせん（桜前線） … 3
ごぜん（午前） … 183	さけ（酒） … 48
古代オリンピック … 79	さつき（皐月，早月） … 20
こていれき（固定暦） … 191	さつきばれ（五月晴れ） … 37
ことはじめ（事始め） … 156	さっぽろ雪まつり … 154
子どもの権利条約 … 106	さなえ（早苗） … 39
こどもの日 … 26	さなえづき（早苗月） … 20
ことようか（事八日） … 156	さねもりにんぎょう（実盛人形） … 44
ごにんばやし（五人囃子） … 167	さはなさきづき（早花咲月） … 164
このめづき（木芽月） … 150	ざまちづき（座待月） … 71
こぶ巻き … 128	さみだれ（五月雨） … 37
こま回し … 135	さらそうじゅ（沙羅双樹） … 161
ごまめ（五万米） … 127	さる（申） … 182
ごみがゆ（五味粥） … 104	さるがく（猿楽） … 40
ゴミゼロの日 … 211	サルカニ合戦 … 144
コミュニティ・チェスト … 77	さんごくきょうしょう（三国協商） … 59
こめ（米） … 40	さんごくどうめい（三国同盟） … 58
こよみ（暦） … 187	さんさんくど（三三九度） … 199
ころもがえ（衣替え） … 33	さんじちょう（三仕丁） … 167
こんいん（婚姻） … 196	さんじゅ（傘寿） … 202

ざんしょみまい（残暑見舞い）………179
サン・ジョルディの日 ……………16
さんせきのどうじ（三尺の童子）……203
サンタクロース ……………………113
さんにんかんじょ（三人官女）……167

し（死）………………………………205
シーザー ………………………46,188
ジェットコースター記念日 ………214
しお（塩）……………………………48
しがく（志学）………………………203
しがつばか（四月馬鹿）………………5
しがん（此岸）………………………171
しき（四季）…………………………177
しきじつ（式日）……………………176
しぐれづき（時雨月）…………………76
じこく（時刻）………………………183
しごせん（子午線）……………92,184
しごとはじめ（仕事始め）…………140
じさ（時差）……………………………36
しじゅうくにち（四十九日）………207
じじゅん（耳順）……………………204
じぞうぼん（地蔵盆）…………………62
しちごさん（七五三）…………………98
しちじゅうにこう（七十二候）……178
しちせき（七夕）……………………176
しちふくじん（七福神）………85,132
じっしょうれき（実証暦）…………191
しで（四手）…………………………208
じどうけんしょう（児童憲章）………26
じどうのけんりじょうけん
　　（児童の権利条件）……………106
しのびで（忍び手）…………………208
スポーツの日 …………………………78
しめかざり（注連飾り）……………130
しめなわ（注連縄）…………………130
しもつき（霜月）………………………90
しもふりづき（霜降月）………………90
ジャービス，アンナ …………………28
しゃか（釈迦）……………9,104,160

しゃかいなべ（社会鍋）……………103
しゃしんのひ（写真の日）…………212
じゃっかん（弱冠）…………………203
しゃっかんほう（尺貫法）……………92
しゃっく（赤口）……………………180
ジャニュアリー ……………………122
しゅうげん（祝言）…………………199
じゅうごや（十五夜）…………………69
じゅうさんや（十三夜）………………70
じゅうしん（従心）…………………204
しゅうせんきねんび（終戦記念日）…58
じゅうにし（十二支）………………182
じゅうばこ（重箱）…………………128
しゅうぶん（秋分）…………………179
しゅうぶんのひ（秋分の日）……73,171
ジューン …………………………………32
ジューン・ブライド ……………………32
じゅかいえ（授戒会）………………206
じゅっかんじゅうにし
　　（十干十二支）……………184,186
しゅにえ（修二会）…………………170
ジュネーブ条約 ………………………30
ジュノー ………………………………32
ジュライ ………………………………46
ジュリアス・シーザー …………46,188
じゅろうじん（寿老人）……………133
しゅんかしゅうとう（春夏秋冬）…177
しゅんぶん（春分）…………………179
しゅんぶんのひ（春分の日）………171
しょうがいしゃのひ（障害者の日）…105
しょうがつ（正月）……………60,123
しょうがつことはじめ（正月事始め）…116
しょうかん（小寒）……………140,179
しょうき（鍾馗）………………………26
しょうぎのひ（将棋の日）…………221
じょうげん（上元）……………………52
じょうげん（上弦）……………………71
しょうご（正午）……………………183
しょうこう（焼香）…………………205
しょうこく（正刻）…………………183

じょうしのせっく（上巳の節句） …… 165	しんしきのそうぎ（神式の葬儀） …… 208
じょうじゅ（上寿） …… 202	じんじつ（人日） …… 176
しょうしょ（小暑） …… 179	しんじんきょうしょく（神人共食） …… 168
しょうせつ（小雪） …… 179	じんしんのらん（壬申の乱） …… 185
しょうちくばい（松竹梅） …… 126	じんせいぎれい（人生儀礼） …… 192
しょうつきめいにち（祥月命日） …… 208	しんせん（神饌） …… 126
じょうどうえ（成道会） …… 104	しんぜんけっこんしき（神前結婚式） 199,214
じょうびけし（定火消） …… 141	じんぜんけっこんしき（人前結婚式） …… 199
しょうぶうち（菖蒲打ち） …… 25	しんそうさい（神葬祭） …… 208
じょうぶつ（成仏） …… 205	しんのうびな（親王雛） …… 167
しょうぶゆ（菖蒲湯） …… 24	しんぶんこうこくのひ（新聞広告の日） … 84
しょうまん（小満） …… 179	しんぶんしゅうかん（新聞週間） …… 84
しょうりょう（精霊） …… 60	
しょうわのひ（昭和の日） …… 17,110	ずいじん（随身） …… 167
ショートケーキの日 …… 210	すいれん（睡蓮） …… 10
しょくじょせい（織女星） …… 50	スキー記念日 …… 223
しょこく（初刻） …… 183	すきはじめ（鍬始め） …… 140
しょしゅん（初春） …… 122	すごろく（双六） …… 139
しょしょ（処暑） …… 179	すしの日 …… 220
じょせいのひ（女性の日） …… 11	すずくれづき（涼暮月） …… 32
しょちゅうみまい（暑中見舞い） …… 179	すすはらい（煤払い） …… 116
しょとう（初冬） …… 76	スポーツの日 …… 78
しょなのか（初七日） …… 207	ずほくめんさい（頭北面西） …… 161
じょや（除夜） …… 119	すみだがわはなびたいかい
じょやのかね（除夜の鐘） …… 120	（隅田川花火大会） …… 47
じょやもうで（除夜詣） …… 131	
しらがわた（白髪綿） …… 99	聖ヴァレンティヌス …… 159
じりつ（而立） …… 203	せいじょしき（成女式） …… 147
シルバーシート記念日 …… 217	せいじんしき（成人式） …… 147
しろいはね（白い羽根） …… 77	せいねんしき（成年式） …… 147,195
しろかき（代かき） …… 40	せいぼ（歳暮） …… 107
しわす（師走） …… 102	せいめい（清明） …… 179
しん（辛） …… 184	せいもんばらい（誓文払） …… 85
じん（壬） …… 184	せかいいさん（世界遺産） …… 95
しんかんせん（新幹線） …… 83	せかいうちゅうひこうのひ
しんげつ（新月） …… 71	（世界宇宙飛行の日） …… 12
人権宣言記念日 …… 216	せかいきしょうデー（世界気象デー） … 226
しんこんりょこう（新婚旅行） …… 200	せかいじんけんせんげん
しんさいきねんび（震災記念日） …… 66	（世界人権宣言） …… 106
しんじ（信士） …… 206	せかいじんけんデー（世界人権デー） … 106

さくいん 233

せかいせきじゅうじデー
　　（世界赤十字デー）……………30
せかいほけんデー（世界保健デー）………7
せかいれき（世界暦）……………191
せきぐち（赤口）…………………181
せきじゅうじ（赤十字）……………30
せきじゅうじのはは（赤十字の母）………29
せちび（節日）……………………176
せっく（節句，節供）………166,176
せつぶん（節分）…………………152
セプテンバー……………………64
セルバンテス……………………16
せんかち（先勝）…………………180
せんげんじんじゃ（浅間神社）………47
ぜんこくがっこうきゅうしょくしゅうかん
　　（全国学校給食週間）…………148
せんぞ（先祖）……………………205
セント・バレンタインデー……………159
せんまけ（先負）…………………180

そう（壮）…………………………203
そうぎ（葬儀）……………………206
そうこう（霜降）…………………179
そうしき（葬式）…………………206
ぞうに（雑煮）………………126,143
そうねん（桑年）…………………204
そつじゅ（卒寿）…………………202
そばの日…………………………210
そみんしょうらい（蘇民将来）………43,130
そめいよしの（染井吉野）……………4
そらのひ（空の日）………………217
それい（祖霊）……………………124
それいさい（祖霊祭）………………60
それいしんこう（祖霊信仰）………205

<タ 行>

たあそび（田遊び）………………141
たい（鯛）…………………………128
たいあん（大安）…………………180
たいいくのひ（体育の日）……………78

第一次世界大戦…………………59
たいいん（太陰）…………………70
たいいんたいようれき（太陰太陽暦）…188
たいいんれき（太陰暦）……………187
だいかん（大寒）…………………179
だいこく（大黒）…………………132
だいごのはなみ（醍醐の花見）………4
たいしょ（大暑）…………………179
たいせつ（大雪）…………………179
第二次世界大戦…………………58
大日本帝国憲法…………………22
だいみょうびけし（大名火消）………141
だいもんじやき（大文字焼き）………62
たいやく（大厄）…………………195
たいようれき（太陽暦）……………188
たいようれきさいようきねんび
　　（太陽暦採用記念日）……………96
だいりびな（内裏雛）………………167
たうえ（田植え）……………………39
たからぶね（宝船）…………………132
たこあげ（凧あげ）…………………134
だし（山車）………………………72
たそがれ（黄昏，誰そ彼れ）………157
たたきごぼう……………………128
たちばなづき（橘月）………………20
たちまちづき（立待月）……………71
たつ（辰）…………………………182
たづくり（田作り）………………127
だったのみょうほう（韃陀の妙法）……170
たつみ（巽）………………………184
だてまき（伊達巻）………………128
たなさがし（棚探し）………………146
たなばた（七夕）……………………50
たなばたづき（七夕月）……………46
たなばたつめ（棚機女）……………50
たのかみ（田の神）………39,72,205
ダブルエイチオー（WHO）……………7
たまぐし（玉串）…………………208
たまふり（霊振り）…………………131
たもんてん（多聞天）………………133

たんごのせっく（端午の節句）	24
たんじょうか（誕生花）	198
たんじょうせき（誕生石）	198
だんじり	72
ちきゅうせつ（地久節）	17, 28, 162
ちきゅうのひ（地球の日）	16
ちちのひ（父の日）	41
ちとせあめ（千歳飴）	97
血のメーデー事件	21
ちのわ（茅の輪）	42
ちまき（粽）	24
ちめい（知命）	204
ちゃくいのいわい（着衣の祝い）	192
ちゃくたいいわい（着帯祝い）	192
ちゅういん（中陰）	207
ちゅうげん（中元）	52
ちゅうじゅ（中寿）	202
ちゅうしゅうのめいげつ（仲秋の名月）	69
ちゅうしゅん（仲春）	150
ちゅうとう（仲冬）	90
ちょうじゅのいわい（長寿の祝い）	202
ちょうようのせっく（重陽の節句）	67
ちんじゅのかみ（鎮守の神）	72
ついたち	70
ついな（追儺）	153
つうかぎれい（通過儀礼）	99, 192
つきみ（月見）	69
つきみずづき（月不見月）	20
つきみづき（月見月）	56
つごもり	71
つばめさりづき（燕去月）	56
つむくり	136
つや（通夜）	205
つやぶるまい（通夜振る舞い）	205
つゆ（梅雨）	37
てい（丁）	184
ていしんきねんび（逓信記念日）	15
ディセンバー	102
でぞめしき（出初式）	141
てづかおさむ（手塚治虫）	220
てつどうきねんび（鉄道記念日）	82
てつどうしょうか（鉄道唱歌）	83
てまり	137
デュナン，アンリ	30
テレビ放送記念日	151
でんがく（田楽）	40
てんききごう（天気記号）	32
でんききねんび（電気記念日）	226
でんちのひ（電池の日）	221
てんちょうせつ（天長節）	17, 93, 162
てんとうばな（天道花）	10
てんのうたんじょうび（天皇誕生日）	17, 110, 162
てんぽうれき（天保暦）	96
トイレの日	221
とうきょうオリンピックたいかい（東京オリンピック大会）	78
とうきょうきしょうだい（東京気象台）	34
とうきょうしょせきかん（東京書籍館）	18
とうげつ（桃月）	164
とうじ（冬至）	108, 179
どうじ（童子）	206
とうだいきねんび（灯台記念日）	220
とうはつのひ（頭髪の日）	169
どうぶつあいごしゅうかん（動物愛護週間）	74
どうぶつあいごデー（動物愛護デー）	74
どうぶつえん（動物園）	74
どうようのひ（童謡の日）	49
とうりゅうもん（登竜門）	24
とうろうながし（灯籠流し）	62
とおかえびす（十日戎）	85
とおかんや（十日夜）	81
ときのきねんび（時の記念日）	36
とぎょ（渡御）	72
どくしょしゅうかん（読書週間）	93

236 さくいん

とけいかんしゃさい（時計感謝祭）………36
とこなつづき（常夏月）………………32
としいわい（年祝い）………………202
としがみ（年神）………………115,124,205
としがみだな（年神棚）……………119,124
としこし（年越し）……………………119
としこしそば（年越しそば）…………120
としこしのはらえ（年越しの祓）………42
としつみづき（年積月）………………102
としとくだな（年徳棚）……………119,124
としとり（年取り）………………119,195
としとりはじめ（年取り始め）………116
としのいち（年の市）………………118
としょかんきねんび（図書館記念日）…18
としよりの日…………………………68
とそ（屠蘇）…………………………125
とむらいあげ（弔い上げ）……………208
ともびき（友引）……………………180
ともよ（伴夜）………………………205
どよう（土用）…………………………54
とら（寅）……………………………182
ドラえもん誕生日……………………216
とり（酉）……………………………182
とりあげおや（取上げ親）……………107
とりおいぎょうじ（鳥追い行事）……142
とりのいち（酉の市）…………………97
とりまちづき（鳥待月）…………………2
どりょうこう（度量衡）………………92
ドレミの日……………………………213
どんど焼き……………………………145

＜ナ 行＞

ナイチンゲールデー……………………29
なおらい（直会）……………126,146,168
ながさきげんばくき（長崎原爆忌）……57
ながしびな（流しびな）………………166
ながつき（長月）………………………64
なこうど（仲人）……………………196
なこうどおや（仲人親）…………107,196
なごし（夏越し）………………………42

ナチス…………………………………59
なつ（夏）……………………………177
なづけいわい（名付け祝い）…………193
なづけおや（名付け親）………………107
なっとうのひ（納豆の日）……………214
ななくさがゆ（七草粥）………………142
ななくさのせっく（七種の節句）……176
なのかしょうがつ（七日正月）………142
なりきぜめ（成木責め）………………144
なわしろ（苗代）………………………39

にいなめさい（新嘗祭）………………100
にいぼん（新盆）………………………61
にがつどうおみずとり
　　　（二月堂お水取り）……………170
にじゅうさんやまち（二十三夜待ち）…71
にじゅうしせっき（二十四節気）……178
にひゃくとうか（二百十日）…………65
日本国憲法……………………………22
日本国有鉄道…………………………82
にほんひょうじゅんじせいていきねんび
　　　（日本標準時制定記念日）………36
にゅうばい（入梅）……………………37
にゅうめつ（入滅）……………………160

ね（子）………………………………182
ねこ（猫）の日………………………225
ねはんえ（涅槃会）……………………160
ねはんず（涅槃図）……………………161
ねまちづき（寝待月）…………………71
ねんが（年賀）………………………129
ねんき（年忌）………………………208

ノーベル賞授与式……………………222
のちのつき（後の月）…………………70
ノベンバー……………………………90
のり巻の日……………………………224

＜ハ 行＞

ばいう（梅雨）…………………………37

ばいうぜんせん（梅雨前線）	37
ばいしゃくにん（媒酌人）	196
ばいりん（梅霖）	37
はか（破瓜）	203
はがため（歯固）	35
はかまおや（袴親）	99
はかまぎ（袴着）	99
はぎづき（萩月）	56
はぎのもち（萩のもち）	171
はくじゅ（白寿）	202
はくろ（白露）	179
はごいた（羽子板）	136
はごいたいち（羽子板市）	118, 137
ハサミの日	215
はしの日（箸の日）	215
はしはじめ（箸初め）	194
はす（蓮）	10
バスの日	215
はちじゅうはちや（八十八夜）	23
はちみつの日	215
はつうま（初午）	155
はつかおいわい（初顔祝）	146
はつかしょうがつ（二十日正月）	146
はづき（葉月）	56
はっけ（八卦）	184
はつぜっく（初節句）	194
はつたんじょう（初誕生）	194
はつに（初荷）	140
はつはなづき（初花月）	150
はつはるづき（初春月）	122
はつほまつり（初穂祭）	69
はつぼん（初盆）	61
はつめいのひ（発明の日）	210
はつもうで（初詣）	131
はつやまいり（初山入）	140
はつゆめ（初夢）	132
はてのつき（果の月）	102
歯と口の健康週間	35
はななごりづき（花名残月）	2
はなのひ（花の日）	212
はなのひ（鼻の日）	169
はなふだ（花札）	138
はなまつり（花祭り）	8
はなみ（花見）	3, 168
はなみどう（花御堂）	8
はなみようか（花見八日）	10
はねつき（羽根つき）	136
ハネムーン	200
母の日	28
はらえ（祓）	43
はらみた（波羅密多）	171
パラリンピック	79, 105
はりくよう（針供養）	157
パリ祭	214
はりさいじょ（婆利才女）	157
はる（春）	177
はるのななくさ（春の七草）	142
はるひがん（春彼岸）	171
はるまつり（春祭り）	72
ハレ	116
バレンタインデー	159
ハロウィーン	88
ハンカチの日	220
ばんぐせつ（万愚節）	5
はんげつ（半月）	71
はんじゅ（半寿）	202
ばんせいせつ（万聖節）	88
ばんそう（晩霜）	23
パンダの日	225
はんつや（半通夜）	205
ばんとう（晩冬）	102
パンの日	14
ピーターパンの日	223
ひいなづき（雛月）	164
ひがん（彼岸）	73, 171
ビキニデー	225
ヒゲの日	169
ひこぼし（彦星）	51
ひしもち（菱餅）	167

びしゃもん（毘沙門） ……………133	へい（丙） ………………………184
ビスケットの日 …………………225	べいじゅ（米寿） ………………202
ひつじ（未） ……………………182	ベースボール記念日 ……………213
ひつじさる（坤） ………………184	ベートーベン …………212,226
ひでんいん（非田院） ……………68	へこいわい（兵児祝い） ………195
ひとがた（人形） ……………43,165	へこおや（兵児親） ……………107
ひなまつり（ひな祭り） ………165	べったら市 …………………………85
ひゃくにんいっしゅ（百人一首）…138,211	べにそめづき（紅染月） …………56
ひゃくはちぼんのう（百八煩悩） …120	ヘリコプターの日 ………………210
ひょうじゅんじかん（標準時間）…36	ベル，グラハム …………………169
ひらがげんない（平賀源内） ……54	ヘレン・ケラー …………………169
ひろうえん（披露宴） …………199	べんざいてん（弁財天） ………133
広島平和祈念日 ……………………57	ペンテコステ ……………………172
	ペンの日 …………………………221
プール開き …………………………48	
フェブラリー ……………………150	ほ（戊） …………………………184
ふぎりのひ（不義理の日） …………5	ぼう（望） …………………………70
ふく（服） ………………………207	ぼう（耄） ………………………204
ふくまめ（福豆） ………………153	ほうい（方位） …………………184
ふくろくじゅ（福禄寿） ………133	ぼうさいのひ（防災の日） ………66
ふくわらい（福笑い） …………139	ぼうしゅ（芒種） ………………179
ふけまちづき（更待月） …………71	ほうそうきねんび（放送記念日）…226
ふじづか（富士塚） ………………48	ほうみょう（法名） ……………206
ふしまちづき（臥待月） …………71	ボウリングの日 …………………213
ふじんのひ（婦人の日） …………11	ボードゲーム ……………………139
ふっかつさい（復活祭） ………172	ほしまつり（星祭り） ……………50
ぶつぜんけっこんしき（仏前結婚式）…199	ぼしゅう（暮秋） …………………64
ぶっだ（仏陀） …………………9,104	ぼしんせんそう（戊辰戦争） …185
ぶつめつ（仏滅） ………………180	ボストーク1号 ……………………12
ふないわい（舟祝い） …………140	ぼだいじゅ（菩提樹） …………104
ふみづき（文月） …………………46	ぼたもち …………………………171
ふゆ（冬） ………………………177	ポツダム宣言 ………………………58
フラフープ記念日 ………………219	ほてい（布袋） …………………133
フランス革命暦 …………………189	ほとけ（仏） …………………205,207
ふわく（不惑） …………………204	ほねのしょうがつ（骨の正月） …146
文化勲章 ………………………93,224	ボロ市 ……………………………118
文化功労者 …………………………93	ホワイトデー ……………………159
文化財保護強調週間 ………………93	ぼん（盆） ……………………60,123
文化の日 ………………………93,110	ぼんおどり（盆踊り） ……………62
文具の日 …………………………220	

ほんけがえり（本卦還り）………………202
ほんちょうしちじゅうにこう
　　　（本朝七十二候）……………178
本の日 ………………………………16

＜マ　行＞

マーチ …………………………………164
マイア …………………………………20
まえじまひそか（前島密）………………15
まえやく（前厄）………………………195
まくらかざり（枕飾り）………………205
まくらぎょう（枕経）…………………205
まちびけし（町火消）…………………141
まついち（松市）………………………118
まつのうち（松の内）…………………117
まつむかえ（松迎え）…………………117
まつり（祭り）…………………………72
まなはじめ（真名初め）………………194
マホメット暦 …………………………187
まめうち（豆打ち）……………………153
まめまき（豆まき）……………………153
まめめいげつ（豆名月）………………70
まゆだまかざり（繭玉飾り）…………144
まゆづき（眉月）………………………71
マリー・アントワネット ……………220
マリッジ・リング ……………………198
まんげつ（満月）………………………71

み（巳）…………………………………182
みかづき（三日月）……………………71
みけつかみ（御食津神）………………155
みこし（神輿）…………………………72
みずづき（水月）………………………32
みずはりづき（水張り月）……………32
みそか（三十日）……………………71,119
みそかそば ……………………………120
みそかづき（三十日月）………………71
みそぎ（禊）……………………………43
みたままつり（霊祭り）………………129
みづき（水月）…………………………32

ミッキーマウス誕生日 ………………221
みつげつりょこう（蜜月旅行）………200
みつざかな（三つ肴）…………………127
ミツバチの日 …………………………225
みどりの日 …………………………17,110
みなぐちまつり（水口祭り）…………23
みなづき（水無月）……………………32
みみのひ（耳の日）……………………169
みやざわけんじ（宮沢賢治）…………217
ミルクキャラメルの日 ………………212

むうげ（無憂華）………………………9
むうじゅ（無憂樹）……………………9
ムーミンの日 …………………………215
むぎちゃのひ（麦茶の日）……………212
むしおくり（虫送り）…………………44
むしばよぼうデー（虫歯予防デー）…35
むしゃにんぎょう（武者人形）………25
むつき（睦月）…………………………122

メイ ……………………………………20
めいにち（命日）………………………207
めいめいしき（命名式）………………193
メーデー ………………………………21
メートル法 ……………………………92
メートル法公布記念日 ………………92
めおとさかずき（女夫盃）……………199
めであいづき（愛逢月）………………46
めのあいごデー（目の愛護デー）……169
めびな（女雛）…………………………167

モーツァルト …………………………222
もしゅ（喪主）…………………………205
もちつき ………………………………118
もちづき（望月）………………………70
もち（望）の正月 ……………………144
もちばな（餅花）………………………144
もちゅう（喪中）………………………207
もみじづき（紅葉月）…………………64
もものせっく（桃の節句）……………165

もりじお（盛り塩）……………………48

〈ヤ 行〉

ヤード・ポンド法 ……………………92
やくどし（厄年）……………………195
やつおかぜのぼん（八尾風の盆）……65
ヤヌス ………………………………122
やぶいり（藪入り）……………………61
やまあそび（山遊び）………………168
やまいさみ（山慰み）…………………10
やまのかみ（山の神）……………72,205
やまのひ（山の日）……………………60
やまびらき（山開き）………………47,60
やまほこ（山鉾）………………………72
やよい（弥生）………………………164
やよいのせっく（弥生の節句）………165

ゆいのう（結納）……………………197
ゆいのもの（結いの物）……………197
ゆういん（友引）……………………181
ゆうせいきねんび（郵政記念日）……15
ゆうびんしゅうかん（郵便週間）……15
ユーフォー（UFO）の日 ……………213
ユール ………………………………111
ゆうれい（幽霊）……………………157
ゆきげづき（雪消月）………………150
ゆきどうろうまつり（雪灯籠まつり）…154
ゆきまちづき（雪待月）………………90
ゆきみづき（雪見月）…………………90
ゆずゆ（柚子湯）……………………109
ユニセフ ………………………………95
ユネスコ憲章記念日 …………………94
ゆみはり（弓張）………………………71
ゆめみづき（夢見月）………………164
ゆもじいわい（ゆもじ祝い）………195
ユリウス暦 ………………………46,188

よいえびす（宵えびす）………………85
よう（幼）……………………………203

ようかい（妖怪）……………………157
ようかせっく（八日節句）…………156
ようすう（陽数）………………………67
よくぶつぼん（浴仏盆）………………8
よげつ（余月）…………………………2
よとぎ（夜伽）………………………205
よながづき（夜長月）…………………64
よりしろ（依代）……………………126

〈ラ・ワ行〉

ラーメン記念日 ……………………216
ラムネの日 …………………………211
らんげつ（蘭月）………………………46
りっか（立夏）………………………179
りっしゅう（立秋）…………………179
りっしゅん（立春）………124,152,179
りっとう（立冬）……………………179
りゃくだつこん（略奪婚）…………198
りょうげつ（涼月）……………………46
りょうげつ（良月）……………………76
ルペルカリア祭 ……………………159
れいげつ（令月）……………………150
レオナルド・ダ・ヴィンチ …………210
れんげ（蓮華）…………………………10
れんごうぐん（連合軍）………………59
れんこん（蓮根）…………………5,128
ろう（老）……………………………204
ろうげつ（臘月）…………………102,104
ろうこく（漏刻）………………………36
ろうじんのひ（老人の日）……………68
ろうはちえ（臘八会）………………104
ろくよう（六曜）……………………180
ろめんでんしゃのひ（路面電車の日）…212

わかさい（若狭井）…………………170
わがしのひ（和菓子の日）…………213
わかなむかえ（若菜迎え）…………142
わかみずむかえ（若水迎え）………125
ワシントン生誕記念日 ……………224

【引用・参考文献】

「年中行事辞典」	西角井正慶編	東京堂出版
「日本年中行事辞典」	鈴木棠三	角川書店
「新版日本の年中行事」	弓削　悟編	金園社
「日本民俗事典」	大塚民俗学会編	弘文堂
「近代事物起源事典」	紀田順一郎	東京堂出版
「改訂新版年中行事・儀礼事典」	川口謙二ほか	東京美術
「風俗辞典」	坂本太郎監修	東京堂
「現代こよみ読み解き事典」	岡田芳朗ほか	柏書房
「新・佛教辞典」	中村元監修	誠信書房
「仏教学辞典」	多屋頼俊ほか編	法蔵館
「佛教事典」	岩本　裕	読売新聞社
「冠婚葬祭事典」	講談社編	講談社
「冠婚葬祭」	家庭画報編	世界文化社
「子どもと年中行事」	民秋　言ほか編	相川書房
「現代家庭の年中行事」	現代新書No. 1182	講談社
「年中行事を科学する」	永田　久	日本経済新聞社
「広辞苑」	新村　出編	岩波書店
「広辞林」	三省堂編修所編	三省堂
「六法全書」	星野英一ほか編	有斐閣
「架空人名辞典」	教育社歴史言語研究室	教育社
「岩波西洋人名辞典」	岩波書店編集部	岩波書店
「英米故事伝説事典」	井上義昌編	人物往来社
「江戸東京学事典」	小木新造ほか	三省堂
「神話伝承辞典」	B・ウォーカー	大修館書店
「ギリシャ・ローマ神話辞典」	青木春繁	岩波書店
「昔話・伝説事典」	野村純一ほか編	みずうみ書房
「日本文化総合年表」	古市貞次ほか編	岩波書店
「オリンピックの辞典」	川本信正	東京堂出版
「故事ことわざの辞典」	尚学図書編	小学館
「新潮日本人名辞典」	新潮社辞典編集部	新潮社
「四字熟語・成句辞典」	竹田　晃	講談社
「現代用語の基礎知識」		自由国民社
「毎日ムック　戦後50年」		毎日新聞社
「朝日新聞　縮刷版」		朝日新聞社
「読売新聞　縮刷版」		読売新聞社
「毎日新聞　縮刷版」		毎日新聞社

書名	編著者	出版社
「日本の歴史」		中央公論社
「国際関係キーワード」	初瀬龍平ほか	有斐閣
「図解国連のしくみ」	吉田康彦	日本実業出版社
「日本唱歌集」	堀内敬三ほか	岩波書店
「気象百年史」	気象庁編	日本気象学会
「鉄道百年の歴史」	鉄道百年略史編さん委員会	鉄道図書刊行会
「メーデーの話」	絲屋寿雄	労働旬報社
「日本郵便の歴史」	日本郵便の歴史研究会	青冬社
「学習に役立つものしり辞典・365日」	谷川健一ほか監修	小峰書店
「イラスト家庭行事なんでも辞典」	とよた 時	富民協会
「現代ニッポン年中行事」	松浦総三編	大月書店
「366日話題事典」	高野尚好ほか	ぎょうせい
「今日ってどんな日」	中野昭夫ほか	日本能率協会
「365日 今日は何の日か？辞典」	カルチャーブックス編集部	講談社
「話のネタ365日 今日は何の日」	雑学研究会編	PHP
「きょうは何の日？」	情報調査部	毎日新聞社
「日本の話題365日」	小野 茂	日本図書刊行会
「ビジネス記念日データブック」	日本記念日協会編	日本経済新聞社
「世界大百科辞典」	平凡社編	平凡社
「単位の辞典」	小泉袈裟勝	丸善
「雑学 日本のこよみ歳時記」	とよた 時	誠文堂新光社
「時と暦」	青木信仰	東京大学出版会
「明治事物起原」	明治文化研究会	日本評論社
「明治大正昭和世相史」	加藤秀俊ほか	社会思想社
「日本酒——人と酒のつき合い史」	井口一幸	彩流社
「日本食物史」	樋口清之	柴田書店

<編　　集> 萌文書林編集部

<企画協力> 阿部明子　　元東京家政大学名誉教授
　　　　　 都丸つや子　元渋谷区立新橋保育園園長
　　　　　 東郷淳子　　元江戸川区立西小岩第二保育園園長
　　　　　 秋間スミ　　元江東区立東砂幼稚園園長
　　　　　 加藤ひとみ　元東京成徳短期大学教授

<編集スタッフ> 金丸　浩／田中直子／久郷貴美江
<本文イラスト> 山本美樹
<扉　イラスト> 牧内和恵
<カバー　装丁> レフ・デザイン工房

〈新訂版〉子どもに伝えたい 年中行事・記念日

1998年 7月15日　初版発行
2015年 3月25日　新版発行
2019年 5月30日　新訂版発行

検印省略

編集　　萌文書林編集部
発行者　服部直人
発行所　㈱萌文書林
〒112-0021　東京都文京区本駒込6-25-6
TEL(03)3943-0576　FAX(03)3943-0567

印刷　あづま堂印刷
製本　明光社

Ⓒ 1998 HOUBUNSHORIN　　Printed in Japan
ISBN 978-4-89347-353-0　　C 3037